LA JEUNESSE
DE
LAMARTINE

D'APRÈS

DES DOCUMENTS NOUVEAUX

ET DES LETTRES INÉDITES

PAR

FÉLIX REYSSIÉ

PARIS
LIBRAIRIE HACHETTE ET Cie
79, BOULEVARD SAINT-GERMAIN, 79
—
1892

Droits de propriété et de traduction réservés.

8 516
Ex 1

LA
JEUNESSE DE LAMARTINE

MACON, PROTAT FRÈRES, IMPRIMEURS

PRÉFACE

« *Les grands hommes, dit Sainte-Beuve,*
« *les grands écrivains et poètes, arrivés à*
« *un certain point de leur carrière, sont*
« *comme ces fleuves démesurément larges à*
« *leur embouchure et trop ouvertement*
« *navigables. Tous les connaissent et ils*
« *connaissent tous. C'est une banalité que*
« *leur gloire. Oh! que je les aime bien*
« *mieux plus haut, plus proche de leur*
« *origine, presque infréquentés, quand*
« *leur cours est si mystérieux, si voilé*
« *encore, que deux vieux saules, penchés*
« *sur chaque rive, peuvent se toucher du*
« *front et leur servir de berceau!... C'est*
« *précisément cet endroit de fraîcheur et*

« *de mystère que les anciens choisissaient*
« *de préférence pour y dresser un autel à la*
« *source sacrée, au dieu du fleuve*[1]. »

Nous avons été séduit, nous aussi, par
« *cet endroit de fraîcheur et de mystère* ».

L'étude d'un poète à son aube, en son premier essor, est toujours attrayante; c'est l'heure de sincérité, d'originalité, de verte floraison; chez Lamartine, c'est davantage encore, à ce qu'il nous paraît; c'est l'heure, entre toutes, féconde. Elle semble, en outre, devoir nous révéler tant de choses !

Mais, nous objectera-t-on, Lamartine, dans ses premières années, est moins que tout autre « *infréquenté* ». *Tout a été dit et dit par lui-même, on sait avec quelle éloquence, dans les* Confidences, *les* Nouvelles Confidences, Raphaël, *le* Cours familier de littérature. *Oui, mais ces documents si précieux par leur valeur littéraire, ne doivent, au point de vue biographique, être admis*

---

1. *Portraits contemporains*, Lamartine, t. I, Michel Lévy, in-12.

qu'avec la plus grande réserve. Ils ont été écrits, pour la plupart, longtemps après les faits qu'ils relatent; aussi, réflètent-ils les impressions, non pas du moment où ces faits se sont passés, mais de celui où ils ont été écrits. Puis ils se trouvent souvent contredits par les publications postérieures.

Il y a là un desideratum, une lacune à combler.

Il nous a semblé utile de rapprocher les documents nouveaux des documents anciens, de les contrôler les uns par les autres afin d'en dégager la seule vérité. Ces documents nouveaux sont :

Les *Mémoires inédits,*
Les *Poésies inédites,*
Le *Manuscrit de ma mère, journal de cette femme d'élite dont la charité*

Vêtissait l'indigence et nourrissait la faim

et qui devait orner son enfant des trésors de son cœur et des grâces de son esprit.

Enfin ce monument admirable, trop peu connu, dû à l'intelligente affection de la fille adoptive du poète, la Correspondance de Lamartine.

« *Je sens, a dit Mme Valentine de Lamar-*
« *tine, que faire mieux connaître M. de*
« *Lamartine, c'est le faire mieux aimer et*
« *que j'aurai ainsi servi, de la manière qui*
» *me convient, la gloire de son nom* [1].

Mme de Lamartine ne s'est pas trompée. Elle a fait Lamartine plus grand parce qu'elle l'a fait plus humain. Grâce à ses lettres, il vit au milieu de nous, il nous parle, il nous donne la clef de sa poésie, il nous livre parfois ses vers tels qu'ils sont tombés sur l'album qu'il portait dans ses courses à travers champs.

Nous soumettons aussi les publications anciennes et récentes au contact de pièces nouvelles et de renseignements nouveaux.

Ces pièces nouvelles sont :

---

1. *Correspondance de Lamartine*, préface, Hachette, in-8°.

PRÉFACE

Celles que nos investigations personnelles, aidées de bonnes volontés empressées qui ont toute notre reconnaissance, nous ont fait découvrir dans les archives départementales et municipales[1], *dans les registres des délibérations de l'Académie de Mâcon dont Lamartine fut membre depuis 1811, registres inexplorés et bien curieux; puis des lettres inédites qu'une exquise obligeance, dont nous sentons tout le prix, a mises entre nos mains, lettres qui éclairent un côté du Lamartine jeune*[2].

Les renseignements nouveaux sont ceux qui nous ont été fournis :

Par le Centenaire de la naissance du poète et par les travaux qu'il a inspirés[3].

---

1. C'est principalement à M. Léonce Lex, archiviste de Saône-et-Loire, que nous nous plaisons à adresser nos plus vifs remerciements pour le bienveillant concours qu'il n'a cessé de nous prêter, puis à MM. les Archivistes du Rhône et de l'Ain.

2. Nous devons cette précieuse correspondance à M. L. de Fréminville, notre collègue à l'Académie de Mâcon, fils de l'ami de Lamartine.

3. Ces travaux sont :

1° L'*Album du centenaire de la naissance de Lamartine*, par M. L. Lex, Mâcon, Protat frères, 1890.

Par les communications orales recueillies auprès de parents[1], *auprès d'amis*[2], *auprès de vieux vignerons, de vieux serviteurs qui n'ont pas oublié leur maître, qui se souviennent de toutes les particularités de son caractère, de son abord si franc, si cordial dans sa brusquerie, de sa générosité, de*

2° Le livre intitulé *Centenaire de Lamartine*, édité par l'Académie de Mâcon, Mâcon, Protat frères, 1891.

3° Les pièces de vers lues et justement applaudies, les discours prononcés aux fêtes du centenaire à Mâcon et parmi ces discours, ceux si substantiels de M. Bourgeois, ministre de l'Instruction publique, de M. Jules Simon, de M. Tony Revillon, de M. Morin-Pons, de M. Deton.

4° L'oraison funèbre de Lamartine, par Mgr Perraud, évêque d'Autun, membre de l'Académie française.

5° Les études très intéressantes de M. Bertrand, professeur agrégé au lycée de Bourg, sur les *Méditations*, de M. Jean Appleton (l'*Eloge de Lamartine*) et de M. Morin-Pons (Lamartine à Lyon).

1. Mme Valentine de Lamartine surtout, toujours si accueillante, si patiente aux importunités et Mme Léontine de Parseval, née de Pierreclos, petite-nièce du poète.

2. Parmi eux, le plus ancien, le patriarche de Saint-Laurent, près Cluny, l'excellent M. Dubois, excellent mais très indépendant, et dont les conseils pour ramener le poète au prosaïsme de la vie *humiliaient* ce dernier, — c'était le mot dont il se servait, — mais lui étaient une sauvegarde, comme il ne tardait pas à le reconnaître; puis M. Daux, de Saint-Sorlin, son notaire, puis enfin M. Martin, actuellement juge honoraire au tribunal civil de Mâcon, son avoué.

sa bonté jusque dans les vivacités d'une nature toute de primesaut.

Par les lieux mêmes, par le vallon que le poète a nommé « la terre natale ».

Ces lieux, un long séjour, en toutes saisons, à toute heure, nous les a rendus familiers, et longuement, nous avons écouté, sur le sol lamartinien lui-même, le langage des choses.

Notre principal souci, dans cette étude, a été de présenter dans le jeune homme, un Lamartine vrai et de rechercher le caractère vrai de l'œuvre de sa jeunesse. Nous ne l'isolons jamais; toujours nous le mettons dans sa race, dans son milieu, dans son temps. Nous ne séparons pas l'homme du poète, l'homme de son œuvre; ils vivent côte à côte, l'un expliquant l'autre, l'illustrant, comme disent les Anglais.

Nous aussi, en faisant mieux connaître Lamartine, nous espérons que nous aurons contribué à le faire mieux aimer; ce sera la récompense de nos recherches patientes et consciencieuses [1].

La Combe-Daroux, près Mâcon, nov. 1891.

F. R.

[1]. Qu'il nous soit permis de remercier encore, pour les informations qu'ils ont eu l'obligeance de nous fournir : M. l'Administrateur du *Journal des Débats* ; M. Alfred Piat, de Paris, le bibliophile éclairé, le collectionneur fervent des œuvres de Lamartine, le généreux donateur du manuscrit de *Jocelyn* à la ville de Mâcon ; M. L. Bertrand, l'auteur si distingué de l'*Etude sur les Méditations*, dont les notes sur Belley nous ont été très utiles ; M. Gloria, juge au tribunal civil de Beaune, chercheur infatigable et d'une érudition si sûre, versé dans toutes les choses mâconnaises et bourguignonnes ; M. Le Téo, professeur d'histoire au collège d'Autun ; M. le Bibliothécaire en chef du palais Saint-Pierre, à Lyon ; M. l'abbé Pagani, de la maison des Chartreux, à Lyon ; MM. Gustave Costaz et Degey, de Belley ; M. James Paris, notaire à Cluny ; M. Francisque Lacroix, pharmacien-chimiste à Mâcon et, pour leur gracieuse hospitalité au vallon lamartinien, M. et Mme Sornay-Daux, les aimables habitants de la maison du poète à Milly ; Mme veuve Girard, la complaisante châtelaine de Byone.

Enfin, nous sommes heureux d'exprimer à nos collègues de l'Académie de Mâcon toute notre gratitude pour l'accueil si flatteur et si encourageant qu'ils ont bien voulu faire, à différentes reprises, à quelques fragments, encore mal reliés ensemble et bien imparfaits, de ce modeste travail.

LA
JEUNESSE DE LAMARTINE

CHAPITRE I

LES ORIGINES

Les ancêtres paternels; les armoiries. — Le grand-père. — Les oncles. — Les tantes; la chanoinesse de Lamartine du Villard. — Le chapitre de Salles en Beaujolais. — Les preuves de noblesse.
Les ancêtres maternels; les armoiries. — Mlle Alix des Roys; sa famille; son entrée au chapitre de Salles.
Le chevalier de Lamartine. — Le mariage. — Naissance de Lamartine.

Alphonse-Marie-Louis de Lamartine est issu, du côté paternel, d'une vieille famille originaire de Cluny, dénommée primitivement Alamartine.

A la fin du xvie siècle, elle tenait en cette ville un rang distingué; un Alamartine figure, en l'année 1572, dans les mémoires de Condé, parmi « les seigneurs et signalés de la ville de Cluny » dont l'abbé Claude de Guise « a tiré de grosses sommes de deniers[1] ».

Pierre Alamartine, qui vivait en 1580, prenait la qualité de noble; son fils Etienne Alamartine, avocat au bailliage de Mâcon, juge mage et capitaine de Cluny, en acquérant une charge de conseiller secrétaire du roi, le 28 août 1609, conféra réellement la noblesse à sa maison. A partir de cette époque, il écrivit son nom : de la Martine. Ses descendants signèrent indifféremment : de la Martine, la Martine, de Lamartine, Lamartine.

Au milieu du xviie siècle, la famille de Lamartine que de hauts emplois et de belles alliances avaient agrandie, se scinda en deux branches :

Les de Lamartine de la branche aînée prirent le titre de seigneurs d'Hurigny. Leurs armoiries étaient de gueules à deux fasces d'or accompagnées en cœur d'un trèfle de même.

Les de Lamartine de la branche cadette furent

---

1. Edition de 1745, Londres, p. 106.

les seigneurs de Montceau qui brisaient en chef d'un lambel à trois pans d'argent.

En 1735, la branche aînée, se trouvant sans postérité masculine, fut continuée par la branche cadette de laquelle est issu le poète.

Lamartine portait, à son écu, pour timbre : *la couronne de comte à neuf perles;* pour supports : *deux lions armés et lampassés de gueules;* pour devise : *A la garde de Dieu.*

Il avait substitué, dans ses cachets, des bandes aux fasces, et il portait de gueules au trèfle d'or entre deux bandes de même[1].

Le grand-père du poète, Louis-François de Lamartine, seigneur de Montceau, de la Tour de Mailly, de Péronne, de Champagne, d'Urcy, Montculot, Poissot, Quéminé et autres lieux, ancien capitaine aux régiments de Tallard et de Monaco-infanterie, chevalier de Saint-Louis, épousa, le 25 août 1749, à Morez (Jura), Jeanne-Eugénie Dronier de Pratz, fille de messire

---

1. Pour la généalogie et les armoiries des Lamartine, voir : *Indicateur héraldique et généalogique du Mâconnais*, M. A. ARCELIN, Mâcon, 1864; *Lamartine et sa famille*, M. RÉVÉREND DU MESNIL, Lyon, 1869; *Album du Centenaire de la naissance de Lamartine*, publié par M. L. LEX, archiviste de Saône-et-Loire, Mâcon, 1890.

Claude-Antoine-Joseph Dronier, écuyer, conseiller honoraire au parlement de Besançon, seigneur du Villard, Pratz et autres lieux, et de Cécile-Eugénie Dolard, dame du Taillac.

Les Dronier, seigneurs du Villard et de Pratz, portaient d'argent au cyprès arraché de sinople au chef d'azur chargé de deux étoiles d'or.

Mlle Dronier de Pratz était une riche héritière ; elle apportait à son mari des biens importants sis en Franche-Comté : le château de Pratz, la terre du Villard, celle des Amorandes, la forêt du Fresnoi, des usines à Morez, etc.

Louis-François de Lamartine avait quitté le régiment dès avant son mariage. Il vécut tantôt en Franche-Comté, tantôt en Bourgogne, administrant ses nombreux domaines. Personnage considérable et considéré dans son pays, il fut élu de la noblesse des états du Mâconnais, le 19 novembre 1760.

Sa résidence favorite pendant l'été et l'automne fut Montceau. Cette terre seigneuriale était échue à la branche cadette des Lamartine par un mariage, en 1662. Sise à 6 kilomètres de Mâcon, sur la route de Cluny, elle s'étendait toute florissante de vignes, dominée par un château de la fin du xvii⁰ siècle ou du commencement du xviii⁰, de noble apparence, un peu théâtrale peut-être. On y accédait par une aveune de plus d'un kilomètre, ombragée de noyers séculaires.

Pendant les vendanges, l'hospitalité s'y exerçait large, plantureuse. Ce n'était que fêtes, réjouissances, comédies dans la salle de spectacle du château ou bals champêtres dans les vastes celliers où ruisselait le vin nouveau [1].

L'hiver ramenait le seigneur de Montceau à Mâcon, en l'hôtel qu'il venait de bâtir, dans le quartier haut de la ville, construction massive, sans ornement, simplement édifiée pour y abriter une nombreuse famille [2]. Il y adjoignit deux petites maisons de la rue des Ursulines portant actuellement les nos 18 et 20, qu'il mit en communication avec l'hôtel par des couloirs intérieurs.

1. Le château de Montceau et ses belles dépendances existent toujours. Du haut des terrasses, la vue est charmante ; bornée au sud-ouest par les croupes des roches de Vergisson et de Solutré, elle suit la courbe que décrit la rivière de la petite Grosne avant de se perdre dans le lointain de la plaine bressane.
2. Cet hôtel est dans le même état qu'autrefois. Il porte le n° 3 de la rue Bauderon de Sennecé.

Six enfants naquirent de l'union de Lamartine-Dronier de Pratz : trois fils et trois filles.

L'aîné des fils, François-Louis « l'oncle terrible », au demeurant, l'oncle bienfaisant, né le 6 juillet 1750, fut admis à l'âge de 19 ans, après avoir fourni les preuves de noblesse requises, à l'école des chevau-légers de la garde du roi, mais le mauvais état de sa santé le fit réformer et il revint bientôt auprès de son père qu'il aida dans la gestion de ses propriétés. En 1775, nous le voyons figurer à la chambre de la noblesse des états de Bourgogne.

Le second, Jean-Baptiste-François, l'oncle de Montculot, entra dans les ordres et ne tarda pas à devenir vicaire général du diocèse de Mâcon.

Le troisième, Pierre, appelé le chevalier de Lamartine ou le chevalier de Pratz, est le père du poète.

L'aînée des filles, Marie-Charlotte-Eugénie, connue sous le nom de Mademoiselle de Lamartine, fut une sainte. Douce, gracieuse, toute à tous, la main toujours ouverte aux bonnes œuvres, elle vécut avec son frère aîné à Montceau et à Mâcon, la providence des pauvres.

La seconde, Marie-Sophie, appelée Mademoiselle de Montceau, resta toujours, dit Lamartine, « dans une demi-enfance. » Elle s'attacha au père et, plus tard, à la mère du poète, et celle-ci, la considéra comme une fille de plus dans la maison.

La dernière, Marie-Suzanne, fut la chanoinesse, la tante du Villard, toujours grondante, mais toujours bonne, qui devait tenir une si grande place dans la famille Lamartine.

Quand elle eut quinze ans, son père voulut la faire entrer au chapitre noble de Saint-Martin-de-Salles en Beaujolais.

Salles[1], situé à 9 kilomètres de Villefranche-sur-Saône, fut d'abord un prieuré de l'ordre de Cluny habité par les moines. En 1268, des Bénédictines de l'île de Grelonges, sur la Saône, en face d'Anse, chassées par une inondation, se réfugièrent dans le monastère de Salles dont elles dépendaient et en expulsèrent les religieux. Elles s'y établirent si bien, qu'en 1782 elles y étaient encore et qu'elles obtenaient du roi

---

1. Pour le chapitre de Salles, voir :
La France par cantons et communes, département du Rhône, arrondissement de Villefranche, par Théodore OGIER, t. II, p. 511 et suiv., Paris et Lyon, 1856, Balay et Conchon ; *Atlas historique du département du Rhône*, par DEBOMBOURG. Lyon, Louis Perrin, 1862.

l'érection de leur prieuré en chapitre noble, avec le titre de chanoinesses-comtesses, et le droit de porter, pour marque de distinction, une croix d'or suspendue par un ruban violet liseré d'or[1]. Le prieuré était d'un revenu de 15.000 livres.

Pour être reçues au chapitre de Salles, les postulantes étaient tenues de faire preuve, suivant les uns, de huit degrés du côté paternel et de trois degrés du côté maternel; suivant les autres, de neuf degrés du côté paternel, la mère constatée demoiselle. Ce ne sont pas les soixante-quatre quartiers du chapitre de Remiremont que Chateaubriand eut à fournir pour les preuves de sa sœur Lucile.

Le seigneur de Montceau dut justifier des titres de noblesse requis par les statuts.

L'examen des preuves fut fait le 22 janvier 1771, par deux gentilshommes choisis par le chapitre de Salles : messire Éléonore de Gar-

---

[1]. Cette croix était émaillée de blanc et de vert, à huit pointes égales, les flammes en or, ornée de quatre fleurs de lys, une dans chaque angle, surmontée d'une couronne de comte et ayant, au centre, une médaille qui représentait saint Martin, principal patron du prieuré, avec ce titre : comtesses de Salles et, sur le revers, une autre médaille représentant la sainte Vierge, avec cette légende latine : *Virtutis nobilitatisque decus.* (*La France par cantons...*, p. 524.)

nier, comte des Garets, commandeur de la citadelle de Strasbourg, et le chevalier de Prisque de Besanceuil, capitaine aide-major au régiment de Jarnac-dragons [1].

1. Un extrait des titres produits pour l'admission de sa fille au noble chapitre a été déposé à Salles, par Louis-François de Lamartine, chez Carrand, notaire royal au bailliage du Beaujolais, suivant acte reçu par lui à la date du 7 novembre 1775.

Expédition de cet acte existe aux archives départementales de Saône-et-Loire. Nous en détachons le tableau ci-dessous qui est précieux pour l'établissement de l'arbre généalogique des Lamartine.

Tableau généalogique des titres produits pour preuves de demoiselle Marie-Suzanne de la Martine.

CÔTÉ PATERNEL	CÔTÉ MATERNEL
6. Noble Pierre de la Martine et demoiselle Jeanne de la Roue.	
5. Noble Etienne de la Martine, premier du nom, et demoiselle Aimée de Pize. Contrat de mariage du 14 septembre 1601, qualifié écuyer.	
4. Noble Etienne de la Martine, deuxième, et demoiselle Anne Galoche. Contrat du 18 novembre 1629, qualifié écuyer.	
3. Messire Jean-Baptiste de la Martine, écuyer, et demoiselle Françoise d'Albert. Contrat du 24 avril 1662.	3. Messire noble Jean-Claude Dronier, seigneur du Villard, m^e en la chambre des comptes de Dôle, et demoiselle Marie-Claudine Chevassu. Contrat du 6 juin 1692.
2. Messire Philippe-Etienne de la Martine, écuyer, ancien capitaine au régiment d'Orléans, et demoiselle Sibille de Monteillet. Contrat du 5 décembre 1705.	2. Messire Claude-Antoine-Joseph Dronier, seigneur du Villard, Pratz, etc., conseiller au Parlement de Besançon, et demoiselle Cécile-Eugénie Dolard. Contrat du 19 novembre 1719.
1. Messire Louis-François de Lamartine, chevalier, seigneur de Montceau, élu de la noblesse des états du Mâconnais.	1. Dame Jeanne-Eugénie Dronier de Pratz, son épouse. Contrat du 21 août 1749.

Demoiselle Marie-Suzanne de la Martine, née le 6 juin 1756.

Le compte des degrés ne fut pas tout à fait atteint, mais on passa outre et la jeune Marie-Suzanne fut admise.

« Ses vœux avaient été moralement forcés,
« dit Lamartine dans les *Nouvelles Confidences*,
« elle n'avait cessé de protester dans son cœur
« contre la contrainte semi-monacale et contre la
« cruauté du célibat auquel elle avait été con-
« damnée ainsi avant l'âge de raison et de
« volonté. »

Contrairement à cette assertion, la chanoinesse semble s'être beaucoup plu à Salles. La règle du chapitre, d'ailleurs, n'était pas bien sévère. Ces dames n'étaient pas cloîtrées; elles se réunissaient à certaines heures pour prier et vaquer à des exercices pieux, mais elles avaient chacune leur habitation dans l'enceinte du prieuré. Elles sortaient souvent et passaient quelquefois plusieurs mois dans leur famille. Madame du Villard se rendait fréquemment, durant l'hiver, à Mâcon, auprès de son père.

Ce qui contribuait à rendre la vie plus douce dans ce coin si retiré du Lyonnais à ces demi-mondaines, demi-recluses, c'étaient les amitiés qui bientôt naissaient des sympathies mutuelles entre personnes du même milieu, de la même éducation.

Peu de temps avant la Révolution, la chanoinesse se lia avec une jeune personne qui venait d'arriver au chapitre, Mlle des Roys.

Mlle Alexis-Françoise Desroys ou Alix des Roys était fille de Jean-Louis Desroys ou des Roys, seigneur de Rieux et autres lieux, intendant général des finances du duc d'Orléans, et de Marie dite Marguerite Gavaut, sous-gouvernante des enfants de ce prince.

Elle avait passé son enfance et une partie de sa jeunesse au Palais Royal et à Saint-Cloud, où elle avait été élevée avec celui qui devint plus tard le roi Louis-Philippe.

Mme des Roys recevait, dans son salon, tous les personnages marquants de l'époque : d'Alembert, J.-J. Rousseau, Buffon, Grimm, Voltaire, Necker, Gibbon.

La jeune Alix, parmi ces hommes d'élite, put développer son esprit et agrandir l'horizon de ses connaissances; mais au milieu de ce cercle un peu bigarré, elle eut bien vite ses préférences et elle sut faire un choix. Elle s'attacha surtout à Gibbon. Cet homme, si laid mais si bon, fut touché de cette sympathie. Tout en jouant avec l'enfant, il lui inspira le goût des études sérieuses et la passion de l'histoire.

Elle eut ses répugnances aussi ; elle détestait les philosophes. « J'ai connu ces fameux philosophes dans ma jeunesse ; faites, ô mon Dieu, qu'il ne leur ressemble pas[1], » disait-elle plus tard en parlant de son fils.

Si les philosophes pouvaient être de quelque péril pour cette imagination en sa prime fraîcheur, les délices de cette société si frivole et si charmante de la fin du xviii° siècle, dont le jeune abbé de Périgord disait : « Qui n'a pas « vécu dans ces années ne sait pas ce que c'est « que la douceur de vivre, » étaient pour la jeune fille un danger bien autrement redoutable. Mme des Roys voulut y parer en éloignant sa fille.

« Le duc d'Orléans, comte de Beaujolais aussi », dit Lamartine dans les *Confidences*, « avait la nomination d'un certain nombre de « dames au chapitre de Salles, qui dépendait « de son duché. »

---

1. *Le Manuscrit de ma mère*, p. 264, édit. in-8°, Hachette.

Mme des Roys vit le prince, fit pour sa fille la demande d'admission, produisit les preuves exigées.

La famille était ancienne. Elle était possessionnée dès le commencement du xviie siècle dans le Bugey où elle tenait le fief de Neyrieu[1].

Elle figure aux assemblées de la noblesse du

1. Neyrieu, seigneurie.
Dénombrement du 19 novembre 1602 de quelques héritages et biens nobles, situés au village de Neyrieu, paroisse de Saint-Benoît-de-Sessieu en Bugey, par Hercule des Roys, habitant audit lieu.
Reprise de fief et dénombrement du 9 décembre 1673 de la seigneurie et fief de Neyrieu, par Jean-Charles des Roys, fils mineur et héritier de noble Jean-Gaspard des Roys, seigneur du fief de Neyrieu, qui est dit ne consister qu'en ce qui suit : la rente annuelle et perpétuelle de vingt-quatre bichettes de froment, mesure de Neyrieu, et seigneurie directe appartenant audit des Roys, possédé par ses devanciers en vertu de la transaction passée, le dernier mai 1613, entre illustre seigneur messire comte de Grôlée, baron de Neyrieu, d'une part, et noble Robert, fils de noble Hercule des Roys, ladite transaction reçue par Me Monton, notaire et commissaire, le tout sis au lieu dit de Neyrieu.
Reprise de fief, le 16 mars 1719, du fief de Neyrieu, situé au village de la Grange, paroisse de Saint-Benoît, par Philibert des Roys, écuyer, à lui appartenant, suivant son contrat de mariage reçu Delorme, notaire à Lyon, le 21 février 1705, contenant la donation à lui faite par Jean-Charles des Roys, aussi écuyer, et dame de Passerat, ses père et mère. (*Nobiliaire du département de l'Ain*, *Bugey et pays de Gex*, par Jules BAUX, Bourg-en-Bresse, 1864.)

pays, à la fin du xviie siècle et au commencement du xviiie [1].

Ses armoiries étaient : d'argent à une croix d'azur chargée de cinq annelets d'or [2].

Les preuve faites, la chanoinesse admise se rendit au chapitre. Elle était bien jeune alors, car un document écrit en 1785 constate, dès cette date, sa présence à Salles [3] et en 1790, lors de son mariage, nous le verrons bientôt, elle était mineure.

Brusquement transplantée dans un milieu si différent de celui dans lequel elle avait été élevée, elle sut accommoder ses goûts à sa nouvelle existence et réussit bien vite à se faire aimer de Mme de Villard qui fut pour elle une sœur aînée et qui, presque tous les jours, la recevait dans

---

1. En 1669, 1674, 1686, 1698, 1702, 1708, 1714, 1717, 1724, 1727, 1730, 1733, 1736. (BAUX, *Nobiliaire du département de l'Ain.*)

2. *D'Hozier*, édit. Bouchot, Paris, Champion, 1876, Bourgogne, tome II.

3. Saint-Martin-de-Salles. — Marie-Victoire de Richard de Ruffey, prieure; Angélique de la Salles, sous-prieure; chanoinesses-comtesses : MM[mes] Marie-Suzanne de la Martine du Villard, Françoise-Alix des Roys. (La *France chevaleresque et chapitrale*, par le vicomte de G*** (Gabrielli). Paris, chez Lévy, 1785, in-32, p. 193.)

sa maison. A diverses reprises elle eut l'occasion d'y voir le chevalier de Lamartine, frère de son amie.

Né le 21 septembre 1752, Pierre de Lamartine ou de Pratz était entré au service dès l'âge de 16 ans. En 1775 il fut nommé capitaine de cavalerie au régiment Dauphin et chevalier de Saint-Louis.

L'officier sut plaire ; on le trouva beau dans son riche uniforme. « J'ai aimé en lui cette « noble expression, cette grâce un peu mili- « taire, cette franchise de regard et cette fierté « qui ne semblait s'adoucir que pour moi [1]. »

Il fut frappé, de son côté, « des grâces, de « l'esprit et des qualités angéliques de cette « jeune personne [2]. »

Ils ne tardèrent pas à se faire le mutuel aveu de leur amour.

1. *Le Manuscrit de ma mère*, p. 296, 297.
2. *Les Confidences*, p. 30, in-12, Hachette.
Lamartine nous parle, dans ses *Confidences*, d'un portrait de sa mère à l'âge de 16 ans, en costume de chanoinesse. Ce portrait n'existe plus. Mme Valentine de Lamartine ne possède qu'une miniature de sa grand'mère, faite dans les dernières années de sa vie, c'est-à-dire vers 60 ans. Elle est représentée la figure enfouie dans une cornette à franges de la Restauration : tête fine, distinguée, œil vif, intelligent, mais il est difficile de retrouver la jeune fille dans ces traits de grand'mère.

Le contrat de mariage fut signé à Lyon, le 4 janvier 1790, devant M° Fromental jeune, notaire en cette ville.

Le mariage fut célébré à Lyon, en l'église d'Ainay, le 7 janvier 1790 [1].

1. Des doutes s'étaient élevés sur cette date. Voici ce qu'on lit dans le *Manuscrit de ma mère*, 6 mars 1804 : « C'est l'anni-
« versaire de mon mariage. Il y a aujourd'hui 14 ans que j'ai
« eu le bonheur d'épouser un homme selon le cœur de Dieu, »
p. 137, 138.

Le mariage étant du 6 mars 1790, la naissance de Lamartine étant du 21 octobre 1790, l'enfant était né avant terme, à 7 mois 1/2.

Des recherches obligeantes faites, à notre prière, aux archives municipales de Lyon, par M. Guigue, ont dissipé toute incertitude, en fixant la vraie date qui est celle ci-dessus. Voici les qualités des parties telles qu'elles sont libellées à l'acte de mariage :

« Pierre de la Martine, chevalier, capitaine au régiment
« Dauphin-cavalerie, fils légitime de messire Louis-François
« de la Martine, chevalier, seigneur de Montceaux, Montculaux
« et autres lieux, chevalier de l'ordre royal et militaire de
« Saint-Louis, et de dame Madelleine-Jeanne-Eugénie Dro-
« gnère, dame de Praltz, du Villarque, Bellecombe et autres
« lieux.

« Et Alexis Françoise Desroys, chanoinesse, comtesse du
« noble chapitre de Salles en Beaujolais, fille légitime et
« *mineure* de messire Jean Louis Desroys, seigneur de Rieux,
« ancien intendant des finances et commissaire général de feu
« son altesse sérénissime Mgr le duc d'Orléans, et de Mgr le
« duc d'Orléans, son fils, et de dame Marie Gavaut, ancienne
« sous-gouvernante des princes enfants de son altesse sérénis-
« sime Mgr le duc d'Orléans. »

Le chevalier de Lamartine quitta le régiment en se mariant, ou peu de temps après, et vint, avec sa jeune femme, se fixer à Mâcon dans la petite maison de la rue des Ursulines où elle porte le n° 18, annexe de l'hôtel Lamartine que son père mit à sa disposition [1].

C'est là que, le 21 octobre 1790, naquit le poète [2].

> Quel âge avaient les époux en se mariant? Il n'y a aucun doute pour le futur : né le 21 septembre 1752, il avait 38 ans. Il n'en est pas de même pour la future : on lit, dans le *Manuscrit de ma mère*, à la date du 9 novembre 1805, p. 150 : « J'ou-« blie souvent que j'ai 38 ans. » S'étant mariée en 1790, c'est-à-dire depuis 15 ans, elle aurait donc eu 23 ans à l'époque de son mariage, mais l'acte de célébration de son mariage, ci-dessus énoncé, porte qu'à cette date elle est *mineure*.

1. « L'arc en accolade de la porte d'entrée dénote une construction du commencement du XVIᵉ siècle. Au dessus on voit un écu chargé d'une flamme en pointe et de deux étoiles à cinq rais en chef qui se réfère à une famille actuellement inconnue dans le Mâconnais. » (*Album du Centenaire de la naissance de Lamartine*, par M. L. Lex, Mâcon, 1890.)

2. Voir acte de baptême inséré à l'*Album du Centenaire de la naissance de Lamartine*, par M. L. Lex, Mâcon, 1890.

CHAPITRE II

(1790-1794)

LES LAMARTINE PENDANT LA TERREUR

Séjour à Lausanne. — La Révolution. — Le chevalier de Lamartine aux Tuileries. — La prison des Ursules à Mâcon. — Les Lamartine ont-ils émigré ?
Départ pour la terre natale. — « L'éducation des choses » de M. Brunetière. — Caractère local de la muse Lamartinienne.

L'enfant était d'une constitution délicate. La jeune mère eut beaucoup de craintes dans les premiers mois de la naissance.

Pendant l'été de 1791, elle crut prudent de lui faire changer d'air. Son vieil ami Gibbon était à Lausanne; elle s'y rendit et y resta jusqu'à l'automne, dans la société presque continuelle du grand historien : « Ses genoux étaient devenus mon berceau [1], » dit plus tard le poète.

1. *Souvenirs et portraits*, in-12, Hachette.

Ce voyage fit grand bien à l'enfant. Sa santé se raffermit. Mais des inquiétudes d'une autre sorte devaient bientôt bouleverser le jeune ménage.

La Révolution devient menaçante. Le roi n'est pas en sûreté dans son palais. Le chevalier de Lamartine, au 10 août 1792, accourt auprès de lui comme simple volontaire. Blessé aux Tuileries, poursuivi par les Marseillais, il traverse la Seine dans une barque et est arrêté à Vaugirard. Il va être passé par les armes quand il est reconnu et sauvé par un officier municipal de cette commune, un jardinier de M. Henrion de Panscy, grand-oncle de sa femme.

Revenu à Mâcon, dans sa famille, il est, sous la Terreur, jeté en prison. Cette prison est l'ancien couvent des Ursules ou Ursulines, dans la rue de ce nom, et se trouve en face de la maison qu'il habitait et qu'habitent sa femme et son fils. Chacun a lu, dans les *Confidences*, les pages émouvantes où le poète raconte le stratagème ingénieux des deux époux, des deux amants, pour se réunir, la corde à nœuds tendue le soir des nuits sans lune, cachée dès l'aurore.

Dans son manuscrit[1], Mme de Lamartine se borne à parler des visites au guichet de la prison où elle portait son fils à embrasser à travers les grilles.

« Ma mère me nourrissait alors[2] », dit Lamartine, ce qui n'est pas bien exact, car le registre d'écrou déposé aux archives municipales de Mâcon constate que le père du poète a été écroué le 9 pluviôse an II, c'est-à-dire le 28 janvier 1794; l'enfant avait donc plus de trois ans alors.

Un état général des détenus dans la maison d'arrêt des « cy devant Ursules » constate qu'il y était encore incarcéré le 30 germinal de la même année, c'est-à-dire le 19 mars 1794[3]. Il n'était pas seul de sa famille dans cette prison. Son frère aîné François-Louis s'y trouvait aussi, aussi son autre frère, le futur abbé de Montculot, aussi un grand-oncle, ex-chanoine, François de Lamartine, qui avait été pourvu d'un archidiaconé à Mâcon, en 1725.

Ce dernier est mentionné avec François-

---

1. *Le Manuscrit de ma mère*, p. 297.
2. *Les Confidences*, in-12, p. 41.
3. État général des détenus dans la maison d'arrêt des cy devant Ursules au 30 germinal, l'an II de la République. — « 149. Lamartine aîné. — 169. Lamartine cadet »

Louis parmi une liste de prisonniers « retirés pour être conduits à Cayenne de brigade en brigade, le 2 floréal an II » (25 avril 1794) [1].

Lamartine dit, dans les *Confidences*, que « aucun des membres de sa famille n'avait émigré ». Cette assertion nous paraît inexacte.

Voici, en effet, ci-contre, la liste partielle que nous relevons aux archives départementales de Saône-et-Loire :

1. Voici la liste d'écrou des prisonniers, telle qu'elle est libellée sur un cahier jaunâtre, maculé, dérelié, déposé aux archives municipales de Mâcon et qui porte en tête cette mention : « Registre destiné à servir au concierge des Ursules de « Mâcon pour inscrire les personnes suspectes qui seront « mises en état d'arrestation en exécution des arrêtés du « comité de surveillance établi par le département de Saône- « et-Loire. »

  23. la Bé la Martine du trese octobre 1793
  28. de Lamartine ainée a lopital
  172. Lamartine cades, du neuf pluviose
  195. Lamartine ex chanoine (14 ventôse).

D'après les *Confidences*, tous les Lamartine auraient été incarcérés à Autun. Or, il résulte d'investigations minutieuses faites en cette ville, par M. Le Téo, professeur d'histoire, qu'un seul Lamartine fut écroué dans la prison. Il figure comme étant arrêté le 25 vendémiaire, an II, parmi les prêtres du district de Mâcon. (*Archives d'Autun*, série 1re, police révolutionnaire.) C'était ou l'abbé de Montculot, inscrit aux Ursules sous le n° 23, ou l'ex-chanoine inscrit sous le n° 195, comme on l'a vu ci-dessus.

LISTE OFFICIELLE DES ÉMIGRÉS

DÉSIGNATION DES ÉMIGRÉS.				Domicile dernier connu ou fixé d'après l'art. 2 du § 2 du décret du 25 juillet 1793.		SITUATION DES BIENS QUE POSSÉDAIENT LES ÉMIGRÉS.			DATE des arrêtés ou liste des départements qui ont constaté l'émigration.	OBSERVATIONS.
NOMS.	PRÉNOMS.	SURNOMS.	Dernières professions et qualités.	DISTRICTS.	MUNICIPALITÉS.	DÉPARTEMENTS.	DISTRICTS	MUNICIPALITÉS.		
LAMARTINE.	Louis-François.	»	Capitaine d'infanterie.	Mâcon.	Mâcon.	Côte-d'Or	Dijon.	Quémigné. Clémencey. Fleurey.	20 septembre et 28 novembre 1792.	En réclamation.
LAMARTINE.	François-Louis.	»	Officier de cavalerie.	Mâcon.	Mâcon.	Côte-d'Or	Dijon.	Quémigné. Clémencey. Fleurey.	5 juillet, 20 septembre et 28 novembre 1792.	

Comme on le voit dans ce tableau, Louis-François et son fils aîné François-Louis figurent sur la liste des émigrés ; mais, comme on le voit aussi, Louis-François, le vieux seigneur de Montceau, réclamait contre sa qualité d'émigré et la séquestration de ses biens.

Le directoire du département de Saône-et-Loire, par un arrêté en date du 12 avril 1792, fit droit à sa réclamation [1].

---

[1]. Voici cet arrêté, tel qu'il est libellé au registre des arrêtés du directoire relatifs au sequestre des biens d'émigrés, du 31 mars 1792 au 15 décembre 1792. (Archives départementales IL, 4.)

N° 6. District de Mâcon. Lamartine en mainlevée.

Du 12 avril 1792, l'an IV° de la Liberté.

Vu la requête présentée par le sieur Louis-François Lamartine père, afin d'obtenir mainlevée des scellés apposés dans une maison à lui appartenant, au village de Milly, par les officiers municipaux du même lieu,

Vu pareillement le contrat de mariage du sieur Pierre Lamartine, en date du 4 janvier 1790, par lequel le sieur Lamartine père, en constituant le domaine dont il s'agit en dot au sieur son fils, en réserve la jouissance pour lui et son épouse, leur vie durant,

Vu encore l'avis du directoire du district de Mâcon du jour d'hier, duquel il résulte que le sieur Louis-François Lamartine a constamment résidé et réside encore à Mâcon,

Le procureur général, syndic, ouï,

Le directoire du département de Saône-et-Loire arrête que mainlevée pure et simple des scellés apposés sur le domaine de Milly, énoncée dans ledit arrêté, est accordée au pétition-

De son côté le directoire du district de Condal-Montagne (Saint-Claude), par un arrêté du 3 Prairial an II, accueillait la demande[24].

naire, les officiers municipaux de la commune de Milly enjoints de les lever à la diligence du procureur syndic à la vue du présent arrêté, tous gardiens sequestres tenus de faire le relâchement des objets saisis, quoi faisant déchargés, et à défaut par lesdits officiers d'y satisfaire sur le champ, permis audit pétitionnaire de faire lacérer lesdits scellés aux frais desdits officiers. Dont sera réglé procès-verbal par le premier officiel requis, sauf néanmoins l'exécution de l'art. 6 de l'arrêté du département, du 22 mars 1792.

1. Voici cet arrêté que nous devons à l'aimable communication de notre collègue à l'Académie, M. Francisque Lacroix, pharmacien-chimiste à Mâcon :

Extrait du registre des arrêtés du Directoire du district de Condal-Montagne (Saint-Claude).

Séance publique du 3 Prairial an II de la République française une et indivisible.

Présents les citoyens : Grandjacquet, vice-président, Tissot, Martin fils, administrateurs, Lorain fils, agent national, et Mathieu, secrétaire général.

« Le citoyen Louis-François Lamartine père, demeurant à
« Mâcon, fait remettre au directeur le certificat de résidence
« qui lui a été accordé par la municipalité dudit lieu, le 14 flo-
« réal dernier, lequel a été publié et affiché suivant le prescrit
« de la loi, visé par le comité de surveillance de Mâcon qui
« déclare qu'il n'est point compris dans la liste des suspects,
« visé aussi par le district, le 25 floréal, avec attestation qu'il
« n'est point porté dans la liste des émigrés, visé enfin le même
« jour par l'administration départementale.

« Le Directoire arrête qu'il sera envoyé à la commission
« administrative par le courrier de ce jour. »

François-Louis, le fils aîné du seigneur de Montceau, aurait donc seul émigré. Son séjour à l'étranger semble avoir été de peu de durée, car, le 13 octobre 1793, nous le voyons incarcéré aux Ursulines avec son frère Pierre; il s'y trouve encore, ainsi que ce dernier, le 19 mai 1794.

Thermidor vint ouvrir les prisons.

Le vieux seigneur de Montceau eut la joie de revoir tous les siens dans son hôtel de la rue Bauderon-de-Sennecé. Le chevalier de Lamartine n'y resta pas longtemps. Il avait hâte de s'installer dans son domaine de Milly, de s'y enfouir, lui et sa famille.

Ce petit voyage impressionna beaucoup le jeune Alphonse. Il s'en souvenait avec attendrissement dans sa vieillesse. « Je commençais à
« voir et à comprendre les choses extérieures
« quand mon père et ma mère nous amenèrent,
« toute leur tribu d'enfants, dans une longue
« file de chariots à bœufs, nous établir à Milly.
« Notre mère était dans le chariot qui marchait
« le premier, avec deux petites filles entre ses
« genoux, une autre à son sein. Mon père allait
« à pied... Les aiguillons des bouviers, les
« gémissements et les regimbements des bœufs,

« les clameurs épouvantées des femmes, le
« rire des enfants dans les chars, faisaient un
« spectacle moitié pittoresque, moitié tou-
« chant[1]. » C'est une scène biblique, patriarcale, la première que l'enfant eut sous les yeux.

On mit des lits, des tables, des chaises dans
la maison froide, nue, carrelée. Et alors com-
mença, au sein du vallon aride, cette vie des
champs qui devait durer tant d'années.

« Il (Lamartine) est chez nous le poète de la
« nature, dit M. Ferdinand Brunetière, le seul
« peut-être que nous ayons, en tous cas, le plus
« grand et il l'est pour n'avoir pas appris à
« décrire la nature, mais pour avoir commencé
« par la sentir. C'est la sincérité de ses impres-
« sions qui en fait non seulement la profondeur
« ou l'intimité, mais encore, dans notre poésie,
« la presque unique originalité. Et la sincérité
« de ses impressions, à son tour, il en doit la
« meilleure part à son éducation, cette éduca-
« tion que l'on reçoit involontairement des
« choses et qui fait en chacun de nous le fond

1. *Mémoires inédits*, p. 18, in-8, Hachette.

« durable et persistant de tout ce que nous sommes[1]. »

Cette éducation des choses, c'est un petit coin du Mâconnais où, jusqu'à l'âge de trente ans, le poète est resté presque sans interruption, c'est « la terre natale » qui la lui a donnée. C'est là qu'il a éprouvé pour la première fois et à un âge où tout vibre et palpite, ces « impressions sincères » dont parle M. Brunetière ; là qu'il les a non seulement éprouvées, mais longuement vécues ; là qu'il a entendu ces voix mystérieuses de la nature qui se fondent en une harmonie secrète avec les fibres les plus intimes de notre âme. Aussi sa poésie en a-t-elle conservé un accent tout particulier et comme un parfum de terroir. Quelque large, quelque compréhensive qu'elle soit, quelque puissant qu'ait été son souffle, un *genius loci* l'a marquée de son empreinte et l'a liée à un foyer.

Le caractère local de la muse lamartinienne n'a échappé ni à M. Brunetière ni à M. Faguet :

« Mille liens subtils et forts, dit le premier,
« ont rattaché Lamartine à une terre natale, à

---

[1]. *Histoire et littérature*, tome III, Calmann-Lévy, in-12, 1886, sur la poésie de Lamartine.

« une maison paternelle, à des lieux fami-
« liers.¹ »

« Il est né parmi les pasteurs, dit le second ;
« il s'en est toujours souvenu et toujours a eu un
« fond de rêverie arcadienne et sicilienne
« comme un vase imprégné d'une première
« odeur en garde toujours un vague parfum ². »

Puisque ce vallon de Milly a eu tant d'influence sur l'œuvre poétique de Lamartine, il nous faut le bien connaître.

---

1. *Histoire et littérature*, tome III, Calmann-Lévy, in-12, 1886, sur la poésie de Lamartine.
2. *Etudes littéraires sur le XIXᵉ siècle*, Lecesne et Oudin, in-12, 1889, Lamartine.

CHAPITRE III

MILLY

Le village. — La maison. — Les deux montagnes : le Monsard et le Craz. — Aspect différent suivant les saisons. — Influence des lieux.

Milly est un village situé à 14 kilomètres de Mâcon, à gauche de la route conduisant de cette ville à Cluny.

Il s'élève en amphithéâtre, dominé par un vieux clocher de pierres grisâtres en forme de pyramide et juché dans une vallée haute, au pied de deux montagnes qui se creusent puis se renflent à l'est et à l'ouest.

Une vingtaine de maisons aux toits rouges et aux murs blancs de chaux composent ce village.

Aucune rivière, aucun ruisseau ne l'arrose. Des vignes, quelques champs de trèfle, de luzerne, de blé, de fèves ou de pommes de terre, des sentiers caillouteux bordés de pierrailles branlantes, où gambadent des chèvres conduites par une femme tricotant un bas ou filant la laine qui pend du sommet d'un bâton fixé à sa taille, voilà ce qui l'entoure.

A l'extrémité ouest, est une grosse maison carrée, non crépie, aux tuiles rougeâtres, moussues et herbeuses, « aux murs noircis par les ans, » qu'enlacent de toutes parts des treilles, des lierres et des rosiers grimpants. C'est la maison du poète.

On y accède à l'est par une cour assez vaste, contenant les bâtiments d'exploitation et fermée d'une vieille porte à vantaux pleins à sa partie inférieure, à claire-voie à son sommet, porte encastrée dans de belles pierres de taille jaunies formant moulure et chapiteau.

Au midi, à l'ouest et au nord, l'habitation est entourée de jardins et de grands arbres.

Grâce au goût des propriétaires actuels, la physionomie extérieure n'a guère changé; des volets gris ont seulement remplacé les anciens volets verts.

La porte cochère avec ses lourds panneaux de chêne à caissons renaissance, surmontée de son linteau de fer forgé du siècle dernier, portant un écusson effacé avec casque de chevalier, existe toujours, bronzée par le temps.

Il existe toujours aussi le perron aux cinq marches disjointes, dans les interstices desquelles poussent la pariétaire, la linaire *ruine de Rome*, où se cachait autrefois et chantait pendant les nuits d'été, au dire du poète, « la petite grenouille à la voix si mélancolique » et où résonne aujourd'hui au crépuscule, suivant l'expression bizarre, mais juste, d'un peintre poète [1], « la douce flûte du crapaud. »

L'intérieur de la maison a été modifié et aménagé aux besoins modernes. Les carreaux froids de brique rouge ont été dissimulés sous d'épais tapis. Le vestibule aux murs nus, jonché de sacs de noix et de pommes de terre et qu'animait seul le bruit monotone et berceur du balancier d'une vieille horloge, est décoré de riches tentures. La cuisine pourtant est restée intacte avec sa grande cheminée en pierre, sa table en noyer d'un seul bloc et ses bancs de chêne. Les belles poutres à la française ont été conservées aussi.

1. Jules BRETON, *Les champs et la mer*, in-12, Lemerre.

Dans la cour, l'aire dallée où l'on battait le blé au fléau a été couverte d'un sable fin et une élégante corbeille de fleurs en occupe le milieu.

Les hangars où l'on amoncelait les ustensiles de culture et les chariots, les granges où l'on répandait le grain de l'année, les étables des grands bœufs blancs du Charollais, ont été abattus et remplacés par des bâtiments neufs. Au cellier, les pressoirs modernes, les cuves aux liens de fer ont chassé le pressoir *à grand point* et les cuves cerclées de châtaignier.

Dans le jardin, les plantes potagères, les plates-bandes bordées de buis et d'œillets et plantées de vieux rosiers et de mauves géantes, les allées droites ombragées de noisetiers, promenades accoutumées de la mère du poète, ont fait place aux pelouses anglaises, aux massifs de fleurs et aux allées en méandres se perdant sous les arbres verts. Mais la charmille est toujours là, à l'extrémité nord du jardin ; là aussi la citerne « huileuse » qu'entourent les sycomores ; là enfin le gros lierre touffu escaladant le mur, les fenêtres, le toit.

Deux montagnes dominent Milly.

L'une à l'est, le Monsard, *mons arduus*, au

sommet crénelé, plonge ses pieds dans un terrain rougeâtre que couvrent des vignes maigres, des plantes fourragères, des buis, quelques rares graminées et enfin un éboulis de roches.

Le soir, au soleil couchant, il se dresse d'un jet hardi comme drapé dans un manteau blanc, teinté de rose.

Quand on s'approche, sa masse est moins compacte et moins continue ; elle se déchiquète en dentelures multiples et ressemble à une acropole.

Le dos de ce rocher gigantesque, monstre bizarre surplombant Milly dans une pose hiératique, est aussi uni que sa tête est abrupte. Il est tapissé d'une herbe fine, drue, émaillée de coquettes polygalées roses et bleues, vraie prairie d'Ecosse comme suspendue dans l'air, où paissent des vaches faisant des notes blanches et rousses dans le ciel où elles se détachent.

Notre poète, sur ses vieux jours, se rappelait avec émotion les stations faites par son père, par M. Bruys de Vaudran et par l'abbé Dumont, au pic du Monsard, « tous trois assis dans une niche « ou plutôt dans une chaire de cathédrale formée « par les créneaux de cette forteresse démante-

« lée, » et il se souvenait surtout d'une soirée d'été « où M. de Vaudran, ayant apporté un « Platon en grec, le lut en le traduisant à ses « deux amis jusqu'au moment où le crépuscule « manqua sur la dernière page du Phédon et où « les premières étoiles scintillèrent dans le ciel, « autour du rocher, comme pour assister, du « ciel, à la mort de Socrate [1] ».

C'est aussi en pensant au Monsard qu'il écrit : « Visitant Athènes, la colline de l'Acropole, la « roche taillée du Pnyx et les pentes dénudées « du Pentélique, je reconnus une ressemblance « parfaite entre ces collines rocailleuses de « l'Attique et les collines ruisselantes de pierres « de mon pays [2]. »

L'autre montagne à l'ouest, le Craz, corruption du mot Cret, s'élève insensiblement du vallon de Milly, émergeant des vignes. Il devient nu, pelé, gris. Des bruyères, des plants de serpolets réunis en touffes, des centaurées, des scabieuses naines, des hélianthèmes, des vipérines avortées, servant de pâture aux chèvres, par-

---

1. *Cours familier de littérature*, premier entretien, p. 46.
2. *Idem*, premier entretien, p. 46 et 47.

viennent de distance en distance à se glisser entre des blocs de calcaire. Enfin, la terre végétale apparaît et un taillis de chênes couronne le sommet, qui, doucement incliné du côté de Milly, s'arrête, brusquement coupé, et se hérisse de roches jaunâtres effritées pendant sur la vallée de Sologny.

C'est sur cette montagne se creusant d'abord sous ses pas comme pour l'inviter à en gravir la pente, que, par un sentier bordé de buis et de pierres toutes constellées de lichens jaune-rouille, le poète, soulevant le loquet de la porte du jardin, faisait presque chaque jour ses promenades rêveuses.

La vue dont on jouit, à la cime, par une claire journée d'été, est fort belle et a un grand caractère.

Au midi, le village de Pierreclos et son vieux château de grandiose tournure dévalent des derniers contreforts des collines environnantes jusqu'au fond de la vallée de la petite Grosne. Cette vallée, toute verte d'herbages et de hauts peupliers, monte insensiblement, décrivant un lacet de couleuvres, les pentes boisées de Serrières, de la Grange-du-Bois, de Cenves et va se perdre dans les monts du Beaujolais.

A l'ouest, tout en bas, est blotti le joli village de Sologny, au fond d'un site alpestre traversé par un petit ruisseau qui vient baigner les terrasses du château de Byone.

Sologny est dominé par son vieux clocher, grosse tour rectangulaire percée d'ouvertures qui ressemblent à des meurtrières. Au dessus et par delà la masse imposante de Berzé-le-Châtel, se profile une longue chaîne de montagnes couverte de bois sombres, chaîne précédée de croupes arrondies, de cimes mamelonnées, étagées, qui ont rappelé à Lamartine les hauteurs de la Sabine, de la Laconie et de l'Arcadie [1].

Au nord, la vue s'étend sur le hameau de la Croix-Blanche, sur la vallée de Berzé-la-Ville, assombrie par son pic aux roches noirâtres, déchiquetées, mais égayée par l'élégante silhouette du château des Moines, puis sur celle de Saint-Sorlin, assise aux pieds de son signal.

A l'est, le paysage est tout différent; le panorama est vaste, étendu, ouvert aux larges horizons. Derrière le Monsard, se détachent les dents de Vergisson et de Solutré. La petite

1. Préface des *Harmonies*.

Grosne, après avoir arrosé Serrières, Pierreclos et Bussières, tourne brusquement en face Saint-Sorlin, se faufile, glisse et va se perdre, en décrivant une courbe gracieuse, dans les prairies de « la dormante Saône [1] ». Par delà cette rivière, « ruban d'argent étendu comme une toile qui sèche sur l'herbe [2], » et les pâturages gras de la Bresse, qui rappellent les *herbosa prata* de la Lombardie, se dessinent dans un lointain un peu vaporeux les collines du Bugey, les dernières ramifications du Jura, les premiers contreforts des Alpes et enfin, comme un nuage, le sommet du Mont-Blanc.

C'est le soir, avant le crépuscule, qu'il faut contempler le spectacle qu'offre le sommet du Craz. Notre poète, à cette heure-là, venait s'asseoir sur l'herbe dans le taillis de chênes.

Caché derrière un mamelon avancé, le soleil qui se couche lance à droite et à gauche, sur une longue ligne de montagnes bleuâtres, une traînée de rayons d'or qui poudroient et s'abaissent sur Pierreclos et sur Sologny.

---

1. L'abbé de Coulanges dans les lettres de Mme de Sévigné.
2. LAMARTINE, *Cours familier de littérature*.

Le Craz, un moment baigné de clarté, allonge bientôt une grosse masse noire sur Milly.

Les ombres à longs plis descendent des montagnes [1].

Le bas des vallées s'embrume de vapeurs et de ténèbres, tandis que l'entonnoir formé par les hauteurs de Berzé, de Saint-Sorlin et de Vergisson est inondé de chaleur. Dans cette lumière mourante tout se tait et tout parle ; c'est un sourd battement d'ailes, un bruissement imperceptible et vague des choses, un murmure, un chuchotement mystérieux, douce mélodie des voix du soir.

Le signal de Berzé prend un aspect féerique. Ses rochers noirs dentelés frappés par le soleil luisent comme des diamants ; sa croupe nue, pelée, a la forme des monts de Sicile, d'un Pellegrino minuscule.

Avec son pic aride, son calcaire rouge à ses pieds, ses maisons blanches s'échelonnant en gradins et croulant jusqu'au fond de la vallée, Saint-Sorlin est un village volsque ; la résonnance italienne hante les oreilles : *Sancto Sorlino*.

---

1. *L'Immortalité*, Premières méditations.

Seul, son clocher gothique jure dans cet aspect méridional. C'est une tour en vedette d'un *oppidum* romain, un *castellum* de la Sabine ou une vieille ruine sarrazine qu'évoque ce paysage.

Découpée par les trois sphinx du Monsard, de Vergisson et de Solutré, que dore un dernier rayon, la plaine bressane prend les nuances cérulées de l'océan. A mesure que le jour baisse, la teinte devient plus sombre, elle est bientôt d'un bleu crû méditerranéen et les maisons qui se détachent toutes blanches sont comme des voiles voguant sur une mer d'azur,

Voiles, grâces des eaux, qui fuyez sur la mer[1].

Les idylles de Théocrite, la délicieuse pastorale de Longus chantent dans la mémoire ; c'est Syracuse, c'est Mitylène qui passent devant les yeux et éveillent le souvenir.

Le soleil a disparu.

De l'absence du jour pour consoler les cieux
Le crépuscule aux monts prolonge ses adieux[2].

1. *Le dernier chant du pèlerinage de Childe Harold.*
2. *Les Étoiles*, Nouv. méditations.

Tous les échos montent clairs, sonores, longuement répercutés.

La journée du vigneron est finie. Il a entassé sur sa voiture à bœufs les gerbes de blé qu'il vient de moissonner ou les sacs de pommes de terre qu'il a récoltées ; il rentre au village et l'on entend

Le bruit lointain des chars gémissant sous leur poids [1].

Sa femme descend des taillis voisins ramenant les chèvres qui portent de vieux grelots hors d'usage, achetés par elle aux charretiers de Saint-Sorlin ou de Pierreclos et l'on distingue

Le sourd tintement des cloches suspendues
Au cou des chevreaux dans les bois [2].

Voilà les impressions qu'on a durant l'été.

En automne et pendant l'hiver, c'est tout autre chose.

Dès le mois d'octobre, une mer de brouillards dort au fond des vallées de Serrières, de Pierreclos, de Bussières, de Saint-Sorlin, de Berzé et

---

1 *Les préludes*, Nouv. méditations.
2. *Idem*.

de Sologny. Quelques nuages s'en détachent qui cheminent un moment dans les gorges, les gravissent lentement, inondent peu à peu les villages et les ensevelissent. Ils s'arrêtent enfin à mi-côte dans l'épaisseur des forêts. Les hauteurs de l'ouest et du midi émergent seules de cet océan gris. Les signaux de Saint-Sorlin et de Berzé, la tête du Craz, les pics du Monsard, de Vergisson et de Solutré se dressent comme autant d'îles, de promontoires pendant sur l'abîme. C'est la Norwège, c'est l'Ecosse, c'est un site d'Ossian.

En été, c'est un paysage de Calabre, de Sicile, de Grèce ou de Judée.

L'aspect si particulier des lieux où s'écoulèrent ses premières années devait exercer sur le poète une action décisive, marquer sa poésie de la teinte parfois nuageuse des contrées septentrionales, mais plus souvent la vivifier au soleil d'Orient et surtout de la Grèce ; cette poésie devait être toujours animée d'un grand souffle et s'ouvrir aux larges horizons.

Cette influence des lieux, Lamartine lui-même en proclame la puissance :

« Il est évident que l'âme n'est point indépen-

« dante du milieu habituel dans lequel l'homme
« vit ¹. »

« Nous sommes fils de la terre; c'est la
« même vie qui coule dans sa sève et dans notre
« sang. Tout ce que la terre, notre mère, semble
« éprouver et dire aux yeux, dans ses formes,
« ses aspects, sa physionomie, sa mélancolie et
« sa splendeur a son retentissement en nous ². »

« Les lieux nous entrent dans l'âme par les
« yeux et s'incorporent à nos sensations et ces
« sensations deviennent des caractères ³. »

C'est la pensée même de M. Taine :

« Le ciel et le sol marquent tout l'homme à
leur empreinte ⁴. »

---

1. *Cours familier de littérature*, XI, Entretien, p. 372.
2. *Raphaël*, p. 1.
3. *Souvenirs et portraits*, tome I, p. 60.
4. *La Fontaine et ses fables*, p. 3.

CHAPITRE IV

(1794-1800)

« JE SUIS NÉ PARMI LES PASTEURS »

Le domaine rural. — Le vigneron et son « maître ». — Le père ; son caractère. — La mère ; ses sentiments pieux ; sa nature aimante, fénelonienne. — « La couvée de colombes » de Sainte-Beuve. — L'éducation maternelle.
La vie campagnarde ; scènes rustiques.
Le milieu familial, pastoral et agricole sur la poésie de Lamartine.

Après le milieu physique, il nous faut connaître le milieu moral au sein duquel le poète a été élevé, et les scènes qu'il a eues sous les yeux.

La terre de Milly était depuis longtemps dans la famille Lamartine.

La maison avait été construite au commencement du xviiie siècle, par le trisaïeul du poète.

En 1705, elle avait été bénie par le curé de Milly [1].

Louis-François de Lamartine, le seigneur de Montceau, petit-fils de Jean-Baptiste, donna le domaine en dot à son fils Pierre, aux termes de son contrat de mariage. Ce dernier n'en avait que la nue propriété, mais le seigneur de Montceau lui en abandonna effectivement la pleine propriété, dès 1794.

Quelle valeur avait alors ce domaine? Lorsque Pierre de Lamartine, faisant entre tous ses enfants le partage définitif de ses biens, à la date du 17 février 1830, attribua à son fils Alphonse la terre de Milly, celui-ci fit rapport à la masse de la somme de 205.000 francs. « La récolte annuelle était alors évaluée à 250 pièces de vin, de 213 litres chacune. Les terres avaient, à cette époque, une superficie d'environ 52 hectares et s'étendaient sur les

---

[1]. Voici l'extrait de cet acte émané « du registre des baptêmes, mariages et sépultures de la paroisse de Milly », à nous gracieusement communiqué :

« L'an de N. S. 1705, le 15ᵉ juillet, je soussigné ay bénit la
« maison de M. Jean-Baptiste de Lamartine, conseiller du roi
« au bailliage et siège présidial de Mâcon, à 6 heures du
« soir. » Signé : « Dauthon, curé de Milly. »

communes de Milly, Berzé-le-Châtel et Saint Sorlin [1]. »

Mais ce domaine avait été agrandi par le père depuis son mariage. A cette dernière date, Lamartine dit qu'il ne valait « qu'un millier d'écus de rente [2]. »

Il se composait de vignes et de champs affermés à des vignerons ou colons partiaires qui cultivaient la terre et en partageaient le produit avec le propriétaire. Chacun de ces vignerons avait une existence indépendante, un chez soi, mais il était logé dans un bâtiment du propriétaire, tout près de lui, sous sa main, à l'ombre de sa maison. Il lui payait certaines redevances, faisait certaines corvées, était tenu à certaines obligations qui, surtout au lendemain de la Révolution, portaient encore l'empreinte d'un lien de vassalité. Le propriétaire était, selon l'expression encore en usage dans le Mâconnais, son « maître ». Le vigneron n'avait pas à se plaindre de ce vague souvenir de droit féodal ou seigneurial, car il trouvait auprès de ce

---

1. *Album du Centenaire de la naissance de Lamartine*, par M. Lex. Mâcon, 1890.
2. *Mémoires inédits*, p. 15.

« maître » un appui et de l'affection ; il était, comme à Rome, de sa famille. Le « maître », au milieu de ses vignerons, avait un peu le caractère d'un chef de clan au milieu de ses gens, d'un patriarche ou d'un scheik arabe au sein de sa tribu, d'un roi grec au milieu de ses serviteurs et de ses guerriers.

Ce caractère, dès l'enfance, frappa beaucoup le jeune Lamartine quand il lut la Bible et l'Odyssée :

« Le pays pastoral et agricole que nous habi-
« tions, dit-il dans sa vieillesse, la maison, les
« vergers, les champs, les aspects, les relations
« fières mais douces des paysans avec le châ-
« teau et du château avec les chaumières, les
« nombreux serviteurs jeunes et vieux attachés
« héréditairement à la famille par honneur et
« par affection, plutôt que par leur pauvre
« salaire, mon père, ma mère, mes sœurs, les
« occupations pastorales, rurales, domestiques,
« des champs et du ménage, toutes ces habi-
« tudes au milieu desquelles je grandissais
« étaient tellement semblables aux mœurs des
« hommes de l'Odyssée que notre existence tout
« entière n'était véritablement qu'un vers ou un

« chant d'Homère [1]. » Son père se présenta à son esprit comme un roi de Pylos ou d'Ithaque, ou comme un patriarche hébreu.

Tous ceux, du reste, qui avaient connu le chevalier de Lamartine avaient eu le même sentiment. Lorsqu'il mourut, comblé de jours, en 1840, le *Journal de Saône-et-Loire*, dans une note nécrologique contenue au numéro du 2 septembre de cette année, écrivait ceci :

« C'était une de ces figures patriarcales que
« la Providence fait apparaître quelquefois
« comme un souvenir des temps bibliques, un
« de ces chefs de tribu qui laissent beaucoup
« d'enfants sous beaucoup de tentes et qui s'en
« vont se reposer dans le sein d'Abraham du
« long et droit chemin qu'il ont suivi sur la
« terre. »

Cette évocation de la vie antique, c'est à Montceau, chez l'aîné de ses oncles, c'est à Montculot surtout, chez son oncle l'abbé, qu'elle fut pour Lamartine nette, tangible. Là, sous la haute surveillance du maître, existait une hiérarchie de domestiques, depuis le vieux tou-

---

1. *Cours familier de littérature*, 24ᵉ entretien, p. 250, 251.

cheur de bœufs jusqu'aux valets de charrue, bouviers, bergers et servantes. Ces dernières « n'avaient point de place à table à côté des « hommes ; elles mangeaient debout derrière les « bergers et, quand elles voulaient boire, elles « allaient une à une puiser l'eau fraîche dans « un seau suspendu derrière la porte. Une poche « de cuivre étamé, au long manche de fer, leur « servait de coupe ou de verre ; elles trem- « paient leurs lèvres comme des agneaux dans « le courant limpide du lavoir [1]. »

Il y avait, dans la cuisine, d'immenses chaudières pendant d'une crémaillère, dans lesquelles chacun prenait, avec une fourchette en étain, le lard ou les légumes. La table était, comme à Milly, un vieux noyer scié dans les prés du domaine ; au dehors, les travaux de la ferme, le soin du bétail, des étables, tout rappelait la vie des premiers âges.

La poésie de Lamartine, de Lamartine jeune surtout, devait conserver de ces scènes rustiques une impression profonde. A bien des égards, elle refléta les mœurs géniales de l'humanité à

---

1. *Cours familier de littérature*, 24ᵉ entretien, p. 452.

son aurore. « Il y a, a-t-on dit fort justement,
« chez le Lamartine de 1820, une spontanéité
« d'inspiration, une fraîcheur de sentiments,
« une simplicité de moyens qui nous font son-
« ger aux primitifs [1]. »

Le chevalier de Lamartine se fit aisément à cette existence campagnarde. Grand chasseur, levé dès l'aube, après avoir, le matin, fait retentir le Craz des aboiements de ses chiens, il s'en allait visiter ses vignes et diriger les travaux de son domaine.

Les revenus étaient modiques. On avait pu compter sur la fortune et sur le grand traitement de M. des Roys, intendant de la maison d'Orléans. Hélas! tout s'était évanoui! Mme des Roys, restée veuve, avait à peine de quoi subvenir à ses besoins personnels.

C'étaient les produits de la vigne qui seuls faisaient vivre la famille, et ces produits sont si précaires! Ce sera le souci de tous les instants. Vienne la gelée, vienne la grêle, c'est la gêne, ce sont les privations!

On juge de l'angoisse de ce père devant des charges accablantes et des ressources si aléa-

---

[1]. *Le mouvement littéraire au* XIXe *siècle*, Georges PELLISSIER, p. 126, 1889, Hachette, in-12.

toires. Mais c'était un homme de la plus mâle énergie. Non seulement il fit face aux dépenses d'une nombreuse famille, mais il parvint même à agrandir sa terre. Il sut trouver le moyen aussi d'exercer, comme il convenait, les devoirs de l'hospitalité et de soulager les habitants pauvres de son village, durant ces années si troublées et si fécondes en misères. Il n'ambitionna pas un rôle politique. « Très capable des grandes « choses, dit l'article nécrologique du *Journal* « *de Saône-et-Loire* dont nous avons parlé, par « la facilité, la justesse et l'étendue de son « esprit, sa modestie le renferma volontairement « dans les plus humbles. »

Il se borna à représenter son canton au Conseil général du département, pendant vingt ans.

Revenons à la mère du poète ; elle a joué un si grand rôle dans la vie de son fils !

Nous avons, pour l'étudier et la connaître, en dehors des révélations que nous a laissées Lamartine, un document précieux, un journal écrit par elle : *Le Manuscrit de ma mère*, dont il nous a été donné de voir deux cahiers pieusement conservés à Saint-Point, l'un sous sa couverture en carton blanchâtre gaufré, l'autre sous son cartonnage bleu zébré.

C'est sur ces carnets qu'elle notait ses pensées de chaque jour, de chaque heure, d'une écriture fine, mais bien lisible, bien nette.

Nous avons parlé des méfiances de la jeune fille à l'endroit des philosophes. Devenue mère, dans la solitude de Milly, elle s'effraie plus encore de leurs doctrines et elle éloigne d'elle celui qui est le plus dangereux, je veux dire Rousseau qui exalte son imagination et dont le sentiment si vrai de la nature sympathise tant avec ses secrètes inclinations, Rousseau : « qui
« donna, si je puis m'exprimer ainsi, des en-
« trailles à tous les mots et y répandit un tel
« charme, de si pénétrantes douceurs, de si
« puissantes énergies que ses écrits font éprou-
« ver aux âmes quelque chose d'assez semblable
« à ces voluptés défendues qui nous ôtent le
« goût et enivrent la raison [1]. »

Pleine de trouble, de scrupules, elle soumet sa conscience au plus rigoureux examen ; elle ne veut pas être de son temps. Dans sa nature

---

1. JOUBERT, *Pensées*.

aimante, primesautière et son imagination d'enfant, elle aimerait à reculer jusqu'au xvi⁰ siècle pour « séraphiser », suivant la jolie expression de Sainte-Beuve, avec saint François de Sales. Elle s'arrête au xvii⁰ siècle, et c'est Fénelon qu'elle choisit pour son directeur.

Ce guide trouvé, elle est heureuse, que dis-je, elle nage dans la félicité, elle est du petit troupeau du saint archevêque : « Oui, mon Dieu, « s'écrie-t-elle, par votre grâce, je sens tous les « jours davantage ce besoin d'être à vous uni- « quement, de vous tout sacrifier, pour tout « retrouver en vous !... Mon âme est une éma- « nation de la vôtre ; elle ne peut trouver de « paix et de bonheur qu'en se réunissant à son « principe et à sa dernière fin [1]. »

La religion de Fénelon qui est, selon un éminent critique, « un hymen, une soumission ravie, « une immolation délicieuse [2], » religion excellente aux cœurs vigoureusement trempés, n'offre-t-elle aucun danger aux natures sentimentales et rêveuses ?

Le grand archevêque a prouvé, par une vie

---

1. *Le Manuscrit de ma mère*, p. 141.
2. FAGUET, *Études sur le* xvii⁰ *siècle*, in-12, Lecesne et Oudin.

toute d'action, de dévouement, de luttes incessantes, qu'il n'était pas un contemplatif et que la doctrine du pur amour n'était pas pour ouvrir les âmes molles à la paresse et à l'extase, mais pour ramener des hommes trop attachés aux jouissances de la terre et trop ignorants des souffrances de leurs semblables, à l'oubli de soi et aux sentiments de charité, de compassion, de fraternité humaine.

C'est ainsi que la jeune femme, parfois alanguie pourtant par ces enseignements d'une trame un peu mince et que Mme de Sévigné désirait épaissir, comprit les leçons du directeur de sa conscience.

Elle sut y puiser surtout la résignation et la certitude que le bonheur réside dans l'accomplissement de ses devoirs, quelque pénibles qu'ils soient.

Munie de ce précieux viatique, elle subit sans se plaindre la destinée qui lui était impartie. Elle, Parisienne, de la Cour ; elle, habituée à toutes les distractions, à tous les plaisirs mondains et intellectuels, elle se prit à aimer bientôt cette vie des champs, si douce aux âmes simples parce qu'elles peuvent y faire le bien. On se souvient encore avec attendrissement, à Milly, de la bonté toujours active de la mère du poète, de ses visites aux pauvres vignerons, des consolations, des secours qu'elle leur portait. Son nom y reste vénéré.

Ce qui l'attacha bien vite aussi à ce coin de province, c'est que, en élève de Fénelon, elle adorait la nature; elle la connaissait même mieux que son maître qui ne la vit guère que par l'intermédiaire de ses auteurs grecs et latins. Elle, au contraire, comme La Fontaine, comme Mme de Sévigné, « sa compagne assidue, » savait la regarder; elle était heureuse, comme cette dernière, « d'entendre le rossignol, le coucou, « la fauvette ouvrir le printemps ; » comme elle, elle se plaisait « aux beaux jours de cristal de l'automne ».

La campagne qu'elle avait sous les yeux lui agréa par le caractère arcadien et sicilien que nous lui connaissons, à elle qui faisait ses délices et d'Homère et de Virgile.

« Je jouis de ma solitude, écrit-elle un jour
« sur son journal, je suis seule à Milly avec mes
« enfants et mes livres; ma société est Mme de
« Sévigné. J'ai fait une grande promenade ce

« soir sur la montagne du Craz qui est derrière
« la maison, au dessus de nos vignes. J'étais
« toute seule ; c'est mon plaisir dans ce temps-
« ci, le soir, de m'égarer seule ainsi bien loin.
« J'aime le temps d'automne et les promenades
« sans autre entretien qu'avec mes impressions ;
« elles sont grandes comme l'horizon et pleines
« de Dieu. La nature me fait monter au cœur
« mille réflexions et une espèce de mélancolie
« qui me plaît : je ne sais ce que c'est, si ce
« n'est une consonnance secrète de notre âme
« infinie avec l'infini des œuvres de Dieu !
« Quand je me retourne et que je vois du haut
« de la montagne la petite lumière qui brille
« dans la chambre de mes enfants, je bénis la
« Providence de m'avoir donné ce nid caché et
« tranquille pour les couver[1] ! »

Voilà qui nous fait bien connaître cette aimable
femme, comme amante de la nature, comme
chrétienne et comme mère.

Ses enfants ! les couver, les élever, les ins-
truire, ce sera la grande occupation, la grande
tâche.

1. *Le Manuscrit de ma mère*, p. 156.

Ils étaient six : un garçon, Alphonse, et cinq filles : Cécile, Eugénie, Césarine, Suzanne et Sophie. C'était une jolie nichée, riante et gazouillante.

« Une personne grave et peu habituée aux
« comparaisons poétiques (c'est de Royer Col-
« lard qu'il s'agit), qui avait, en ce temps,
« l'occasion de voir Lamartine avec ses sœurs
« sous l'aile de la mère, ne pouvait s'empêcher
« de comparer cette jeune famille aimable et
« d'un essor si naturel, à une couvée de
« colombes. Quand tout n'était que boulever-
« sement et tempête, comment ce doux nid
« était-il venu à éclore sur la colline pierreuse ?
« Demandez plutôt à celui qui voulut vêtir le
« lys du vallon et qui fait fleurir le désert [1] ! »

L'éducation de son fils surtout, quelle responsabilité pour la jeune mère !

Si « elle épiait jour à jour la pensée de son
« enfant pour la tourner vers Dieu, comme on
« épie le ruisseau à sa source pour le diriger
« vers la prairie où l'on veut faire refleurir
« l'herbe nouvelle [2] », si, suivant les paroles

---

1. SAINTE-BEUVE, *Portraits contemporains*. Lamartine, Michel Lévy, 1870, in-12, p. 289.
2. *Cours familier de littérature*, 1ᵉʳ entretien, p. 9.

éloquentes de Mgr Perraud, « elle imprima pro-
« fondément dans les âmes de ses enfants le
« respect, le culte, l'adoration de Dieu dont elle
« était vraiment pour eux, par la pureté de sa
« vie, la plus vivante image [1], » si, pour obéir
aux prescriptions d'une foi vraiment chrétienne,
elle cherchait à s'entourer d'édification, de guides
orthodoxes, si les œuvres de saint Augustin, de
Fénelon, de Massillon étaient ses lectures accoutumées, elle n'était pas exclusive pourtant : elle
aimait à interroger le génie partout où il s'était
révélé et à initier ses enfants aux leçons des
grands maîtres de la pensée humaine, d'où qu'ils
vinssent, sacrés ou profanes.

En admiratrice, en amie de Gibbon, elle se
délectait des historiens, de Tacite surtout. A
Montculot, chez le bon abbé, elle lisait l'Odyssée
tout entière, ce poème du foyer, dans la traduction de Dacier, à toute la maisonnée.

Après la Bible, après Homère, après Virgile,
c'étaient les moralistes anciens, auprès desquels
elle fortifiait son âme. Je n'irai pas jusqu'à dire
toutefois, avec Mgr Perraud, que, « semblable à

1. *Oraison funèbre de Lamartine* prononcée à Mâcon le
21 octobre 1890.

« la mère des Macchabées, elle cacha sous les
« plus chaudes effusions de l'amour maternel un
« cœur viril[1]. » Non, son cœur de mère fut
tout affection, tout tendresse, tout indulgence et
cette indulgence allait parfois bien loin ; mais à
côté de la mère était l'éducatrice ; elle le comprit
et sut donner à la petite nichée qu'elle abritait
de son aile une nourriture saine, vivifiante.

Voici selon le *Manuscrit*[2] l'emploi de la journée :

La messe tous les jours à sept heures ;

Lecture de la Bible ;

Leçon de grammaire ;

Lecture de l'histoire, histoire de France ou histoire ancienne ;

Le soir, après dîner, quelque vers des fables de la Fontaine ;

Quelquefois, à la veillée, on se régale d'une comédie de Molière. « Il me semble, » dit la mère scrupuleuse, « qu'il n'y a pas de mal. Je passe, en lisant, les mots dangereux[3] ; »

Puis la prière en commun accompagnée d'une

---

1. *Oraison funèbre de Lamartine.*
2. *Le Manuscrit de ma mère*, passim.
3. *Idem*, p. 160.

petite méditation improvisée, à haute voix.

C'est là l'éducation dont nous parle le précieux document, avec tout le caractère d'authenticité qui s'y rattache. Combien différente de celle que nous révèlent les *Confidences!*

« Mon éducation était toute dans les yeux
« plus ou moins sereins et dans le sourire plus
« ou moins ouvert de ma mère .... elle me tra-
« duisait tout, nature, sentiment, sensations,
« pensées..., son système n'était point un art ;
« c'était un amour... Ma mère n'était pas mon
« maître ; elle était plus ; elle était ma volonté [1]. »

Que M. de Mazade, dans une étude parue en 1870, c'est-à-dire avant la publication de la *Correspondance* et du *Manuscrit de ma mère*, prenant à la lettre ce mode d'enseignement décrit par l'auteur lui-même, ait comparé notre poète à « un grand enfant de chœur, à un
« Eliacin trop gâté, choyé, flatté, deux fois
« l'œuvre de sa mère dans ce qu'il a eu de
« meilleur et jusque dans ses faiblesses [2] », il n'y a rien là de surprenant ; il n'avait pu lire que les *Confidences*. Peut-être aurait-on pu deman-

---
1. *Les Confidences*, p. 87 et suiv.
2. *Revue des Deux Mondes*, 1870.

der dans l'expression un peu plus de courtoisie pour une si haute personnalité.

Mais nous sommes surpris qu'en 1888, longtemps après la publication des deux documents, pareille appréciation ait pu être formulée.

Voici les paroles que prononçait M. le professeur Subit dans un discours très étudié, à une distribution de prix du Lycée Lamartine, le 31 juillet de ladite année :

« Rien ne contrebalança l'exagération de ten-
« dresse maternelle... L'âme de l'enfant appar-
« tient tout entière à la mère. C'est à ce sys-
« tème d'éducation maternelle et par trop fémi-
« nine qu'on peut à bon droit attribuer les
« suaves inspirations du poète aussi bien que
« les amères défaillances de l'homme, dont les
« premières enthousiasmèrent autant que les
« secondes attristèrent le cœur des nombreux
 et sincères amis de Lamartine. Cette éduca-
« tion donna à l'enfant une âme toute d'expan-
« sion et d'amour, mais lui laissa un caractère
« faible, indécis et passionné. On lui apprit à
« aimer ; on ne lui enseigna pas à vouloir.
« Milly fut une école de tendresse, non de
« volonté. »

M. Subit est resté aux *Confidences* ; il a cru, lui aussi, l'auteur sur parole ; il n'a lu ni la *Correspondance*, ni le *Manuscrit de ma mère*. Il y aurait vu, comme nous le verrons au cours de cette étude, que Lamartine jeune, quoi qu'il en eût dit, avait une volonté, une indépendance d'esprit qui bien souvent effraya sa mère, « *horrori ei erat ejus ingenium* [1]. » Son caractère fut vif, emporté ; ses colères soudaines, vite apaisées, car son cœur était bon, mais violentes. On pourrait adresser à Mme de Lamartine, à propos de son fils, le reproche que faisait Arnaud d'Andilly à Mme de Sévigné au sujet de sa fille. On pourrait lui dire : qu'elle était une jolie païenne qui faisait de son fils une idole dans son cœur. Oui, elle le gâtait trop, aussi devint-il exigeant. Aucune prévenance, aucune patience même pour ses sœurs, ses tendres sœurs, plus jeunes que lui. « Il est difficile à gouverner [2], » dit sa mère. Sa mère ! il l'aimait bien, mais il n'avait pas pour elle ces paroles caressantes, ces mille soins empressés, ces câlineries qu'avait

---

1. *Saint Augustin*, cité par Mgr Perraud lors du Centenaire de la naissance de Lamartine.
2. *Le Manuscrit de ma mère.*

Charles de Sévigné pour sa « maman mignonne ».

Si donc, d'un côté, ce n'est que « expansion et amour », de l'autre c'est une tranquille possession de soi-même, une légère infatuation, une condescendance à se laisser adorer. C'est loin d'être une abdication de son vouloir, c'est au contraire une affirmation constante de son moi.

Lorsque les *Confidences* furent écrites, l'auteur avait perdu sa mère, il avait senti le vide immense qu'elle laissait, la place qu'elle occupait dans son cœur, le rôle qu'elle avait eu dans la formation et dans la culture de son esprit ; il se reprochait peut-être de n'avoir pas été assez affectueux pour la chère morte et il voulut, par piété filiale, par une sorte d'humilité touchante, n'avoir plus d'individualité, reporter tout à elle, s'anéantir en elle, et il publia les pages que nous avons citées.

Maintenant que nous touchons du doigt, pour ainsi dire, cette éducation de la mère, ne la rendons pas responsable de ce que M. Subit appelle les « amères défaillances », si tant est qu'elles existent.

Au demeurant, devrait-on se plaindre, si les

caresses, les effusions de cette mère, sa suave douceur, la tournure mélancolique de son esprit ont eu leur répercussion sur cette âme et si elle en a été pour toujours imprégnée?

« Que serait-il devenu, avec son imagination
« débordante, avec son exquise et périlleuse
« sensibilité, s'écrie Mgr Perraud, s'il avait eu le
« malheur d'avoir pour mère une femme mé-
« diocre et frivole, esclave du monde et de la
« mode, à religion routinière et superficielle?[1] »

Cette mère, dans son rôle d'éducatrice, au milieu des distractions multiples de la vie des champs, avait besoin de tout son zèle, de toute sa persévérance pour garder auprès d'elle la couvée toujours prête à s'envoler.

C'est son aîné surtout, c'est Alphonse, avec sa nature indocile à la contrainte qui veut déployer ses ailes.

Lamartine ne peut penser sans émotion à ses jeunes années passées à Milly :

Je suis né parmi les pasteurs.
Enfant, j'aimais comme eux à suivre dans la plaine

---

1. *Oraison funèbre*, 21 octobre 1890.

Les agneaux pas à pas égarés jusqu'au soir,
A revenir comme eux laver leur blanche laine
  Dans l'eau courante du lavoir.

J'aimais à me suspendre aux lianes légères,
A gravir dans les airs de rameaux en rameaux
Pour ravir, le premier, sous l'aile de leurs mères,
  Les tendres œufs des tourtereaux [1].

Pour lui, cette vie de berger est pleine de charme.

Pendant la journée, vêtu d'une culotte et d'une veste de gros coutil bleu écru, un morceau de pain et un fromage de chèvre dans la poche, il court les montagnes avec ses petits camarades, les enfants de Milly.

Le soir, pendant les longues veillées d'hiver, il va faire cuire des châtaignes sous la braise, au four qui se trouve en face de la porte de la maison, ou il se faufile dans l'écurie des vignerons. Là, à la lueur du crucieu [2], lampe en cuivre en forme de croix, *crux*, tandis que les hommes tillent le chanvre, ou fendent l'oseraie avec les dents en trois brins bien égaux, les femmes

1. *Les Préludes,* nouvelles méditations.
2. Et non *creuse-yeux,* comme l'écrit Lamartine dans ses *Mémoires inédits.*

filent et content en patois les vieilles légendes du pays et surtout l'histoire si palpitante de la *Bête faramine* sur le pic de Vergisson : « Comment cette bête enleva un mouton[1]. » Le petit Alphonse, qui parle le patois « comme sa langue maternelle[2] », n'en perd pas un mot ; il va en régaler tout à l'heure ses camarades du collège ; nous en avons la preuve : sur le verso d'un dictionnaire latin tout dépenaillé, conservé à Saint-Point, un de ses condisciples au bas du nom de « Lamartine » a écrit :

« *Diseur de contes.* »

La vive imagination de notre Mâconnais avait été ému de ces fabliaux du cru.

Puis c'était la saison des différents travaux des champs : la fenaison, la moisson, le battage des gerbes sur l'aire dallée de la cour par le fléau, cadencé et rythmique, « monotone et assoupissant, » puis enfin et surtout le temps des vendanges.

Dès l'aurore, au village, tout est en mouvement. Le vigneron se rend sur la place de Saint-

---

1. Voir dans les *Annales de l'Académie de Mâcon :* la Bête faramine, par l'abbé Ducrost.
2. *Les Confidences*, p. 108.

Sorlin, de Bussières ou de Pierreclos pour y louer la *troupe* des vendangeurs. Elle arrive le seau ou *seillet* sous le bras, se répand dans les vignes, s'éparpille au pied des ceps, les jeunes gars à côté des filles. Chacun prend, *mène* deux ou trois rangs de ceps dont il fait la cueillette et remplit son seillet. Quand il est plein, il crie : *veni queri*. C'est le *veni quærere* latin. Un garçon s'approche, vide le *seillet* dans la *benne*, en broie le contenu et la benne remplie est portée par deux hommes dans la *baignoire* posée sur le tombereau sans ridelles du vigneron, qu'amènent au pressoir deux vaches ou deux bœufs courbés sous le joug et protégés de branchages contre les mouches. A midi, on dîne gaiement du flan de potiron : *la tatouille*.

Le soir, au soleil couchant, les vendangeurs reviennent faisant claquer leurs sabots sur les chemins pierreux ; les jeunes filles en groupes, en théories, leur seillet sur la tête ou sous le bras gracieusement recourbé, chantent des chansons lentes, monotones, traînantes, longuement répercutées par les échos, chansons d'une douceur, d'une poésie infinies.

La soupe aux raves ou aux choux mangée

avec la fourchette d'étain dans une écuelle noircie au feu, à deux oreilles, on envahit la cour propre, lisse, fraîche du battage du blé. On y danse des bourrées d'Auvergne, on y fait des rondes, une bonne tape sur l'épaule ou... ailleurs, voilà le remerciement du danseur à sa danseuse.

Enfin, arrive la couchée sur la paille dans les granges... des quolibets, de grosses plaisanteries salées, puis tout ce monde harassé, n'en pouvant plus, dort jusqu'à l'aube.

Quelques jours après se fait la pressurée du vin sur le pressoir à *grand point* :

Dans un hall rustique nommé *tinaillier*, un homme adossé à une cuve, pieds nus, la tête et les épaules couvertes d'un sac plié qui descend jusqu'aux talons, élève au dessus de sa tête, de ses deux bras nus, dans une attitude sculpturale, un seillet vide que remplit un autre homme plongeant jusqu'à mi-corps dans cette cuve. Le seillet plein est porté au pressoir muni de ses agrès. Le raisin, enfermé dans les *mi-gênes*, quatre hommes s'attellent face à face, dans une pose de lutteurs, embrassant la tige fourchue, la *gozanche*. Deux la tirent à eux, les deux autres la pressent de leur poitrine. La vis crie, le colosse de bois rend un son rauque, sourd mugissement suivi de crépitations aiguës comme d'un arbre qui se fend. Les hommes sont halctants ; le vin jaillit à gros bouillons et tombe dans la baignoire.

Voilà le milieu dans lequel se développa le jeune Lamartine ; voilà la nature, les lieux, les scènes dont il fut entouré dès sa plus tendre enfance. Voilà les leçons de choses qu'il reçut et qui créèrent entre elles et l'esprit du poète un lien, une consonnance secrète. Ainsi que Homère, Virgile, Théocrite, il habita une contrée pastorale et agricole et sa poésie devait, comme celle de ces grands aïeux, refléter les images qu'il avait sous les yeux. « Comme l'accent est « toujours juste, dit M. Brunetière, comme on « sent qu'il n'a pas vu seulement, mais vécu ses « impressions ! Lamartine est le plus sincère et « le plus universellement vrai des grands poètes « de ce siècle[1]. »

L'enfant ne se lassait pas de cette vie campagnarde. « Ce régime, dit-il plus tard, me réus-

---

1. *Sur la poésie de Lamartine*, Calmann-Lévy, in-12.

« sissait à merveille et j'étais alors un des plus
« beaux enfants qui aient jamais foulé de leurs
« pieds nus les pierres de nos montagnes... Des
« yeux d'un bleu noir comme ceux de ma mère,
« des traits accentués, mais adoucis par une
« expression un peu pensive comme était la
« sienne, un éblouissant rayon de joie éclairait
« tout ce visage, des cheveux très souples et
« très fins, d'un brun doré comme l'écorce mûre
« de la châtaigne[1]. »

Ce portrait eminemment romantique, vague, impalpable, nous rendrait fort perplexes si nous n'avions un dessin au crayon de Mme Carra de Vaux, née des Roys, tante maternelle du poète, dessin appartenant à Mme Valentine de Lamartine, et qui nous le représente au naturel, à l'âge de huit ans. C'est un bon gros garçon joufflu, l'air étonné, la bouche bée, le nez en l'air, les cheveux en broussailles, l'œil éveillé pourtant ; en somme, un beau gars de Milly qui a bien employé son temps et se porte à merveille[2].

Il a plus de neuf ans ; le père, les oncles

---

1. *Confidences*, p. 79.
2. Ce portrait a été publié dans l'*Album du Centenaire de la naissance de Lamartine*, par M. Lex, Mâcon, 1890.

pensent à le mettre au collège. La mère veut gagner du temps ; elle l'envoie à Bussières, gros village voisin, à l'école. C'est là qu'il voit pour la première fois l'abbé Dumont, le Jocelyn de demain. Pour le moment, le romanesque vicaire n'a cure de ce bambin.

Un an se passe ; l'écolier ne se rappelle de ce temps-là que les glissades sur la neige dans le sentier rapide de Milly à Bussières et que les délicieuses parties de patinage dans les prés au bas de la colline.

Il a dix ans. L'oncle de Montceau, l'ainé de la famille, se fâche, le père ordonne. En novembre 1800, la mère le conduit à Lyon.

CHAPITRE V

(Novembre 1800 à septembre 1807.)

LE COLLÈGE

A Lyon, institution Pupier. — 1800-1803. — Les études.
A Belley, les Pères de la foi. — 1803-1807. — Le Bugey; caractère du pays. — Le collège. — Les aptitudes ; les succès. — Ce que sont les sentiments de piété du collégien de Belley. — Base et effet de l'enseignement donné par les Pères. — Les amis.

La pension dans laquelle l'enfant fut placé, appelée pension de la Caille, était située à la Croix-Rousse et tenue par un sieur Pupier.

Les recherches que nous avons faites de cette maison ont été infructueuses. Il est probable qu'elle aura disparu dans la destruction des grandes murailles de ce quartier de Lyon.

« Je tombai de ce nid rembourré de duvet et
« tout chaud de la tendresse d'une incomparable
« famille, sur la terre froide et dure d'une école

« tumultueuse... Je pris mes maîtres en hor-
« reur[1]. »

Les *Confidences* et les *Mémoires inédits* exagèrent le sentiment de répulsion qu'il éprouva. *Le Manuscrit de ma mère* est là pour affirmer qu'il ne se trouva pas mal d'abord dans sa pension. Il se conduit en enfant soumis et respectueux. A la première distribution, il a deux prix. « Ses maîtres en sont satisfaits, écrit la mère.
« J'avoue que j'ai eu un peu d'orgueil de tout
« le bien qu'on me dit de cet enfant; je de-
« mande pardon à Dieu de cette vanité, je n'ai
« contribué en rien à ce qu'il peut avoir de bon
« dans l'âme[2]. »

Quand il vient passer ses vacances à Milly, en septembre 1801, elle constate « qu'il a
« grandi, engraissé, embelli[3]. » Elle ajoute :
« Je suis contente de son intelligence ; mais j'ai
« à lui reprocher de manquer souvent de pa-
« tience, avec ses sœurs surtout. Je craindrais
« qu'il n'eût le caractère un peu trop fier et trop
« impérieux s'il ne s'en corrige pas[4]. »

1. *Les Confidences*, p. 113.
2. *Le Manuscrit de ma mère*, p. 114.
3. *Idem*, p. 115.
4. *Idem*, p. 119.

Lorsque, à la rentrée, elle le ramène à Lyon, elle est plus triste que lui-même. « Le cœur « m'en saigne ! dit-elle. Mon Dieu, que c'est « affreux de déraciner ainsi cette jeune plante « du cœur où elle a poussé, pour la jeter dans « ces mains mercenaires[1] ! »

Rien de surprenant que le jeune Alphonse, qui connaissait les répugnances de sa mère pour l'institution où il avait été placé, ait fini par l'avoir en dégoût, lui aussi, et qu'un beau jour, en décembre 1802, il ait pris la clef des champs. Il savait qu'à Milly était une âme prête au pardon et aux gâteries.

« Alphonse vient de s'échapper de son col« lège, note le journal. La réclusion lui était « devenue depuis quelque temps insupportable. « Je suis bien attristée de cet évènement. Son « caractère d'indépendance m'effraie. Je crains « de l'avoir gâté. On a eu de la peine à lui faire « écrire une lettre d'excuse et de repentir à son « père[2]. »

On le ramène à sa pension ; mais il n'y fait plus rien et attend les vacances. La mère n'est

1. *Le Manuscrit de ma mère*, p. 119, 125.
2. *Idem*, p. 127.

qu'à demi fâchée ; elle a son plan. Ce n'est qu'à contre-cœur qu'elle avait mené son fils à Lyon. Depuis longtemps, elle a songé au collège des Jésuites de Belley.

Le collège de Belley fut fondé par Mgr du Doucet, évêque de Belley, qui, dans son testament, légua à la ville une somme destinée à l'établissement d'un petit séminaire.

Sous Mgr de Tinseau, successeur de Mgr du Doucet, la ville de Belley fit l'acquisition d'un terrain, emplacement du collège. Des lettres patentes, enregistrées le 10 février 1753 au Parlement de Dijon, confirment l'acquisition du terrain et l'établissement du collège [1].

Il fut confié d'abord aux chanoines réguliers de Saint-Antoine.

A l'époque de la Révolution, il est très florissant, ainsi qu'on peut le constater par le livre de dépenses conservé aux archives départementales de l'Ain ; la noblesse du pays et généralement les familles les plus considérables de la contrée y faisaient élever leurs enfants.

1. *Archives du département de l'Ain*, D, nos 9 et 13.

En 1793, le collège disparut. A partir de cette époque, il n'existe plus de documents sur cet établissement dont les directeurs étaient dispersés. C'est en Angleterre surtout qu'ils cherchèrent un refuge. Il est probable qu'ils emportèrent avec eux, dans ce pays, leurs papiers et archives.

Sous le Consulat, on voit les Jésuites, sous le nom de *Pères de la foi*, prendre le collège à leur compte.

C'est à ce moment qu'on pense, à Milly, à leur confier le jeune Alphonse. La mère va voir « l'oncle terrible » à Montceau, le gagne à sa cause ; le père donne son consentement et les voilà tous deux, la mère triomphante et le fils se laissant conduire, « *volens volentem* », au mois d'octobre 1803, sur la route du Bugey.

Les plaines de la plantureuse Bresse, « cette Lombardie française, » les rochers pittoresques de la vallée de l'Albarine, cette rivière bleuâtre glissant comme une couleuvre au fond des gorges, sur un lit de cailloux blancs, les chaumières fumant au milieu des tertres verts et des vignes en festons, puis les mamelons boisés, les lointaines perspectives, les hautes montagnes et les couchers de soleil derrière leurs cîmes aux teintes violettes, tout cela, vu en automne, fut un délice pour les deux voyageurs.

On arrive. Le collégien s'installe. La mère passe la moitié de la nuit à pleurer. Elle va le voir le lendemain matin, à travers les grilles, mais sans se montrer. « Il aurait trop pleuré, « dit-elle, et moi aussi. Il vaut mieux ne pas « amollir ces pauvres enfants destinés à devenir « des hommes[1] ! »

Le jeune enfant se plut tout de suite au collège de Belley. L'éducation y était douce, bienveillante, paternelle. L'instruction qu'on y donnait s'accordait à ses aptitudes ; elle avait sa base dans l'imagination, dans le sentiment, plus que dans les données sévères de la raison. Les sciences exactes y étaient négligées ; mais, en revanche, l'histoire, la littérature grecque, la littérature latine et, en particulier, les poètes étaient en grand honneur.

Un an se passe ; les vacances s'ouvrent ; la tendre mère court à Belley d'où elle doit ramener son fils. « Je l'ai vu dans la cour en arri- « vant ; il a été aussi ému que moi ; il est devenu

---

1. *Le Manuscrit de ma mère*, p. 136.

« tout à coup si pâle que j'ai cru qu'il allait
« s'évanouir. Ah! comme nous nous sommes
« embrassés! Il doit jouer un rôle d'orateur,
« demain, dans les exercices que les Jésuites
« font faire à la fin de l'année d'étude, en
« public, à tous les meilleurs écoliers. Cela me
« me trouble autant que si c'était moi qui devais
« faire le discours[1]. »

En septembre 1806, après son année de rhétorique, la mère l'attend à Mâcon. Il arrive seul, le soir. « Je l'ai trouvé beaucoup mieux
« que je ne l'espérais, écrit-elle; il est plus
« grand que moi d'une main, un peu maigre et
« un peu pâle, mais fort, quoique élancé. C'est
« d'ailleurs un excellent enfant ; les jésuites,
« ses maîtres, se louent de ses facultés ; il
« revient chargé de premiers prix et de cou-
« ronnes, discours latin, discours français, ver-
« sion latine, et il est, malgré cela, très modeste.
« Ce qui me fait plus de plaisir encore, c'est
« qu'il paraît avoir de l'inclination maintenant
« à la piété. Que Dieu le bénisse et lui conserve
« ces précieux dons, seuls capables de le rendre

---

1. *Le Manuscrit de ma mère*, p. 144, 145.

« heureux[1] ! » Et elle le présente à toute la famille réunie à Montceau, et non sans orgueil. « Seulement je ne lui trouve pas le ton aussi
« doux que je le voudrais ; mais je crains de
« l'éloigner de moi qu'il aime tant en le gron-
« dant là-dessus, et, d'un autre côté, je crains
« de le gâter par trop de condescendance. Mon
« Dieu, qu'il est difficile de faire un homme[2] ! »

Chacun a lu les pages éloquentes des *Confidences* où Lamartine dépeint ses sentiments de piété au collège de Belley, et ce que nous appellerions maintenant son état d'âme :

« Je vivrais mille ans que je n'oublierais pas
« certaines heures du soir où, m'échappant
« pendant la récréation des élèves jouant dans
« la cour, j'entrais par une petite porte secrète
« dans l'église déjà assombrie par la nuit..... et
« je m'abîmais en Dieu...[3] »

Nous avons vu par le *Manuscrit* que cette inclination pieuse était de fraîche date ; disons le mot, elle n'existait pas alors. Ces rêveries extatiques ne sont pas du Lamartine de Belley ;

---

1. *Le Manuscrit de ma mère*, p. 154.
2. *Idem*, p. 154.
3. *Les Confidences*, p. 121, 122.

elles sont du Lamartine encore tout chaud de son poème :

> Souvent lorsque des nuits l'ombre que l'on voit croître
> De piliers en piliers s'étend le long du cloître...[1]
> . . . .

Ce qu'éprouva bien réellement le jeune homme de seize à dix-sept ans, dans cette verte vallée du Bugey,

> Pleine de frais silence et d'amoureux murmures,

c'est la poésie des choses ; ce qu'il entendit, c'est ce concert mystérieux qui lui arrivait le soir, quand il s'accoudait à la fenêtre du dortoir : « Mon âme se portait avec d'indicibles élans « vers ces prés, vers ces bois, vers ces eaux...[2] » Dans sa vieillesse, il évoque encore ces douces réminiscences :

« Les vents sonores qui sortent des forêts et « qui semblent conserver les bruissements de « leurs feuilles, tintaient par bouffées contre les « vitres et me faisaient frissonner de délices et « de souvenirs dans ma couche[3]. »

---

1. *Jocelyn.*
2. *Les Confidences*, p. 118.
3. *Souvenirs et portraits*, t. I, p. 16.

Lamartine soutint publiquement ses thèses de philosophie, le 7 septembre 1807 « *in aulâ scholæ Bellicensis die septimâ septembris anno 1807, horâ nonâ matutinâ et tertiâ pomeridianâ.* » .

Son ami Aymon de Virieu est mentionné comme ayant soutenu sa thèse avec lui, ainsi que deux autres du collège : « *Has theses, Deo duce, et auspice Deiparâ, tueri conabantur.* »

Ces thèses étaient de simples interrogations publiques sur les différentes parties du cours de philosophie (*logica, metaphysica, ethica*).

Le jeune philosophe quitte Belley en septembre 1807.

Il y est resté de 1803 à 1807, c'est-à-dire quatre ans, de treize à dix-sept ans.

M. le professeur Subit, dans le discours dont nous avons parlé, regrette le séjour à Belley :

« La mère de Lamartine, dit-il, fut heureuse
« de placer son fils à Belley, chez les Jésuites.
« L'enfant rencontra, dans cette maison, le
« genre d'éducation qui convenait le moins et
« qui pourtant plaisait le plus à son imagination
« ardente et déjà maladive. C'est là, en effet,
« que le jeune Lamartine allait achever de s'im-

« prégner tout entier de ce sensualisme pieux,
« sanctifié par le mysticisme, qui se retrouve
« plus tard dans ses rêveries poétiques comme
« dans les réalités de son existence. Assurément,
« une éducation plus virile et moins mystique,
« une direction plus ferme, sans être moins
« bienveillante, auraient maintenu, dans ce
« jeune homme, la suprématie de la raison sur
« l'exaltation de son imagination et fortifié son
« caractère, sans effleurer même l'exquise sensi-
« bilité de son cœur. »

Et d'abord, le Lamartine des *Méditations* n'est pas, comme poète et comme homme, « impré-
« gné de sensualisme pieux, sanctifié par le
« mysticisme ». C'est un Lamartine vigoureux, puissant, au vol parfois audacieux.

Dans un lycée de l'Empire, que serait devenu le jeune homme? Un mathématicien? un ingénieur? Jamais. Ses aptitudes, ses inclinations ne le portaient pas là. Il serait resté toujours poète, mais poète comme un Ecouchard-Lebrun, un Fontanes, dont trop longtemps il a suivi les inspirations. Sa personnalité, qu'avait développée le nid de Milly, tout gazouillant d'un gai ramage de voix grecques, refoulée dans son essor, se serait peut-être atrophiée. Elle put, au contraire, se compléter, s'accentuer dans cette nature riante, aux moelleux horizons, aux ciels baignés, aux coteaux virgiliens, sous l'œil indulgent de ces bons Pères, excellents latinistes et poètes à leurs heures, adorant la campagne, aimant à la décrire. (Les Jésuites ont toujours donné dans le descriptif,) a dit Sainte-Beuve, jésuites le moins possible, plutôt frères de la doctrine chrétienne, amis du paysan, vivant avec lui, tout aux bonnes œuvres, au bien de la contrée,

Aimables sectateurs d'une aimable sagesse.

Remercions donc et la mère d'avoir senti quelles affinités fécondantes existeraient entre l'esprit de son fils et l'éducation des Pères (le cœur a des raisons que la raison ne connaît pas!), et ces modestes éducateurs de n'avoir pas gêné le développement naturel de leur élève et d'avoir, au contraire, par une direction éclairée, contribué à nous faire notre grand poète en le nourrissant de fortes études classiques, et en lui inspirant l'amour du vrai, par les leçons de choses qui étaient la base de leur enseignement.

Lamartine, en 1856, revenant par la pensée à sa vie à Belley, nous parle d'une des compositions données au collège : une description du printemps à la campagne, et il se rappelle avec fierté son premier chef-d'œuvre littéraire. Pendant que ses camarades évoquaient, pour traiter ce sujet, les souvenirs grecs et latins, et faisaient une pénible compilation, lui s'avisa de décrire sa vie campagnarde, telle qu'il l'avait vécue à Milly.

« Le coq chante sur le fumier du chemin, etc [1]. »

Il se faisait déjà le poète de la nature vue, sentie, aux « impressions sincères », dont parle M. Brunetière.

Les bons Pères de Belley applaudirent à cet essai et le couronnèrent ; ils eurent le mérite de comprendre cette poésie et ils étaient, en cela, en avance sur leurs contemporains qui en étaient encore aux images vagues, impersonnelles, incolores des poètes de la fin du XVIIIe siècle.

Lamartine, à Belley, se fit trois amis avec lesquels il va entretenir cette correspondance publiée par Mme de Lamartine, correspondance

1. *Cours familier de littérature*, 1er entretien, p. 18.

si précieuse, notre guide dorénavant, guide sûr et qui va nous les faire bien connaître :

Prosper Guichard de Bienassis, l'ami des vingt ans, auquel il conte ses fredaines et envoie ses vers folâtres ;

Louis de Vignet, l'ami de l'âge mûr, figure sombre, pensive, recueillie ;

Aymon de Virieu, l'ami de tous les temps et, comme il l'appelle, la moitié de lui-même, *animæ dimidium*.

Il avait, pour ce dernier, une telle affection, qu'il dira à sa femme, pour lui prouver son amour : « Tu es mon Virieu ! »

CHAPITRE VI

(Septembre 1807 à janvier 1809.)

LE PREMIER AMOUR : LUCY L***

Un hiver à Mâcon. — Les premiers livres. — Retour à Milly. — Une visite à Saint-Point. — Ossian. — Le château de Byone. — Lucy L***. — L'amour ingénu. — Séraphine de Nodier. — Mary Chaworth de Byron.

Lamartine, sorti de Belley en septembre, doit y rentrer après les vacances pour y faire, selon l'usage en ce collège, une seconde année de philosophie. Mais sa santé est chancelante. Des médecins consultés à Lyon prescrivent un repos d'esprit de cinq à six mois.

Le jeune homme, après l'automne, vient s'enfermer à Mâcon dans sa chambre donnant sur un petit jardin de l'hôtel que son père vient d'acheter de M. Barthelot d'Ozenay[1].

1. L'acquisition est de 1805. Cet hôtel est situé dans la rue

Dans cette retraite, notre futur poète, tout de suite installe une bibliothèque ; il ne peut s'astreindre à l'inaction. Il veut travailler, lire beaucoup, mais lire avec discernement : « Mes livres sont comme mes amis, dit-il, peu nombreux, mais bien choisis » : c'est Virgile, Horace, parmi les latins. Chez nous, c'est Molière, c'est La Fontaine, un poète du crû, lui aussi, du crû champenois qui, jusqu'à quarante ans, s'est promené et a rêvé dans les guérets du pays natal, « parmi le thym et la rosée, » comme notre Mâconnais dans les vallons de Milly, et qui comme lui y a goûté

Jusqu'aux sombres plaisirs d'un cœur mélancolique,

La Fontaine, il le comprend alors, il sent sa poésie si fraîche, si franche ! L'antipathie est d'une date postérieure.

Puis (il faut bien être de son âge!) c'est Gresset, c'est Parny, qui déjà lui inspirent de petits vers érotiques qu'il envoie à son ami Guichard, très friand de choses croustillantes.

qui porte actuellement le nom du poète, au n° 15. Une main pieuse y conserve et entretient religieusement le cabinet des Muses décrit dans les *Nouvelles Confidences*.

Chez les Anglais, c'est Richardson, Fielding, Sterne, Pope.

L'hiver est passé. La santé n'est pas bonne encore. On ordonne les bains, la chasse, le séjour à la campagne.

L'été arrive. Il vole à Milly, son cher Milly. Sa mère, ses sœurs l'y suivent, le câlinent, lui font mille gâteries, lui installent une chambre « pour lui tout seul ». Son père lui achète un cheval.

« Je crus, dit-il plus tard, ne pouvoir épuiser
« jamais les torrents de félicité intérieure que
« répandait en moi le sentiment de ma liberté
« dans le site de mon enfance, au sein de ma
« famille[1]. »

C'est là, dans ces lieux connus, parcourus si souvent que, de nouveau et avec délices, il va se fondre avec la nature, là qu'il va revivre ses sensations d'enfance, plus ouvert encore, maintenant qu'il est adolescent, aux tièdes influences du sol et du foyer, et ces sensations se fixant, se cristallisant pour ainsi dire vont, par longue accoutumance, constituer l'homme même.

Il ne quitta, cet été-là, ce doux nid que pour

---

1. *Les Confidences,* p. 125.

aller passer un mois à Saint-Point. Une chaîne de montagnes seulement l'en séparait qu'il franchit, comme il devait le faire bien souvent et par la suite, à cheval, par un sentier déroulant en zigzags ses anneaux de pierres blanches.

Saint-Point était depuis peu d'années dans la famille. C'est le 21 pluviôse an IX (10 février 1801) que Pierre de Lamartine en fut déclaré adjudicataire moyennant la somme de 80.500 francs.

La mère du poète l'aimait pour son aspect sauvage ; c'est là qu'elle pouvait jouir d'une retraite morale plus profonde, quand il lui plaisait de se faire comme elle dit « une solitude et du silence dans son cœur[1] ».

Ce n'était pas alors le Saint-Point du Lamartine d'après 1824, la résidence d'un baronnet anglais, heureux de montrer à ses hôtes sa terrasse et sa tour aux ogives *gothico-oxfordiennes* et de les promener sur les pelouses entourées de larges allées bien sablées, aux sinuosités savantes. Non, c'était une massive construction carrée,

---

1. *Le Manuscrit de ma mère*, p. 150.

flanquée de quatre grosses tours coiffées de toits plats aux tuiles rouges feutrées de mousse et de lichens, avec un éboulis aux pieds de masures noirâtres servant de communs et, à la suite, un verger planté de pommiers, pruniers et poiriers rabougris en guise de jardin.

Fièrement campée sur un mamelon ombragé de grands ormes et de tilleuls, cette vieille bicoque féodale, tenant du colombier et de la gentilhommière, avait fort grand air et dominait crânement la vallée de la Valouze.

Elle était dans un délabrement complet, mais ce n'était pas à l'intérieur qu'on eût pu trouver le futur poète ou sa mère. Tous deux, ils savaient à Saint-Point, non loin du château, de petits coins charmants; tous deux, ils connaissaient ce délicieux ravin, appelé la clairière de Jocelyn, amoureusement décrit dans les premières pages du *Manuscrit de ma mère*, et ils y passaient, à l'ombre des chênes, les heures chaudes du jour, occupés à regarder « les abeilles, les bourdons, « les papillons, les insectes ailés sans nom qui « se complaisent dans la tiédeur parfumée du « sol et remplissent le creux de ce petit vallon « méridional de vols entre-croisés, de mouve-

« ments terre à terre, de vie et de bourdonne-
« ments[1] ».

On arrive à la clairière par un chemin qu'ont défoncé les sabots des vaches et des bœufs, et que couvre, de chaque côté, un buisson croulant sous les houppettes folles des clématites. Le buisson fait place à un bois où « les vieux « troncs de charmilles, creusés comme des « ruches, les grands hêtres dont l'écorce est « tigrée comme d'une toison de mousses dorées, « les châtaigniers aux bras étendus comme le « cèdre et à la feuille aiguë comme un fer de « lance[2] » se croisent et forment une voûte de verdure impénétrable aux rayons du soleil.

C'est le soir, à la clarté de la lune, que le jeune homme aimait à se glisser dans ce réduit mystérieux. A ses yeux tout éblouis encore des visions des métamorphoses d'Ovide ou des odes d'Horace, tout s'animait ; Cythérée conduisait ses chœurs et la danse des nymphes et des sylvains commençait.

Ce ravin aux bruissements vagues, ce sentier où pêle-mêle s'enchevêtraient, s'enlaçaient les

1. *Le Manuscrit de ma mère*, prologue, p. 9 et 10.
2. *Idem*, Prologue, p. 8.

racines, les troncs et les rameaux des vieux arbres prenant forme humaine et dans un embrassement humain, devaient hanter plus tard l'auteur de *Jocelyn* sous le chêne où il écrivit ce poème.

A Saint-Point aussi, ce qui le frappa toujours, c'est l'écho de la vallée.

Il y a, le soir surtout, des bruits flottants, que les deux montagnes se renvoient l'une à l'autre, murmure de la rivière qui coule au bas, tic-tac du moulin, bêlement des troupeaux, appels prolongés et traînants des bergers, qui se fondent en une harmonie d'une exquise douceur.

L'automne est venu ; après une visite faite à ses amis de Virieu et Guichard, notre Mâconnais est rentré à Milly. Novembre ramène les brouillards montant des vallées que nous avons décrites. Ce spectacle, qui avait beaucoup impressionné l'enfant, agit plus encore sur le jeune homme. Il devient mélancolique, lit la *Malvina* de Mme Cottin, toute pleine de sentimentalisme, puis se plonge dans Ossian.

Les poèmes d'Ossian ont beaucoup intrigué les savants. « Un Écossais, dit M. Taine, homme

« d'esprit, ramassa des images pittoresques,
« assembla des fragments de légende, plaqua
« sur le tout beaucoup d'éloquence et de rhéto-
« rique et fabriqua un Homère celtique qui,
« avec Oscar, Malvina et sa troupe, fit le tour de
« l'Europe et finit en 1830 par fournir des
« noms de baptême aux grisettes et aux coif-
« feurs [1]. »

Villemain, de son côté, ne voit dans Ossian
« qu'un rajeunissement littéraire par l'imitation
« des formes antiques, qu'un des premiers
« essais de ce pastiche de la pensée et du style
« commun aux littératures vieillies [2] ».

Quoi qu'il en soit, cette poésie brumeuse ne pouvait manquer d'exalter notre rêveur, d'humeur parfois ténébreuse et transporté dans un milieu *ad hoc*. Il la dévore, se roule, se noie dans ces nuages. Bien plus, il fait des vers, *juvenilia ludibria*, premiers bégaiements de l'adolescence, que dis-je, des vers, un poème :

Un vieillard qui pleure son chien mort.

---

1. *Histoire de la littérature anglaise*, tome III, p. 409, Hachette, in-8°.
2. *Cours de littérature dramatique*, tome III, p. 28, Charpentier, in-12,

Le poème débute ainsi :

> Toi qui chantais l'amour et les héros,
> Toi d'Ossian la compagne assidue
> Harpe plaintive [1].

On le voit, le rhétoricien frais émoulu connaissait son Racine.

Mais à ce jeune barde féru d'Ossian, il fallait un amour, l'âme sœur de quelque diaphane enfant des plages scandinaves.

Chacun a lu le charmant épisode qui ouvre les *Confidences*, la naïve équipée de deux enfants romanesques qui, tout confits en Ossian, se donnent rendez-vous un soir, avec des terreurs, des précautions infinies, pour contempler ensemble « les sapins chargés de neige, imitant « les fantômes qui traînent leurs linceuls, la « lune dans les nuages [2] », pour se confier bien bas, mais sans fin, les palpitations de leur cœur, et qui, arrivés à ce rendez-vous, ne trouvent plus rien à se dire, ne se disent rien et sont l'un et l'autre ravis qu'un incident fortuit, les aboiements d'un chien donnant l'éveil, les tire de cette siuation qui devient embarrassante.

1. *Correspondance*, tome I, p. 99.
2. *Les Confidences*, p. 145.

Cette jolie idylle, nous la croyions, nous l'avouons, sortie de toutes pièces de l'imagination du poète ; une bonne fortune et, nous nous empressons de le dire, une extrême obligeance et une précieuse communication nous ont fait connaître que Lucy L*** n'est pas une Elfe de la Norvège.

Blottie sous de grands arbres au bas de la vallée de Sologny et sous le village de ce nom, est une belle construction du siècle dernier, dominant du haut d'une terrasse une prairie et un ruisseau qui, grossi par les eaux de neige, devient torrent pendant l'hiver.

C'est le château de Byone, jadis tour de Byone, vieille possession des seigneurs de Saint-Point.

Après avoir passé de cette famille à celle des Mincey, seigneurs de Péronne, à celle des Lafaye, seigneurs de Clermont, puis enfin au président Mathoud, juge présidial à l'élection du Mâconnais, la tour de Byone échut au comte de Montburon qui construisit, vers 1770, le château actuel dans le style un peu pompeux du temps, avec ses voûtes, sa chapelle et son autel de marbre rougeâtre.

Le comte de Montburon mourut laissant une fille unique qui épousa un riche propriétaire du pays, M. L***.

Byonc est à 2 kilomètres environ de Milly ; un sentier y conduit par un bouquet de chênes au dessus des prairies.

Des rapports de voisinage s'établirent entre le château et la maison aux volets verts. M. L***, comme le chevalier de Lamartine, était grand chasseur, grand chasseur aux chiens courants. Dès la pointe du jour, en automne, ils se donnaient rendez-vous, aux pieds du Craz, dans le petit sentier. Là, ils réunissaient leur meute et la lâchaient sur la croupe de la montagne, heureux d'entendre répercutée par les échos de la vallée la fanfare de la gent aboyante.

M. L*** avait une fille, Lucy, du même âge qu'Alphonse. Ils avaient joué ensemble dès leur enfance. Plus tard, ils s'étaient retrouvés le soir à la lueur de la lampe, dans un coin du salon, tandis que leurs parents jouaient au trictrac ou aux échecs. Des goûts communs, des lectures communes d'auteurs préférés, de longues causeries à mi-voix, *lenes susurri*, les douces et innocentes privautés de la vie des champs, firent naître entre les deux enfants un sentiment plein de charme dont ils ne connaissaient pas la nature, mais qui était plus que de la sympathie.

Un charmant esprit, presque un compatriote de Lamartine, a exprimé en des pages exquises, cette intimité campagnarde et les délices de l'amour ingénu :

« En province, tous les berceaux se touchent
« comme des nids placés sur les mêmes ra-
« meaux, comme des fleurs écloses sur la même
« tige, quand, au premier rayon du soleil, tous
« les gazouillements, tous les parfums se con-
« fondent. On naît sous les mêmes regards, on
« se développe sous les mêmes soins, on grandit
« ensemble, on se voit tous les jours, à tous les
« moments, on s'aime, on se le dit et il n'y a
« point de raison pour qu'on finisse de s'aimer
« et de se le dire[1]. »

Et il décrit, le poète franc-comtois, les premiers battements du cœur, l'émotion que produit « le premier regard expressif que la petite
« amie adresse à son ami entre les deux battants
« d'une porte qui se ferme, la première articu-
« lation de sa voix pénétrante qui s'est émue,

---

1. *La neuvaine de la Chandeleur*, par Charles NODIER.

« qui s'est attendrie en passant entre ses lèvres,
« la première impression d'une main qui s'est
« livrée à la main qui l'a saisie, la tiède moiteur
« de son toucher, le frais parfum de son ha-
« leine!... et bien moins que cela! une fleur
« tombée de ses cheveux, une épingle tombée
« de son corset, le bruit, le seul bruit de la
« robe dont elle vous effleure en courant[1] ! »

Pour les peindre si bien, ces naïves palpitations d'un cœur de 18 ans, il a fallu que l'auteur les éprouvât.

Nodier avait eu, en effet, sa Lucy; lui aussi avait fait une longue station aux pieds d'une tourelle; lui aussi avait eu un ravin à traverser, « le trou du hibou, » un étang à franchir, « le bassin des Salamandres, » une terrasse à escalader; sa Lucy à lui, c'était Séraphine! Combien son amour était accommodant et vivait de peu! Il se contentait de voir sa petite amie, le soir, à la clarté d'une bougie, se regardant dans un miroir qui servait à sa toilette de nuit, « souriant
« à sa gentillesse, roulant ses cheveux avec une
« grâce coquette et puis prenant plaisir à les

---

1. *La neuvaine de la Chandeleur*, par Charles NODIER.

« dérouler pour les voir ondoyer encore[1]. »

Notre amoureux est plus exigeant; il entre en plein dans son rôle ossianique et il veut transformer en vierge de Morven la jeune enfant de Sologny aussi romanesque que lui.

« Qu'elles seraient belles, nous disions-nous
« souvent, des heures passées ensemble dans la
« solitude et dans le silence d'une nuit d'hiver,
« à nous entretenir sans témoin et sans fin des
« plus secrètes émotions de nos âmes, comme
« Fingal, Morni et Malvina sur les collines de
« leurs aïeux[2]. »

Et il organise le fameux rendez-vous. Nous savons quel en est le dénouement.

Ce premier épisode de Lucy plaisait beaucoup à Saint-Marc Girardin. « Là, rien qui sente
« l'homme qui se laisse aimer plutôt que
« l'homme qui aime... une entrevue pleine de
« timidité et qui n'en représente que mieux le
« charme de l'amour ingénu, un dénouement
« plaisant sans être grotesque, naturel sans être
« vulgaire[3]. »

---

1. *Séraphine*, Souvenirs de jeunesse, par Charles Nodier.
2. *Les Confidences*, p. 145.
3. *Cours de littérature dramatique*, tome IV, p. 103.

Tout est vrai dans cette idylle : l'aventure elle-même, le sentiment qui l'inspire et aussi les lieux où elle se déroule ; le chemin pierreux de Milly à Sologny avec son petit bois au bout, dévalant dans les prés, le ruisseau qui devient torrent pendant l'hiver, les murs du jardin, l'étang au bas, la terrasse, la tour aux pieds de laquelle les amants communiaient en Ossian, la porte basse qui conduisait à la chambre de Lucy par un escalier tournant donnant dans la cuisine. Un écriteau plaqué sur cette porte contient l'inscription suivante, mise par M. G..., propriétaire du château après M. L*** :

« Porte basse exhaussée en 1879, par laquelle
« sortait Lucy L***, en se rendant sur la terrasse
« au rendez-vous où l'attendait Lamartine.
« Novembre 1808. »

M. G... avait beaucoup connu Lamartine ; ils étaient voisins de campagne. Le poète lui avait conté la naïve histoire dont son château avait été le théâtre, et M. G. avait annoté un exemplaire des *Confidences*, à l'épisode de Lucy L***, exemplaire mis sous nos yeux.

La date de novembre 1808 est bien la date vraie. Quoique la *Correspondance* n'en fasse pas une mention expresse, on y voit que le jeune homme, qui est à Milly en ce moment, se trouve dans un état d'âme tout à fait congruant à cette équipée [1].

Deux ans auparavant, un frère de notre poète, frère d'au delà des mers, lord Byron, âgé de 16 ans, avait eu sa petite amie, une voisine aussi, Mary Chaworth. Elle avait deux ans de plus que lui; elle crut que le sentiment tendre qu'elle avait inspiré à cet adolescent n'était qu'un enfantillage et elle se maria. Mais ce sentiment était si profond que bien longtemps le poète en ressentit une blessure au cœur; bien longtemps il pensa à sa chère Mary, qui était tout pour lui [2],

---

1. M. Charles Alexandre s'est mépris sur Lucy L***. Il a cru, comme beaucoup de personnes du pays, qu'elle était la fille du docteur P... et qu'elle habitait Saint-Sorlin. « On me « montra la terrasse, dit-il le 1ᵉʳ novembre 1849, mais pas la « tourelle haute et le torrent des *Confidences*. Le torrent n'est « qu'un ruisseau, et la tour, elle est absente. Le poète les a « pris dans son imagination pour romancer la scène et lui « donner une poésie ossianesque. Il a idéalisé la maison « banale de Lucy. » (*Souvenirs de Lamartine*, p. 187.)

2. « He had no breath, no being, but in hers ;
   « She was his voice; he didnot speak to her,
   « But trembled on her words; she was his sight. »

The dream, p. 882. Galignani's **Byron**.

il voulait lui être à jamais fidèle parce que, disait-il :

« I cannot love but one[1]. »

1. Stances to a lady, on leaving England.
Galignani's Byron, p. 850.

CHAPITRE VII

(Janvier 1809 à juin 1811.)

LES PREMIERS VERS. — LA FOLLE AVOINE

Vie oisive. — Les lettres. — Lectures multiples : auteurs grecs, latins, anglais, italiens, allemands, français. — Les premiers vers; muse galante, libertine. — Amourettes à Mâcon. — A Lyon : vie dissipée, dettes. — Retour au nid de Milly. — Aspirations.

Lamartine a dix-huit ans passés. Sa santé est meilleure. L'oisiveté lui pèse. « Je ne puis souffrir, « écrit-il, cette vie de fainéant[1]. » Il veut faire quelque chose, entrer dans la garde afin d'aller à Paris et aussi pour être indépendant. Sa devise était, l'an dernier : *virtuti et gloriæ*; cette année, c'est : « de la gloire et de l'argent. » Il sait, en effet, combien peu il a à attendre d'un

---

1. *Correspondance*, t. I, p. 87.

père propriétaire de vignes, à la merci de la grêle, de la gelée... et du reste. Et puis il ne veut pas mettre à contribution sa tendre mère dont la bourse s'ouvre trop complaisamment et dont le cœur aime à faire des sacrifices. Voilà pourquoi il demande une carrière. « Nous
« sommes, mon mari et moi, écrit la mère, bien
« tourmentés de ce que nous allons en faire. Il
« adore l'état militaire qui est celui de son père;
« mais cette guerre contre la Prusse dévore
« tant et tant de jeunes gens! et puis la licence
« des armées est si mortelle à l'innocence! Que
« Dieu nous éclaire [1]! »

La mère s'effraie, les tantes aussi; les oncles, quoique libéraux, étroitement attachés au roi légitime, le père, ce blessé du 10 août et toujours fidèle, ne comprennent pas qu'on puisse servir le soldat parvenu.

Le barreau n'aurait pas déplu au jeune homme; faire son droit à Dijon lui aurait souri, mais de ce côté-là encore il trouve auprès de sa famille une certaine répugnance. On aime mieux le laisser désœuvré dans une petite ville de province et dans une gentilhommière de campagne, en

1. *Le Manuscrit de ma mère*, p. 154, 155.

attendant des héritages. « On veut à toute force
« que je ne fasse rien[1], » s'écrie-t-il.

Et voilà cette nature vive, éveillée, portée à
l'action quoique touchée d'une teinte de mélancolie, influence maternelle peut-être, refoulée et
forcée de se replier sur elle-même. Cette intelligence brillante, compréhensive, que les luttes
du monde eussent vivifiée, va être, au moins
pendant les premières années de sa jeunesse,
tout imaginative, tout spéculative. Il lui faut
un débouché pourtant à cet adolescent qui a le
sentiment de sa valeur et qui veut prendre son
essor. Il le trouve dans l'étude, dans les lettres,
« les seules occupations dignes de nous, dit-il,
« dans un temps où toute carrière active nous
« est fermée, hors celle du génie et des arts ; »
et d'un courage invincible, il se met à la besogne ;
il travaille neuf heures par jour. « Travaillons,
« travaillons, écrit-il à son ami de Virieu, nous
« n'avons que cela à faire de cinq à six ans[2] ; »
puis : « j'ai grand besoin de semer pour moisson-
« ner ensuite[3] ». Il prend des leçons de grec,

---

1. *Correspondance*, t. I, p. 139.
2. *Idem*, t. I, p. 124.
3. *Idem*, t. I, p. 199.

d'anglais, d'italien. Il vient d'acheter un Homère.
« Oh! quand le lirai-je. Je ne pense qu'au grec.
« Voilà mon but pendant deux ans au moins[1]. »
Il a toujours conservé le culte d'Homère qui est
pour lui « *pater Homerus* » ou « la Bible des
poètes[2]. » Il traduit d'Hésiode les *Travaux* et
les *Jours*.

Ses auteurs, chez les latins, c'est « notre
« camarade Virgile, l'ami Cicéron, l'ami Horace »,
et Lucrèce, et Ovide, et Plaute, et Térence, et
Tibulle, et Catulle, et Properce.

« Lis les anciens à force[3], » écrit-il à Guichard qui leur préfère Faublas ou les *Confessions* de Jean-Jacques.

Ce sont ensuite, comme l'an dernier, les prosateurs anglais : Fielding, Richardson, Sterne, qu'il est obligé de lire dans une traduction, mais dont il veut absolument apprendre la langue, « cette superbe langue anglaise, » pour les saisir dans l'original ; puis la poésie anglaise

1. *Correspondance*, t. I, p. 162.
2. « Il nous paraît, dit-il encore à la fin de sa vie, non pas
« plus grand, mais aussi grand que nature, c'est-à-dire un demi-dieu. » (*Cours familier de littérature*, 39ᵉ Entretien, p. 182.)
3. *Correspondance*, t. I, p. 68.

« supérieure à la française et à l'italienne », Milton, Dryden, Gray, Thompson et Pope toujours ; « voilà un homme, dit-il, à qui je voudrais « ressembler, bon poète, bon philosophe, bon « ami, honnête homme[1]. »

Parmi les Italiens, c'est le Tasse, c'est l'Arioste, qui parfois pourtant le fait bâiller, c'est Alfieri : « je l'aime à la folie ; il aimait tant les chevaux, « la poésie, les lettres, ses amis, les voyages et « la gloire[2]. »

Des Allemands, il ne connaît alors que le *Werther* de Gœthe qui lui « a fait, dit-il, la « chair de poule. Pourtant, il m'a redonné de « l'âme, du goût pour le travail, le grec. Il m'a « un peu attristé et assombri ; mais vive cette « tristesse-là. C'est celle que Montaigne aime « tant[3] ! »

Montaigne! il l'aimait alors comme La Fontaine. « Je ne le quitte pas, il est sur ma table « tout ouvert ; il est sur ma cheminée, il est « dans ma poche ! Oh ! le bon homme ! le beau « caractère ! le cœur délicat et fier ! Rien ne lui

1. *Correspondance*, t. I, p. 200.
2. *Idem*, t. I, p. 130.
3. *Idem*, t. I, p. 177.

« échappe de tout ce qu'une belle âme et un « esprit simple peuvent sentir de beau, de doux, « de tendre, de naïf[1] ! »

C'est Molière, Racine, Voltaire, La Harpe qu'il trouve aussi bon maître en littérature que Montaigne en philosophie.

Et c'est Parny et Bertin, et Dorat, et Gresset, et cette pléiade de poètereaux dont a fourmillé la fin du xviiie siècle.

Mais ce sont aussi les grands maîtres du Romantisme et leurs précurseurs et, parmi eux, le premier de tous, celui qui exerça sur notre poète la plus durable influence, je veux dire Rousseau, cet homme si séduisant et si dangereux dont Joubert a dit : « Jean-Jacques avait « l'esprit voluptueux. Dans ses écrits, l'âme est « toujours mêlée avec le corps et ne s'en sépare « jamais. Aucun homme n'a mieux fait sentir « que lui l'impression de la chair qui touche « l'esprit et les délices de leur hymen[2]. »

Notre futur poète vient de lire l'*Emile* : « Je « veux faire de ce livre mon ami et mon guide[3]. »

---

1. *Correspondance*, t. I, p. 177.
2. *Pensées.*
3. *Correspondance*, t. I, p. 149.

Il met la main sur un ouvrage plus attrayant encore « Je suis depuis deux jours occupé, au « coin de mon feu, à lire la *Nouvelle Héloïse*. « Grands dieux! quel livre! comme c'est écrit! « Je suis étonné que le feu n'y prenne pas! « C'est le meilleur livre que nous puissions « lire; c'est celui qui est le plus capable d'ins- « pirer des sentiments nobles et vrais [1]. »

La mère n'est pas de cet avis; elle sait le danger que font courir ces lectures à cette imagination ardente. Un jour, elle entre dans la chambre de son fils pour brûler les mauvais livres : elle y trouve l'*Emile* et se laisse aller à en lire plusieurs passages : « Je ne me le « reproche pas, écrit-elle, car ils étaient magni- « fiques; ils m'ont fait du bien. C'est trop « dommage que cela soit empoisonné de tant « d'inconséquences et même d'extravagances « propres à égarer le bon sens et la foi des « jeunes gens. Je brûlerai ce livre et surtout la « *Nouvelle Héloïse*, encore plus dangereuse,

---

1. *Correspondance*, t. I, p. 206, 207. D'après M. Ch. Alexandre l'opinion de Lamartine sur Rousseau aurait changé plus tard. « Lamartine, écrit-il le 3 février 1844, exalte Voltaire et « méprise Rousseau... Rousseau, dit-il, est un cuistre. » (*Souvenirs de Lamartine*, p. 40.)

« parce qu'elle exalte les passions autant qu'elle
« fausse l'esprit. Quel malheur qu'un tel talent
« touche à la folie! Je n'en crains rien pour
« moi dont la foi est inébranlable et au dessus
« de toute épreuve, mais mon fils[1]! »

Est-il bien sûr que la mère elle-même n'ait rien eu à redouter de ces lectures?

Lamartine, dans sa *Correspondance*, ne prononce pas le nom de Bernardin de Saint-Pierre. Et pourtant, dans son épisode de *Graziella*, c'est *Paul et Virginie* qu'il lit à la famille du pêcheur.

« Lamartine, vers 1808, devait beaucoup lire les *Etudes sur la nature*, de Bernardin de Saint-
« Pierre, dit Sainte-Beuve. Il devait dès lors
« s'initier aux secrets de ces voluptueuses cou-
« leurs du *Lac*[2]. »

Il nous semble, au contraire, que l'influence de Bernardin de Saint-Pierre a été à peu près nulle dans la jeunesse du poète, époque de virilité, de puissante originalité et qu'elle ne date que de l'âge mûr, âge des *Confidences*, de

---

1. *Le Manuscrit de ma mère*, p. 170, 171, in-8°.
2. *Portraits contemporains*, Lamartine, p. 283, t. I.

Raphaël, où la phrase est plus flottante, plus baignée, quoique toujours mélodieuse.

Pour Mme de Staël ou plutôt pour *Corinne*, c'est un engouement. « Je la lus en deux jours, « dit-il, me croyant transporté dans un autre « monde, idéal, naturel, poétique, opposé en « tout à cette aride et froide société. Je retrou-« vai là ces pensées si pures et si nobles aux-« quelles je ne pouvais plus croire sans me « regarder comme un fou, un original, un « homme d'un autre monde ; j'y retrouvai cet « amour de la nature et des beaux-arts jusqu'à « présent ma seule passion et cet amour désin-« téressé, sincère, abandonné, vrai et puissant « que je concevais sans cependant l'espérer ni « en voir d'exemples [1]. »

Il ne se rappelait pas sans émotion la lecture qu'avait faite, à Belley, un de ses professeurs interrompant son cours, du *Génie du Christianisme*. C'avait été une révélation. Il lui arriva, par la suite, comme il l'avoue, de prendre Chateaubriand pour Rollin. Mais les *Martyrs* le laissent froid : « *sunt mala, sunt eximia.* » Pourtant, il ne peut jamais lire *René* sans pleurer. « Cha-

1. *Correspondance*, t. I, p. 117.

« teaubriand, dit-il plus tard, fut certainement
« une des mains puissantes qui m'ouvrirent, dès
« mon enfance, le grand horizon de la poésie
« moderne[1]. »

Si le jeune Lamartine lisait beaucoup, il commençait aussi à faire des vers. « Cette délicieuse
« musique de l'âme, écrivait-il, n'a de charmes
« que dans l'amour ou dans le malheur[2]. » Il
parlait là de sa poésie d'après la crise de 1817.
Pour le moment, il est de son siècle ; sa muse
est celle de Parny, de Bertin, de Dorat, de Voltaire. Ce sont petits vers gentils, coquets, bien
coulants : ceux-ci, par exemple, adressés à son
ami Guichard qui le réclame à Bienassis.

> Oui, je vole à ton ermitage,
> Je vais me jeter dans tes bras ;
> Vers ce délicieux rivage,
> L'amitié conduira mes pas...
>
> Retrouverai-je la prairie
> Où nous descendions le matin,
> Horace ou Voltaire à la main,
> Chercher la douce rêverie[3] ?

---

1. *Cours familier de littérature.*
2. *Correspondance*, t. I, p. 118.
3. *Idem*, t. I, p. 158, 159.

ou guillerets et folâtres comme ceux-ci écrits à Virieu :

Ah ! donne-moi Lucrèce de quinze ans,
Simple et gentille et pourtant point volage
Que j'aime bien, qui m'aime davantage !
Je te le jure, amour, je serai sage [1].

On le voit, la muse devient libertine. C'étaient bouillons de jeunesse, folle avoine des vingt ans. Les journées passées à Mâcon, quoique fort occupées, avaient leur moment de répit, de doux nonchaloir. Les soirées d'hiver étaient longues. Le jeune homme aimait beaucoup le spectacle; on y faisait quelques rencontres, on s'y donnait des rendez-vous.

« Je dois trouver au théâtre, écrit-il à Gui-
« chard, une femme assez jolie et très coquine
« avec laquelle j'ai ri toute la soirée hier dans
« une petite loge. Honni soit qui mal y pense !
« mais je m'amuse seulement à l'embrasser, à la
« chatouiller et à bavarder sans aller plus loin.
« J'en espère faire autant tout à l'heure et puis
« revenir tristement coucher tout seul. *Timeo*
« *Danaos*, etc. [2] »

1. *Correspondance*, t. I, p. 231.
2. *Idem*, t. I, p. 151.

Bientôt c'est plus sérieux.

« Veux-tu savoir ce que j'aime? c'est une
« jeune femme de dix-neuf à vingt ans, très
« jolie, très bonne, très simple et très naïve,
—notez ces deux points-ci, — « qui m'aime aussi,
« à ce que je crois et qui me l'a avoué. Il n'y a
« pas quinze jours que j'ai fait sa connaissance
« et nous sommes déjà très bien [1]. »

Quinze jours après, c'est fini ; une autre
amourette commence, mais cette fois, c'est pour
tout de bon : « Ah ! mon ami, me voilà pris ! me
« voilà mort ! j'aime et j'aime sans espérance !
« j'aime quelqu'un qui ne peut m'aimer !... Ce
« n'est point une beauté que j'aime à présent,
« mon ami, mais c'est toute l'amabilité, toute la
« sagesse, toute la raison, tout l'esprit, toute la
« grâce, tout le talent imaginable et inimagi-
« nable. Ah ! plains-moi et console-moi si tu
« peux. J'en mourrai, je le sens [2] ! »

Sa mère s'émeut enfin de ces fringales
d'amour. « Ses passions commencent à se déve-
« lopper, écrit-elle, je crains que sa jeunesse et
« sa vie ne soient bien orageuses ; il est agité,

---

1. *Correspondance*, t. I, p. 181.
2. *Idem*, t. I, p. 188.

« mélancolique ; il ne sait ce qu'il désire. Ah !
« s'il pouvait connaître le seul bien capable de
« le contenter[1] ! »

C'est le désœuvrement d'une petite ville qui
est cause de tout, pense-t-elle ; elle espère que
dans un grand centre, il pourra mieux s'occuper
et échapper aux dangers de l'oisiveté. On se
décide, sur sa prière, à l'envoyer à Lyon avec
M. de Balathier, « jeune homme d'excellents
principes. »

Il y passe l'hiver de 1810. Il a vingt ans.

Il s'installe dans une petite chambre, sur le
quai, aux bords de la Saône.

>
> Je vois de mon boudoir charmant
> Sous mes pieds couler la rivière.
> N'est-il pas doux, dans sa misère,
> De pouvoir dire à chaque instant :
> Ah ! pour rentrer dans le néant
> Je n'ai qu'un petit saut à faire[2] !

Il travaille toute la journée, l'anglais surtout,
le grec et l'italien ; il amasse, dit-il, comme la
fourmi ; mais il abhorre les mathématiques.

---

1. *Le Manuscrit de ma mère*, p. 162.
2. *Correspondance*, t. I, p. 203.

« C'est la mort du goût, de la poésie, de la
« littérature, de tout. Le diable m'emporte si
« jamais j'en sais un mot ! Ne montre ma lettre
« à personne, écrit-il à Virieu, ma réputation
« serait perdue[1]. »

Il aime cette vie indépendante, ses livres, sa chambre, son feu et le théâtre aussi. Il y est abonné. Mais cette existence, charmante pour un jeune homme, n'est pas sans périls. Notre Mâconnais est fort galant ; il noue des intrigues. En voici une qui ne le mène pas bien loin ; c'est une jeune veuve riche, et jolie, et aimable :

> Elle prit mon cœur ; mais hélas !
> Je n'ai pu revoir la traîtresse.
> Dieu malin ! souffle-moi tout bas
> Son nom, sa rue et son adresse [2].

Il en a de plus dangereuses et surtout de plus coûteuses. Aussi fait-il des dettes et il ne s'en cache pas. Il écrit une épître qui court tout Lyon, intitulée *Mes dettes*, et qui finit ainsi :

> Et toi surtout et toi qui, la première,
> Du doux plaisir m'enseignas le mystère,

1. *Correspondance*, t. I, p. 202.
2. *Idem*, t. I, p. 212.

Non, non, jamais je n'oublierai ce jour
Qui mit le comble à tes faveurs secrètes.
Je te dois tout, Myrthé... mais en amour
Un souvenir doit payer bien des dettes[1] !

Pendant ce temps de dissipations, que faisait la jolie « couvée de colombes » dans le vallon aride ? Que faisait la mère ? Elle va nous le dire :

« Milly, 11 avril 1810.

« Je vins hier coucher ici avec Cécile et
« Eugénie ; le temps était beau, j'ai voulu venir
« jouir d'une belle matinée de printemps et j'en
« ai joui délicieusement. Aujourd'hui, dès que
« j'ai été levée, j'ai été dans mon jardin où j'ai
« passé trois heures à lire, à prier, à réfléchir,
« à remercier Dieu de ses bienfaits et à tâcher
« d'en bien profiter. Il faisait très doux, les
« arbres sont chargés de fleurs ou de boutons
« qui parfument l'air. Les feuilles commencent à
« pousser, les oiseaux à chanter, de petits in-
« sectes à bourdonner ; tout se ranime, tout renaît
« dans la nature et je suis heureuse d'une ma-
« nière inexprimable lorsque je peux être paisi-

1. *Correspondance*, t. I, p. 214.

« blement à la campagne, à cette douce époque
« des premiers jours du printemps[1]. »

Voilà l'enfant prodigue revenu au logis. Il est las de cette vie folle ; ce n'était que surprise des sens. Il aspire plus haut :

« Pourquoi avons-nous tous deux, écrit-il à
« Virieu, ce je ne sais quoi dans l'âme qui ne
« nous laissera jamais un instant de repos avant
« que nous ne l'ayons satisfait ou étouffé ? Est-ce
« un besoin d'attachement et d'amour ? Non. Est-
« ce l'ambition ? Pas tout à fait... Je sens que
« pauvre comme Homère et persécuté comme le
« Tasse, pourvu que je travaillasse à connaître
« ce que mon esprit veut savoir, à satisfaire en
« un mot ce besoin de tout voir, de tout observer,
« peut-être même de le peindre, je serais heu-
« reux[2]. »

Durant l'été, il va passer quelque temps à Montculot, chez son oncle l'abbé, pour y vivre de la vie patriarcale que nous avons décrite, rêver au fond des bois, s'étendre et « vituler ». Il y trouve aussi une petite bibliothèque dans laquelle il aime à fourrager ; il lit surtout « l'ami Mon-

---

1. *Le Manuscrit de ma mère*, p. 163.
2. *Correspondance*, t. I, p. 248, 249.

taigne » qu'il apprend tous les jours à connaître et à mieux apprécier.

Rentré dans « son trou » de Milly, il se met à travailler, pense à concourir aux jeux floraux de Toulouse, puis à l'Athénée de Vaucluse, traduit Hésiode, les nuits d'Young, la mort de Caton d'Addison.

Mais il est souffrant, plongé dans des idées sombres; il se dévore. Sa mère l'emmène à Mâcon, veut le présenter dans le monde; lui ne veut voir personne. Il s'isole, est tout à ses études. « Ces études, écrit-il, sont mon unique
« plaisir; je ne vis plus avec les vivants, mais
« ordinairement en bien meilleure compagnie
« et je me crée des sociétés, comme des maî-
« tresses imaginaires[1]. »

C'est à ce moment que l'oncle de Montceau, pour asseoir cet esprit toujours en mouvement, mais qui s'éparpille un peu et pour lui donner un contrôle de guides éclairés, conçut le dessein de présenter son jeune neveu (il n'avait guère plus de vingt ans) à la *Société des sciences, arts et belles-lettres* de Mâcon, dont lui-même était un des membres les plus distingués.

1. *Correspondance*, t. I, p. 287.

CHAPITRE VIII

LAMARTINE ET L'ACADÉMIE DE MACON

La Société des sciences, arts et belles-lettres de Mâcon nommée plus tard l'Académie de Mâcon. — Les membres résidents ; un entraîneur, M. de Larnaud. — Les membres correspondants. — Entrée de Lamartine à l'Académie ; son discours de réception ; ses études des littératures étrangères ; son esprit compréhensif. — L'Académie exerça-t-elle quelque influence sur son génie ? — Lamartine aux séances ; les fonctions qu'il remplit ; lecture qu'il fait de plusieurs méditations ; l'*Hymne au soleil*. — Divergence d'opinions de ses collègues sur sa poésie. — L'Académie pierre de touche.

Fondée le 22 fructidor an XIII (9 septembre 1805) sous la dénomination modeste, mais un peu vague, de Société d'encouragement, la Société des sciences, arts et belles-lettres de Mâcon, qu'on appela plus tard l'Académie de Mâcon, avait réuni un groupe de savants et de lettrés habitant la région, heureux de trouver

un aliment et un but à leurs talents et à leurs studieux loisirs. « Tous les mois, dit Lamartine,
« les trente ou quarante membres de cette aca-
« démie se réunissaient en séance, dans la
« bibliothèque de la ville, lisaient des rapports,
« des recherches, des projets d'amélioration
« agricole, se donnaient des motifs de travail,
« de discours, de compositions littéraires, quel-
« quefois même de poésie. Une douce émula-
« tion s'établissait ainsi entre ces hommes que
« l'inertie aurait stérilisés. Ils ne s'exagéraient
« pas l'importance de leurs travaux, ils ne vi-
« saient à aucune gloire extérieure ; ils tiraient le
« rideau de la modestie sur eux. Ils avaient pour
« mot d'ordre : le beau, le bon, l'utile désin-
« téressés[1]. » Il n'y avait pas là que les oisifs ;
il s'y trouvait aussi ceux que leur profession n'absorbait pas au point de leur faire négliger ce qui orne la vie et lui donne sa véritable saveur, je veux dire les jouissances intellectuelles.

Parmi les membres résidents, l'Académie comptait à sa naissance :

Son premier président, M. de Roujoux, préfet de Saône-et-Loire; le maire de Mâcon, M. Barjaud,

---

1. *Nouvelles Confidences*, p. 104.

bibliophile distingué ; l'évêque démissionnaire de Troyes, Mgr Blampoix; M. Bruys de Vaudran, conseiller de préfecture; le savant Mathieu; le docteur Cortambert, le zélé secrétaire perpétuel; l'avocat Chandon ; l'abbé Sigorgne, correspondant de Voltaire et de Rousseau, ami des Lamartine ; les poètes Trambly et Vitallis ; le marquis Doria ; le marquis de Chevrier d'Igé ; le comte de Rambuteau; François-Louis de Lamartine, de Montceau, tour à tour agronome, numismate, archéologue ; enfin, le travailleur infatigable, M. de Larnaud, gentilhomme franc-comtois, devenu Mâconnais, « dictionnaire universel relié sous forme humaine[1], » lisant aujourd'hui à ses collègues une étude sur Cicéron ou sur Horace, à la séance suivante, un travail sur Byron ou Gœthe, initié à toutes les questions de philosophie, d'ethnographie, d'histoire. Plein de fougue, d'enthousiasme, véritable entraîneur, il devait exercer sur le jeune Lamartine, dont il avait fait son disciple, la plus grande influence et lui inspirer ce désir de tout savoir, de tout fouiller : anciens et modernes, français et étrangers. Non moins passionné pour la politique

---

1. *Nouvelles Confidences*, p. 91.

que pour la littérature, ancien camarade de Rouget de Lisle, lié jadis avec Mme Rolland et Vergniaud, il ne cessait d'entretenir son jeune ami de cette dramatique époque : « C'est M. de
« Larnaud, dit-il plus tard, qui a le premier imbu
« mon imagination de ces grandes scènes, de
« ces grandes physionomies, de ces grands
« noms, de ces grandes éloquences de la se-
« conde période de la Révolution, à laquelle il
« avait participé, qu'il peignait en traits de feu
« et que je devais peindre moi-même, longtemps
« après, dans une page d'histoire : les *Giron-*
« *dins*[1]. »

Parmi les membres correspondants, figuraient le gastronome Berchoux; Lalande, le grand astronome; le naturaliste Lametherie. Gœthe lui-même fut inscrit en 1825[2].

A voir cette réunion d'hommes si distingués, on comprend cette phrase des *Nouvelles Confidences* qui semblait singulièrement présomptueuse : « L'Académie de Mâcon a remplacé
« pendant plusieurs années cette académie de

---

1. *Nouvelles Confidences*, p. 90 et 91.
2. *Compte rendu des travaux de la Société des sciences, arts et belles-lettres de Mâcon*, année 1826, p. 140.

« Dijon, foyer littéraire de la Bourgogne, ber-
« ceau du nom de J.-J. Rousseau et de
« Buffon[1]. »

François-Louis de Lamartine recevait, dans son hôtel de la rue Bauderon de Sennecé, la plupart de ses collègues de l'Académie. Il leur présenta son neveu qui, probablement, leur lut quelques vers. En dehors de ceux que nous avons cités et qu'il ne fit pas connaître à la docte compagnie à cause de leur caractère un peu léger, il en avait fait d'assez bien frappés, vides peut-être, mais à grande allure, entre autres ceux qu'il envoie à Guichard, le 10 juin 1809, et commençant ainsi :

Qu'est-ce que l'amitié ? Le lien de deux cœurs
Qu'unissent la vertu, les goûts et les humeurs [2],

ou ceux qu'il adresse à Virieu, en avril 1810, et qu'il intitule : *La Sagesse humaine*[3].

Il a, en outre, « une petite collection d'élé-
« gies faites à ses moments perdus[4]. » Le jeune

---

1. *Nouvelles Confidences*, p. 105.
2. *Correspondance*, t. I, p. 133.
3. *Idem,*, t. I, p. 226.
4. *Idem,*, t. I, p. 269.

récipiendaire est donc trop modeste quand il dit qu'on le reçut à cause de son oncle et non à cause de lui. Il avait des titres sérieux.

Ce fut dans la séance du 19 mars 1811, sous la présidence de M. de Larnaud, qu'il prononça son discours de réception à l'Académie.

Voici ce que, bien longtemps après, il dit à ce propos : « J'y fis un discours de réception, « ma première page littéraire publique, sur les « avantages de la communication des idées entre « les peuples par la littérature. J'ai retrouvé, il « y a peu de temps, le manuscrit de ce premier « discours et je l'ai brûlé, après l'avoir relu, « pour bien effacer les traces du chemin banal « par où j'avais conduit ma pensée. Depuis, j'ai « été un membre peu assidu, mais fidèle, de ce « corps littéraire qui avait daigné m'accueillir « par anticipation sur le temps et sur la renom- « mée. Je lui devais plus que des heures de « gloire, je lui devais des heures d'amitié[1]. »

Combien différente cette appréciation si juste, si sensée de celle que renferment les lettres adressées à ce sujet à ses amis Virieu et Guichard :

---

1. *Nouvelles Confidences*, p. 105.

« J'ai été reçu l'autre jour, sans y songer,
« écrit-il à Virieu le 24 mars, de l'Académie de
« Saône-et-Loire. J'ai été obligé de faire un
« ennuyeux discours de réception sur l'étude
« des littératures étrangères. J'y ai mis tout ce
« que je sais d'italien, de grec, d'anglais sur-
« tout. Tout le monde a été émerveillé de mes
« prétendues connaissances et de mon style de
« vingt ans. On prétend qu'on n'a jamais rien
« entendu de pareil dans leur sanctuaire ; tant
« pis pour eux ! Je n'ai pas goûté le moindre
« plaisir dans ce triomphe bien inattendu[1]. »

« T'ai-je dit, écrit-il à Guichard le 2 avril
« suivant, que je venais d'être reçu, comme
« malgré moi, de l'Académie des sciences, arts
« et belles-lettres de ce département? T'ai-je
« dit que je leur avais broché un discours de
« réception sur l'étude des littératures étrangères
« qui les a tous émerveillés, et où j'avais fait un
« ample étalage de mes petites connaissances
« sur les littératures grecque, latine, italienne,
« anglaise et française? Prends-tu part à toute
« la gloire de ton ami et en es-tu un peu fier[2]? »

1. *Correspondance*, t. I, p. 291.
2. *Idem*, t. I, p. 297.

Ce sont là fanfaronnades des vingt ans pour lesquelles il faut se montrer indulgent.

Qu'était ce discours ? Il n'existe plus : nous n'avons pour nous en former une idée que deux documents : 1° le procès-verbal de la séance du 19 mars 1811, extrait du registre des procès-verbaux de la Société et contenant le résumé de l'allocution ; 2° l'analyse de ce discours, inséré p. 64, au compte rendu des travaux de l'Académie (Bulletin du 4 décembre 1810 au 3 décembre 1811).

Ces deux documents dus à la plume du consciencieux secrétaire perpétuel, le docteur Cortambert, diffèrent peu dans leur contexte ; mais c'est le premier que nous croyons devoir reproduire parce qu'il a été libellé tout de suite, sous le feu même de la parole du récipiendiaire, et qu'il doit mieux refléter l'impression ressentie par l'auditoire :

109ᵉ SÉANCE — DU MARDI 19 MARS 1811
Présidence de M. DE LARNAUD.

« On entend la lecture du discours de récep-
« tion de M. Alphonse de la Martine. Après
« avoir exprimé combien il était sensible aux

« suffrages qui l'ont appelé à faire partie de la
« Société, M. de Lamartine, rappelant les études
« auxquelles il s'est le plus attaché jusqu'à ce
« jour, celles des littératures étrangères, pré-
« sente les idées qu'il s'est faites de ces mêmes
« études, et, en parlant des fruits qu'il a espéré
« en retirer, il a fait le tableau des grands avan-
« tages qu'elles offrent en effet.

« Il a d'abord observé que, plus heureux que
« leurs successeurs, les littérateurs du siècle
« passé avaient à leur disposition une mine
« féconde dans les ouvrages des Grecs et des
« Romains, et il a retracé ici toute la gloire
« qu'ont acquise les grands hommes qui se sont
« occupés de l'exploiter; mais ces richesses si
« souvent empruntées ont dû s'épuiser. Les
« auteurs qui sont venus depuis ont été exposés
« à être bizarres pour être encore neufs, et
« M. de Lamartine retrace également les diverses
« sortes de travers, de défauts, dont la littéra-
« ture du xviiie siècle n'a pas toujours su se
« garantir. C'est à l'éloignement qu'on éprouve
» aujourd'hui pour ces productions enfantées
« par le mauvais goût et de faux systèmes, et
« en même temps à la crainte de ne plus rien

« découvrir dans les sources où ont puisé ces
« génies du siècle de Louis XIV, que M. de
« Lamartine attribue l'ardeur qu'on a aujour-
« d'hui pour l'étude des littératures étrangères.
« Ici, l'auteur étale les beautés que les lettres
« italiennes, allemandes et anglaises nous offrent
« à imiter et indique le caractère qui appar-
« tient à chacune d'elles, sans taire ce qui lui
« manque. Cependant, si ces beautés qui sont,
« en quelque façon, ainsi que ces défauts, la
« propriété de chaque littérature, dépendent en
« grande partie du caractère des peuples, de
« leurs mœurs, de leur situation politique et
« même du climat sous lequel ils vivent, peu-
« vent-elles s'emprunter aisément? L'auteur
« répond à cette question qu'il se fait à lui-
« même comme une objection. Ce fut donc
« d'après un bien faux principe qu'on prétendit,
« à la fin du dernier siècle, que l'étude de toute
« langue étrangère n'était propre qu'à énerver
« le génie des écrivains et à nuire à la langue
« nationale. M. de la Martine le prouve en déve-
« loppant ses premières idées et en faisant voir
« de plus en plus le parti que les littérateurs
« dirigés par le goût peuvent tirer de la con-

« naissance de l'idiome des peuples voisins, en
« reconnaissant que les Français ont reçu émi-
« nemment en partage ce goût qui sait choisir
« et perfectionne tout. Il convient cependant
« qu'ils en ont manqué quelquefois et que l'es-
« prit d'imitation a souvent produit de mau-
« vaises copies de modèles dangereux.

« Les dernières pensées de ce discours sont
« encore un hommage rendu à la Société.

« M. le Président, dans sa réponse, se plaît à
« peindre les sentiments que la Société avait
« déjà fait connaître en appelant au nombre de
« ses membres M. Alphonse de la Martine, et a
« ajouté lui-même quelques réflexions à celles
« qu'il a applaudies sur le sujet qui venait d'être
« traité. »

On le voit, ce jeune homme de vingt ans a des vues justes et originales; on dirait qu'il pressent la critique littéraire moderne. Avec une largeur audacieuse d'idées, il ne craint pas d'ouvrir à l'esprit des voies nouvelles en faisant des excursions dans les littératures étrangères. Les horizons inconnus le tentent; il veut s'associer à toutes les manifestations de la pensée humaine. Nous avons vu avec quelle ardeur il étudiait le grec, l'italien, l'anglais surtout. Nous constatons qu'à ces deux dernières langues il a ajouté l'allemand. C'est que Schiller et Goethe surtout, ce grand initiateur du XIXe siècle, l'attirent. Soyons certains que, chez les Anglais, à cette heure bien matinale pourtant, en dehors des auteurs que nous savons, il a déjà fait une marche en avant, une exploration furtive chez les lakistes. Dans sa fougue à tout étreindre, il va demander tout à l'heure jusqu'en Portugal, à Camoëns et à Manoël, le secret de leur poésie. Le contrecoup que doit ressentir son propre génie, celui de sa nation, au contact de cette invasion étrangère, il ne le redoute pas. N'y a-t-il pas, en France, ce criterium infaillible, le goût, « qui « sait choisir et perfectionne tout ? » et ne peut-on pas faire, comme l'abeille du fabuliste, « miel « de toutes choses ? »

Ce dût être une véritable fête que cette séance pour l'oncle Lamartine, pour le président, M. de Larnaud, qui, toujours en quête de chemins non frayés, d'aperçus lui « riant de fraîche nouvelleté », avait soufflé peut-être à l'oreille du jeune lettré le sujet choisi ; pour la Société tout entière enfin, heureuse de saluer ce beau talent à son aurore.

Ici se pose une question. L'Académie de Mâcon exerça-t-elle quelque influence sur le génie de Lamartine ?

Tout d'abord, il est incontestable qu'il fut un membre non pas assidu, mais fidèle, comme il le dit lui-même. Il assistait, surtout dans les premières années, assez régulièrement aux séances, ainsi qu'en témoigne le registre des délibérations ; nous le voyons, avant 1819, nommé deux fois secrétaire, deux fois rapporteur, une fois membre d'une commission et enfin, en 1821, président de la Société. Il s'intéresse donc aux travaux de la compagnie. De plus, il lit à ses collègues plusieurs de ses poésies. Parmi ces poésies, il est vrai, ce sont celles surtout qui ne tranchent pas trop sur le goût du jour que nous le voyons leur présenter : c'est la pièce de vers sur les *Sépultures*, c'est l'*Élégie sur Parny*, c'est l'*Ode à la Gloire*, c'est *L'Enthousiasme*. Mais celles qui ont un caractère intime, les élégies grecques, par exemple, ou celles qui sont contemporaines de la crise de 1817, comme *Le Lac*, *L'Immortalité* ; celles de 1819, comme *L'Isolement*, *L'Homme*, les produisit-il ? Un doute s'élève ; c'était son cœur qu'il eût mis à nu devant cette grave assemblée, et les accents si nouveaux et si tendres que ce cœur soupirait, les pouvait-elle comprendre? Un jour, c'était en 1818, à la séance du 18 mars; après une étude sur Manoël, le poëte portugais, le jeune académicien se risque à lire l'*Hymne au soleil*. Voici dans quelles circonstances cet hymne a été composé :

Après un hiver passé dans les délices d'un amour partagé, deux amants, aux premiers souffles du printemps, s'échappent de Paris et vont courir les bois des environs. L'amant a été souffrant, il est faible encore, mais il veut respirer l'air des champs; l'amante s'alarme et craint pour cette chère santé encore mal affermie :

> Guide mes pas dans nos vertes campagnes;
> Conduis-moi, chère Elvire, et soutiens ton amant...
> Viens, que crains-tu pour moi? Le ciel est sans nuage;
> Ce plus beau de nos jours passera sans orage
> Et c'est l'heure où déjà, sur les gazons en fleurs,
> Dorment près des troupeaux les paisibles pasteurs.

Et l'amant, ivre d'amour et de renouveau, de s'écrier :

Dieu, que les airs sont doux! que la lumière est pure!
Tu règnes en vainqueur sur toute la nature,
O soleil! et des cieux où ton char est porté
Tu lui verses la vie et la fécondité[1]!

Moins d'un an après, la savante mais austère compagnie entendait cette poésie toute d'expansion naïve et qu'animait, en outre, un grand souffle païen. En prit-elle quelque ombrage? nous pouvons le supposer. Précisément à cette date de 1818, le compte rendu du secrétaire perpétuel, M. Cortambert, semble fort embarrasé et plein de réticences : « La critique qui
« doit éclairer ne peut pas toujours éviter d'exer-
« cer quelque rigueur, lorsqu'elle ne veut pas
« trahir tout à fait la cause du goût. Si même
« lorsqu'elle a l'intention d'être indulgente, elle
« a eu à remarquer plus de défauts que de
« beautés, quel parti doit prendre votre secré-
« taire? Ne point rappeler les jugements qu'elle
« aura rendus, quelque mesure qu'elle y aura
« mise, quelque déférence qu'elle y aura appor-
« tée, quelque esprit qu'elle aura fait briller.
« Je me tairai donc sur une des productions de
« M. Alphonse de Lamartine et il applaudira à

---

1. *Premières méditations.*

« mon silence, sacrifiant facilement à des égards
« un de ses succès[1]. »

Cette production, sans nul doute, est l'*Hymne
au soleil*. Aucune autre poésie de Lamartine ne
fut lue, cette année-là, aux séances de l'Académie, ainsi qu'en font foi les procès-verbaux.

Des renseignements précis recueillis dans la
ville natale même, auprès de personnes bien
informées, nous permettent d'affirmer que notre
poète, admiré et soutenu par un grand nombre
de ses collègues, toutes les fois qu'il leur lisait
une de ses pièces de vers, était, par certains
d'entre eux, vivement critiqué, et le secrétaire
perpétuel était bien empêché quand il s'agissait
de libeller le compte rendu de la séance. Aussi,
dans l'impossibilité de concilier ces opinions
contradictoires, prit-il le parti, ainsi qu'il le dit
lui-même, de se taire.

C'est ce qui explique pourquoi il n'est pas fait
mention plus souvent, tant au registre des procès-verbaux des séances qu'au compte rendu des
travaux de la Société, des lectures faites par
Lamartine. La plupart de ses œuvres de jeunesse
furent présentées à l'Académie ; il le dit lui-

---

[1]. *Compte rendu des travaux de la Société*, année 1818, p. 55.

même dans une lettre qui accompagne l'envoi fait à la Compagnie de ses *Méditations poétiques,* lettre lue à la séance du 25 avril 1820. L'auteur exprime « les sentiments qui l'attachent à
« la Société et *renouvelle l'engagement de lui*
« *offrir le tribut de tout ce qui sortira de sa*
« *plume* ».

De son côté, faisant allusion à cet envoi, le secrétaire perpétuel, dans son compte rendu de 1820, écrivait ceci (pages 37 et 38) : « Les desti-
« nées des *Méditations poétiques* sont fixées. Con-
« duit par les arbitres les plus dignes à l'une des
« places les plus honorables du Parnasse mo-
« derne, en y montant, M. Alphonse de Lamar-
« tine n'a point oublié qu'il était sorti de cette
« enceinte et, lorsqu'il vous a adressé en of-
« frande le recueil de ces vers qui ont fait con-
« naître son nom à toute l'Europe poétique, de
« ces vers si harmonieux, si fortement empreints
« des qualités qui font le poète, il vous a remer-
« ciés de l'éclat qui en rejaillissait sur vous.
« Vous n'avez pas entendu sans un sentiment
« d'orgueil, applaudir au loin des chants *qui*
« *vous avaient charmés les premiers,* comme
« dans le sein des familles on se glorifie des

« talents qui brillent ailleurs, *mais qu'on a vus*
« *naître et grandir.* »

En admettant donc que, un peu effarouché de l'accueil fait à l'*Hymne au soleil* par la grave compagnie, Lamartine ne lui ait pas livré les vers sortis d'une source trop intime, il n'en demeure pas moins certain que cette compagnie, la première, a entendu des chants qui l'ont « charmée », que c'est dans son sein que, pour la première fois, presque toutes les *Méditations* ont été lues. Cette lecture, le succès qu'elle obtenait, les réserves, les discussions qu'elle provoquait, devaient être utiles à l'auteur, le confirmer parfois dans l'expression de sa pensée ou l'avertir, au contraire, des écueils d'une inspiration trop hâtive, trop bouillonnante.

Ce corps d'élite, quoique un peu mêlé, devait être comme la pierre de touche au contact de laquelle son génie fut soumis. A ce contact, il s'éprouva, prit conscience de lui-même, s'aiguisa pour ainsi dire et s'affina. Isolé, sans échos, sans appui, cet esprit si vert, mais parfois vagabond, aurait pu s'égarer, s'épuisant en stériles efforts, sans aboutir. L'Académie fut le lest qui le fixa en lui donnant une base. Là, d'ailleurs, malgré certaines réticences, tout était encouragement, tout riait aux vingt ans du collègue ; c'était l'enfant gâté de la maison, ce n'était pas M. Alphonse de Lamartine, c'était M. Alphonse tout court[1].

1. Procès-verbal de 1818, 26 mars.

CHAPITRE IX

(Juin 1811 à avril 1812.)

VOYAGE EN ITALIE — GRAZIELLA

Lamartine amoureux. — Départ pour l'Italie. — A Rome. — A Naples. — Une liaison : Graziella, la petite cigarière. — Graziella idéalisée. — Les vers que son souvenir inspire. — Le voyage en Italie sur le génie poétique de Lamartine; épanouissement de sensations déjà nées ; évocation de la muse antique. — Les élégies à Graziella. — Poèmes grecs. — Lamartine et Chénier.

Nous avons vu la boutade de Lamartine à l'adresse de ses collègues dans les lettres à Virieu et à Guichard. C'est que, au moment du discours académique, le jeune récipiendaire avait souci de bien autre chose que d'un succès littéraire. Son cœur était pris. Depuis deux mois, il soupirait pour une Mâconnaise. Il ne s'était pas déclaré et n'osait le faire ; il se mor-

fondait, se plongeait dans les pensées les plus noires, lisait Ossian, Shakspeare. « *Rien ne m'est tout ; tout ne m'est rien,* » voilà sa devise. Pour la première fois, nous voyons poindre dans sa correspondance un sentiment religieux. « N'avons-nous pas, écrit-il à Virieu, un grand
« appui ailleurs qui ne nous perd pas de vue et
« qui mesure nos souffrances et nos forces, qui
« reçoit dans son sein l'enfant trop faible pour
« se soutenir, et qui prête des forces à celui qui
« continue sa triste route[1]! »

Cette passion, dont l'objet était Mlle Henriette P..., n'était, comme le dira l'amant lui-même plus tard, « qu'une de ces inclinations
« enfantines, très innocentes, qui sont les pres-
« sentiments plus que les explosions de
« l'amour[2]. » Mais le jeune ténébreux prend la chose au tragique. Il veut se marier, se marier tout de suite. Tous deux n'étaient que des enfants. La famille Lamartine refusa son consentement. « J'aime pour la vie, je ne m'ap-
« partiens plus et je n'ai nulle espérance de
« bonheur quoique étant payé du plus tendre

1. *Correspondance*, t. I, p. 292.
2. *Le Manuscrit de ma mère*, p. 157.

« retour. Tout nous sépare, quoique tout nous
« unisse. Je vais prendre incessamment un parti
« violent pour obtenir sa main à vingt-cinq ans...
« J'entre au service, j'essaie de me faire tuer ou
« du moins d'acquérir un grade qui puisse me
« faire vivre ma femme et moi... je dis ma femme
« car je la regarde comme telle et que rien au
« monde ne peut nous séparer[1]. »

La famille prend peur, la mère surtout ; il est temps d'éloigner cet enflammé ; une occasion se présente. Une cousine fait un voyage de noces en Italie. On lui propose de l'accompagner. C'était un rêve dès longtemps caressé. Goethe, pour se consoler de l'amour malheureux de Lilli, n'était-il pas parti, lui, le grand maître, en Italie, en Sicile ? Aussi, quoique féru d'amour, s'est-il bien vite décidé. « Je vais parcourir cette
« *Saturnia tellus* si désirée, écrit-il à Virieu. Ce
« soir, je vais annoncer mon triste départ ; que
« de larmes vont couler !... mais j'ai du cœur et
« toutes les Armides de ma patrie ne retiendront
« pas un preux chevalier qui va courir les aven-
« tures et voir tout ce qu'il y a eu et tout ce
« qu'il y a encore de beau, de grand dans le

---

1. *Correspondance*, t. I, p. 296, 297.

« monde¹. » Il n'oublie pas ses études ; il reviendra parlant l'italien le plus pur et il prendra un maître de grec.

Comme il est éminemment élégiaque, il verse dans le sein de Guichard, avant de partir, encore quelques larmes : « Il faut que je rompe les « liens les plus doux, que je me condamne pen- « dant sept ou huit mois à une douleur mille « fois pire que la mort, que j'abandonne tout ce « qui m'est le plus cher dans ce monde après « mes deux amis... Pleure le malheur éternel de « ton ami² ! »

Enfin, le voilà hors de France, en juin 1811.

Notre voyageur, en pieux disciple de Rousseau, commence par Chambéry et les Charmettes, arrive à Turin qui l'enthousiasme, à Milan dont il admire le Dôme et où il entend, à la Scala, de la belle musique italienne « entre des abbés et des filles publiques », puis à Livourne où, pour la première fois, il voit la mer. Il s'attarde dans cette ville, y est désœuvré, pense à sa belle, lit la *Nouvelle Héloïse*, se monte la tête et, comme il aime la tirade en ce

1. *Correspondance*, t. I, p. 306.
2. *Idem*, t. I, p. 310.

temps-là, il écrit à Guichard des lettres passionnées et éplorées.

Après un court séjour à Florence où il est reçu par son compatriote, M. de Fréminville, auditeur au Conseil d'État, dont nous aurons beaucoup à parler et avec lequel il s'entretient déjà de morale et de métaphysique, il arrive enfin à Rome au commencement de novembre : « J'y
« mène la vie d'un ermite, écrit-il à Virieu,
« j'erre le matin dans ses vastes solitudes, tout
« seul le plus souvent ; je visite, un livre dans ma
« poche, ces belles et désertes galeries des
« palais romains ; le soir, je travaille ou vais
« visiter quelques artistes[1]. » Il est heureux, il foule la terre classique ; ses auteurs favoris chantent dans sa mémoire. Il écrit à sa mère une lettre enthousiaste. La pauvre femme a vidé pour le voyage toute son escarcelle. « Qu'il est
« jeune et débordant d'imagination, dit-elle
« dans son journal, pour être ainsi livré à lui-
« même dans ces pays lointains !... quel malheur
« qu'un fils inoccupé ! malgré la répugnance de
« la famille à le voir servir Bonaparte, nous

---

1. *Correspondance*, t. I, p. 330.

« aurions dû penser à lui et non à nos répu-
« gnances ou à nos opinions[1]. »

En décembre, il est à Naples, ayant encore son amour au cœur. « Je traîne, je promène, je
« berce par toute l'Italie mes ennuis déchirants.
« Je suis comme un malade à qui la force de la
« douleur en ôte parfois le sentiment, mais qui
« revient, trop tôt pour lui, à la souffrance et à
« la vie[2]. »

Mais le ciel de Naples l'enivre ; il flâne à Pouzzoles, à Baïes, à Solfatare, fait l'ascension du Vésuve avec des Napolitaines, emploie son temps à courir, à voir sans suite et sans raison et ne tarde pas à s'acagnarder dans le *far niente*. « Endormons-nous ensemble, mon ami,
« écrit-il à Guichard, laissons-nous bonnement
« conduire par les circonstances. Suivons le
« gros du troupeau qui mange et qui dort et
« vit au jour la journée, sans s'inquiéter d'amour,
« ni d'avenir, ni de gloire[3]. » Et à Virieu : « Tu
« ne saurais croire à présent à quel point je
« porte l'inconscience et l'imprévoyance par-

---

1. *Le Manuscrit de ma mère*, p. 166, 167.
2. *Correspondance*, t. I, p. 336, 337.
3. *Idem*, t. I, p. 338.

« tout; c'est l'air du pays; je deviens un vrai
« lazzarone; j'ai gagné enfin le sommet élevé du
« haut duquel je vois tout sans que rien m'at-
« teigne[1]. » Et il le presse de venir le rejoindre :
« Les mots me manqueraient pour te décrire cette
« ville enchantée, ce golfe, ces paysages, ces
« montagnes uniques sur la terre, cet horizon,
« ce ciel, ces teintes merveilleuses. Viens vite[2]. »

Virieu est à Naples auprès de son ami à la fin
de janvier 1812.

Il résulte de sa correspondance que le poète
arrivé à Naples à la fin de novembre 1811, y est
resté jusqu'au commencement d'avril 1812. C'est
donc dans cet intervalle que doit se placer l'épisode de Graziella. Les *Confidences* fixent au 1er
avril l'arrivée à Naples; c'est une erreur.
« Lamartine n'est pas l'homme des dates, » a dit
Sainte-Beuve.

Mais Graziella a-t-elle existé?

Dans la correspondance, il n'en est pas question. Voici la seule allusion qui en est faite : A
la date du 9 novembre 1813, dans une lettre à

---

1. *Correspondance*, t. I, p. 346.
2. *Idem*, t. I, p. 345.

Virieu, notre poète écrit : « Depuis Naples, je
« n'ai pas ouvert mon cœur une fois. » C'est
dire que là il l'a ouvert. Oui, Graziella a existé
ou plutôt il a existé à Naples, pendant l'hiver de
1811 à 1812, une jeune fille avec laquelle
Lamartine a eu une liaison.

« Graziella, a dit M. de Mazade, est une émotion de jeunesse, ravivée plus tard, idéalisée et transformée en poème [1]. »

« La charmante corailleuse de Naples, écrit
« Sainte-Beuve, est en partie une création. Otez
« le ciel d'Italie et le costume de Procida, ce
« n'est qu'une aventure de grisette, embellie et
« idéalisée par l'artiste, élevée, après coup, aux
« proportions de la beauté, mais une de ces
« aventures qui ne laissent que trop peu de traces
« dans la vie et qui ne se retrouvent que plus
« tard, dans les lointains de la pensée quand le
« poète ou le peintre sent le besoin d'y chercher
« des sujets d'élégie ou de tableau. Il en est
« autrement d'Elvire ; il y a, de ce côté, toute
« une destinée et presque une religion [2]. »

Saint-Marc Girardin s'indigne de cette appré-

1. *Revue des Deux-Mondes*. 1870.
2. *Causeries du lundi*, t. I, p. 63.

ciation. Pour lui « Graziella qui meurt de l'amour
« qu'elle a conçu pour le « Monsieur » n'est
« point une grisette, comme on l'a dit dédai-
« gneusement; elle appartient à l'idylle et
« même à l'idylle antique plutôt qu'aux contes
« de Boccace ou aux chroniques des étudiants.
« Elle est du Midi, elle est de race grecque;
« elle est de l'île de Procida, toutes causes de
« dignité... elle aime comme aimaient les hé-
« roïnes de l'idylle antique; elle aime à en mou-
« rir[1]. »

Voici la vérité sur Graziella :

Lamartine, devant passer l'hiver en Italie,
avait été recommandé par sa famille à l'un de ses
parents, M. Dareste de la Chavanne, directeur
de la manufacture des tabacs à Naples. Celui-ci,
apprenant que le jeune homme était arrivé en
cette ville et logeait à l'hôtel, vint le trouver et
lui offrit l'hospitalité, ce qui fut accepté. M. de
la Chavanne demeurait rue San Pietro martyr,
près de la Marine.

Dans les bureaux de la manufacture, plusieurs
femmes du peuple des faubourgs de Naples ou
des îles voisines et, parmi elles, des filles de

1. *Cours de littérature dramatique*, t. IV, p. 103.

pêcheurs, étaient employées à choisir et à rouler en cigarettes des feuilles de tabac. Notre Mâconnais, très désœuvré comme on l'a vu, rôdait bien souvent autour de ces ouvrières, le soir surtout à la sortie. Celle qu'il devait illustrer plus tard sous le nom de Graziella, fille d'un pêcheur de Procida, se laissa suivre, consentit à entendre les propos d'amour dont notre poète avait appris le langage, les mots si doux au cœur, si harmonieux à l'oreille qu'il lui chuchota : *cara mia, carinna mia*, et, en sœur de Juliette, elle l'aima, l'adora comme sa madone et se donna. Lui, cueillit cette fleur du Midi et en respira le parfum qui, pour un temps, enivra ses sens.

Est-ce là une idylle ?

Est-ce *Daphnis et Chloé ?*

Est-ce cette délicieuse pastorale païenne saupoudrée de christianisme, *Paul et Virginie ?*

Non, car là chacun des deux amants aime et est aimé ; c'est « une amour et tendre et mutuelle ».

Ici « le héros complaisamment enfermé dans la béatitude du moi, se laisse aimer par la belle Procitane, recevant tout et ne donnant rien », dit fort justement Saint-Marc qui préférait à l'épisode de Graziella celui de Lucy L..., parce que là « deux cœurs battent à l'unisson [1] ».

A Naples, notre jouvenceau est en bonne fortune, voilà tout !

Son ami Virieu l'ayant rejoint, on fait la fête ; on organise des parties de barque dans le golfe. Il y a de la musique :

> Combien de fois près du rivage
> Où Nisida dort sur les mers,
> La beauté crédule ou volage
> Accourut à nos doux concerts !
> Combien de fois la barque errante
> Berça sur l'onde transparente
> Deux couples par l'amour conduits,
> Tandis qu'une déesse amie
> Jetait sur la vague endormie
> Le voile parfumé des nuits [2] !

« En termes vulgaires, une partie carrée ! » dit Scherer [3].

La pauvre fille, un jour, donna à son amant le

---

1. *Cours de littérature dramatique*, t. IV, p. 106.
2. *Le Passé*, nouvelles méditations.
3. *Etudes sur la littérature contemporaine*. La correspondance de Lamartine. Calmann-Lévy, in-12.

voile qui lui couvrait la tête. Il le rapporta de son voyage. Ce voile est en ce moment à Saint-Point, plié dans une armoire, près de la table de travail du poète. C'est une cotonnade grossière, d'un rouge fané, coiffure ordinaire des filles du peuple à Naples.

Arrivé à l'âge mûr, Lamartine « idéalise et transforme en poème » cette aventure de jeunesse ; il en fait *Graziella*, puis, à la fin de l'épisode, il jette un regard en arrière et gourmande son indifférence : « Ah! s'écrie-t-il, l'homme
« trop jeune est incapable d'aimer... Il ne sait le
« prix de rien. Il ne connaît le vrai bonheur
« qu'après l'avoir perdu ! L'amour vrai est le
« fruit mûr de la vie... Je me suis reproché de
« n'avoir pas connu le prix de cette fleur
« d'amour. Je n'étais que vanité[1]. »

---

1. M. Ch. Alexandre ne peut pas prendre son parti de croire à la dureté du cœur de Lamartine vis-à-vis de Graziella, il veut qu'il ait été plus chevaleresque : « Le poète, dit-il, avait
« calomnié à dessein l'amoureux dans son généreux souvenir,
« pour donner tout l'intérêt à la jeune fille. Il l'aima plus
« qu'il ne dit ; des accents sincères échappés à l'émotion
« trahissent la vérité. » (*Souvenirs de Lamartine*, p. 169.)

Contrairement à cette assertion, il nous semble que le Lamartine de vingt ans éprouva à Naples les sentiments que Goethe, au même âge, ressentit dans son voyage d'Italie et qui sont ainsi

Dès avant ce temps, par trois fois, il avait évoqué ce doux et cuisant souvenir, et en quels accents !

En 1821 d'abord, dans son ode à Virieu, *Le Passé* :

> Reconnais-tu ce beau rivage,
> Cette mer aux flots argentés...
>
> Un nom chéri vole sur l'onde,
> Mais pas une voix qui réponde,
> Que le flot grondant sur l'écueil.
> Malheureux ! quel nom tu prononces !
> Ne vois-tu pas parmi ces ronces
> Ce nom gravé sur un cercueil ?

Puis, à la fin de 1829, il vient de perdre sa mère d'une mort horrible ; il a senti l'immense douleur. Il est à Monculot, seul, au milieu des bois, obligé de vendre cette propriété qu'il aime, don de son bon oncle l'abbé. Il agite

dépeints par notre poète lui-même. « L'homme sensuel y éclate partout, l'homme sensible nulle part. A peine quelques frissons d'amour à la brise tiède du midi, à l'aspect d'une blonde Milanaise à Rome, d'une brune Espagnole à Naples, rappellent-ils que le voyageur est jeune, beau, poète ; ces frissons ne vont pas jusqu'à l'âme ; c'est la jeunesse, ce n'est pas la tendresse. » (*Cours familier de littérature*, 38ᵉ Entretien, p. 110.)

devant Dieu le problème de la destinée humaine ; il en vient à songer à sa propre destinée ; à remuer son passé si sombre, si plein de tristesses. Tout à coup, un rayon de soleil l'inonde, une vision passe devant ses yeux :

> Un jour, c'était aux bords où les mers du midi
> Arrosent l'aloès de leur flot attiédi.
> ....
> C'était aux premiers jours de mon précoce été.
> Et je ne connaissais de ce monde enchanté
> Que le cœur d'une mère et l'œil d'une beauté.
> Et j'aimais...
> ....
> Et nous étions en paix avec cette nature,
> Et nous aimions ces prés, ce ciel, ce doux murmure,
> Ces arches, ces rochers, ces astres, cette mer
> Et toute notre vie était un seul aimer [1].

Peu de temps après, rentré à Paris, sous le coup des mêmes émotions, il soupire la délicieuse élégie *Le premier regret*, que chacun sait :

> Sur la plage sonore où la mer de Sorente [2].

---

1. *Harmonies poétiques*, Novissima verba.
2. *Harmonies poétiques*.

En 1857, lorsque tant de douleurs accablent l'âme du vieillard, Graziella lui apparaît encore et lui inspire *La fille du pêcheur*.

Cette poésie, une des dernières productions du grand homme, est parsemée de jolis tableaux, de gracieuses images bibliques ; celle-ci, par exemple : Un frère mendiant s'approche de la jeune fille qui vient de puiser de l'eau à la fontaine voisine, et le poète de dire :

> Tu levas tes deux bras, anses de ton beau corps ;
> Tu descendis la cruche au niveau de sa tête
> Et du vase incliné tu lui tendis les bords ;
> Il y but à longs traits en relevant sa manche [1].

Si l'homme a eu des torts, si l'on peut lui reprocher sa froideur, son égoïsme (n'avait-il pas vingt ans ?), le poète a racheté la faute, et la pauvre Graziella doit pardonner à l'amant qui lui a donné l'immortalité.

Le séjour de Lamartine à Naples eut une grande influence sur son génie poétique et marqua l'éclosion d'une phase de ce génie.

---

1. *Cours familier de littérature.*

Le milieu familial où il avait vécu, le clan de
« la terre natale » lui avaient donné l'impression
d'une vie patriarcale et homérique.

Il avait été frappé par la physionomie si différente, suivant les saisons, du pays qu'il avait
habité :

Septentrionale, pendant l'hiver, avec ses
brouillards dormant aux pieds de rochers qui
en émergent et qui dressent leurs têtes pelées,
semblables aux pics d'Ecosse ou de Norwège.

Méridionale, pendant l'été, avec son sol couleur de brique, ses villages calcinés, perchés
sur des hauteurs arides, ses éboulis de roches
jaunâtres, ses sentiers pierreux, ses maigres
touffes de buis, de bruyère et de serpolet brou-
tées par les chèvres, comme en Calabre, comme
en Sicile, et si l'imagination de l'enfant et du
jeune homme s'était embrumée, pendant l'automne, des rêveries d'Ossian et de Young,
elle s'était réchauffée, durant les mois baignés
de soleil, à l'image grecque évoquée devant elle.

Aussi, quand le poète mâconnais eut sous les
yeux, non plus seulement l'image de cette patrie
entrevue, mais cette patrie elle-même avec ses
enchantements, ce fut en lui un épanouissement

de sensations déjà nées, mais latentes, la révélation d'une parenté mystérieuse, d'une secrète affinité, et sa jeune muse qui, jusqu'alors, sans appui, sans guide sûr, sacrifiant au goût du jour, s'était mise à la remorque des Fontane et des Lebrun-Pindare, ou, cédant aux entraînements de son adolescence, s'était acoquinée à l'essaim folâtre de Parny, de Bertin, de Dorat, va tendre maintenant à ses origines, à ses impulsions natives, à la muse antique, vivre dans son vrai milieu, avec ses vrais maîtres, ses vrais dieux : Homère, Théocrite, Virgile.

Pour un temps, enivrée par la molle vie campanienne, par les délices du golfe de Baïa, elle se fait sensuelle, épicurienne. Rassurons-nous pourtant. Elle ne hante plus ces *poetæ minores* d'une veine galante, spirituelle, bien coulante et facile, mais si vide, dont on a dit que : « les vers « sont autant de myrtes dont une feuille ne « passe pas l'autre[1], » poètes fin de siècle, fin du xviiie siècle. Non, elle est en bonne compagnie cette fois, elle est avec Horace, Ovide, Catulle, Tibulle, Properce, tous pleins de sève et de grâce ioniennes.

1. Boufflers, cité par Sainte-Beuve.

A l'instar de ces voluptueux de haut lignage et de large envergure, le jeune disciple veut avoir sa Lydie ou sa Lalagé, sa Corinne, sa Lesbie, sa Délie, sa Cynthie, et le voilà qui guinde la petite cigarière à la taille et au rôle de ces grandes amoureuses. Il lui adresse, il lui soupire plutôt ces délicieuses élégies égarées au milieu des deux livres des *Méditations* et qui les imprègnent d'une suave senteur d'antiquité païenne, mais qui devraient se trouver au frontispice de ces poésies, comme au seuil d'un temple une gerbe de fleurs dont on aime à respirer le parfum, avant d'y pénétrer; c'est *Elégie* :

Cueillons, cueillons la rose au matin de la vie.
. . . .
Aimons-nous, ô ma bien aimée.
Et rions des soucis qui bercent les mortels [1]!

C'est *Le golfe de Baïa* :

Vois-tu comme le flot paisible
Sur le rivage vient mourir.
. . . .
Ainsi tout change, ainsi tout passe,
Ainsi nous-mêmes nous passons [2].

1. *Nouvelles méditations poétiques.*
2. *Premières méditations poétiques.*

C'est ce chant imité, presque traduit de Properce, inspiré par Graziella et murmuré à son oreille et qu'en infidèle amant le poète devait plus tard dédier, A Elvire.

> Oui, l'Anio murmure encore
> Le doux nom de Cynthie aux rochers de Tibur[1].

L'élégie intitulée *Tristesse* :

> Ramenez-moi, disais-je, au fortuné rivage[2],

est de la même inspiration, quoique écrite un peu plus tard, quelque temps après la rentrée du poète en France.

Dans ces vers tout anacréontiques, sorte de guirlande à Graziella, il y a bien déjà une note rêveuse, mais ce n'est pas celle encore du xixe siècle. Non, la muse des élégies du Lamartine de vingt ans, c'est celle des épicuriens qui parfois trouvent de l'amertume au sein des voluptés ; c'est celle d'Horace qui, comme piment à ses plaisirs, chante la vie trop courte, la jeunesse qui s'envole, la beauté éphémère ; mais Horace n'est point un mélancolique. *Carpe diem* est sa

1. *Premières méditations poétiques.*
2. *Nouvelles méditations poétiques.*

devise. Chez Lamartine, pourtant, il y a je ne sais quoi de plus attendri ; la nature est plus sentie ; elle semble déjà s'insinuer au cœur de l'homme ; on y devine les larmes des choses.

Puis, bientôt, à côté de ces chants d'amour, naissent des accents plus mâles. Le souffle du poète est plus touché de la vivifiante influence homérique. C'est Virgile, c'est Théocrite qui l'inspirent cette fois.

Sous cette impulsion, il entreprend un poème des pêcheurs. Ce poème est perdu ; nous n'en avons qu'un fragment, *Le Pasteur et le Pêcheur* :

C'était l'heure chantante où, plus doux que l'aurore,
Le jour en expirant semble sourire encore[1].

Puis *Sapho*, élégie antique :

L'aurore se levait, la mer battait la plage[2].

Ce fragment de poème et cette élégie, tous deux frappés au coin grec le plus pur, aux vers alexandrins impeccables, tout vibrants

« Du langage sonore aux clartés souveraines,
« Le plus beau qui soit né sur des lèvres humaines[3], »

---

1. *Premières méditations poétiques.*
2. *Nouvelles méditations poétiques.*
3. André CHÉNIER, *L'Invention.*

rapprochent le Lamartine de Naples du Grec de Byzance, André Chénier ; même amour de la forme, même adoration de l'antique.

Si Chénier est païen, « athée avec délices[1], » si l'idée de Dieu est absente de sa poésie, s'il ne voit pas dans les étoiles « des fleurs divines qui « jonchent le parvis du saint lieu », son ciel, en récompense, est pur et luit d'une sereine clarté.

Pour Lamartine aussi, le Lamartine de vingt ans,

> Pâles encore a des asiles verts,
> Les amours des baisers, les muses des concerts[2].

Tous deux ont le même culte, l'éternelle beauté.

1. Expression de Chenedollé.
2. *La jeune captive*, d'André Chénier.

CHAPITRE X

(Avril 1812 à août 1816.)

LE POÈTE GARDE DU CORPS

Retour en France. — Désœuvrement. — Fugue à Paris ; vie folle. — A Milly ; ébauche de tragédies ; *Médée*. — L'invasion. — Les cent jours. — Lamartine garde du corps à Beauvais ; les loisirs de garnison du poète-soldat. — Un congé à la « terre natale ». — État d'âme ; lettre à Virieu ; lettre à M. de Fréminville (inédite). — Lamartine à Béthune, puis en Suisse. — Après Waterloo, reprend service, puis donne démission. — Les vers à l'oncle de Montceau ; les quatre livres d'*Élégies* ; *Clovis*.

Les économies de la mère sont épuisées ; le père se fâche, il faut revenir. Notre voyageur temporise, ne peut se détacher du pays enchanté, puis il craint les reproches ; il a fait des dettes.

Enfin il se décide et s'achemine vers la France à petites journées. A Florence où il s'arrête et où il est reçu par M. de Fréminville, on le trouve changé, maigre et jaune.

A la fin d'avril, il est à Lausanne, reconquis par Rousseau, sur les traces de Saint-Preux. « Quel pays, mon ami, écrit-il à Virieu qu'il a « laissé à Rome, quelles vallées, quelles mon- « tagnes, quels horizons, quelles délicieuses « collines ! Comme tout cela réveille dans l'âme « ce vague désir d'amour et de bonheur qui « nous tourmente[1] ! »

Il s'attarde plus de deux mois au sein de cette nature alpestre, fait une fugue de trois semaines à Paris, s'y ennuie, va retrouver à Montculot, chez son oncle l'abbé, toute sa famille qui y est réunie et qui lui fait grise mine, à l'exception de sa tendre mère qu'on rabroue et qui souffre en silence, et vient s'ensevelir à Milly, « accablé « de maux de toute espèce et sans force pour « rien souffrir, sans espérance pour l'avenir[2]. » Mais là, au nid d'enfance, il ne tarde pas à se reprendre. L'automne est venu, sa saison favo- rite, et avec lui toutes les songeries fécondes qu'il lui inspire. « Je sens ma tête pleine d'idées et

1. *Correspondance*, t. I, p. 359.
2. *Idem*, t. I, p. 364.

« de verve ; j'ai des plans superbes... je me
« sauve à travers champs, un Alfieri sous le bras
« et un crayon dans ma poche ; quand j'ai bien
« couru, que je me suis réchauffé, je m'asseois
« au coin d'un buisson et je crayonne des notes
« sur les marges de mon volume [1]... »

La lecture d'Alfieri lui donne l'idée d'un Saül.

La mère l'emmène à Mâcon durant l'hiver. Il y traîne une vie désœuvrée, pleine d'ennuis, de récriminations ; ce sont les dettes de Naples qu'il ne peut pas éteindre. Il se consume, il est malade. Son oncle de Montceau tâche de l'occuper. Au commencement de janvier 1813, il lit à ses collègues de l'Académie une épître, *Sur les sépultures*, trois cents vers qui lui paraissent « bien frappés et assez bien pensés », mais il l'avoue : « ce sont des vers pour apprendre à « faire des vers [2] ; » puis, à la séance du 6 avril, une pièce, *Sur les ruines de l'abbaye de Cluny* qui lui semble « assez pleine de verve ». Cette pièce n'existe plus, il est probable que l'auteur l'aura détruite lui-même.

Ces délassements littéraires ne sont pas un

---

1. *Correspondance*, t. I, p. 366.
2. *Idem*, t. II, p. 4.

aliment suffisant pour cet esprit inquiet. « Je
« suis, la nuit et le jour, écrit-il à Virieu, enfoncé
« dans mes lugubres rêveries et mes pensées
« sur l'avenir et sur tout ce qu'il nous importe-
« rait tant de mieux connaître. Cette longue
« souffrance que j'éprouve m'y ramène avec plus
« de force; peut-être me sera-t-elle salutaire et
« heureuse, car qui sait les fins et les moyens
« de là-haut? Je demande seulement au ciel de
« la résignation qui me manque un peu, et de la
« force et de la lumière dont j'aurais tant besoin.
« Quelquefois, je sens de douces consolations
« descendre au fond de mon cœur; d'autres fois,
« il est étouffé d'angoisses [1]. »

La mère se désole, veut voir son fils heureux; croit que cette vie de province ne lui vaut rien. Elle va quêter pour lui chez les oncles, chez les tantes, chez la chanoinesse du Villard surtout, parvient à réunir enfin quelques pièces d'or et l'envoie à Paris.

Il y arrive à la fin d'avril. Il vient d'avoir vingt-deux ans, est joli garçon. Ce n'est plus le petit paysan de Milly à grosse face réjouie; c'est

1. *Correspondance*, t. II, p. 13.

maintenant un jeune homme élancé, à tournure distinguée. Les cheveux légèrement crêpelés, nez droit, lèvres fines, il porte crânement la redingote et le gilet à haut collet du temps, la large cravate noire d'où s'échappe un petit bout de col bien blanc et bien raide [1]. Il est dans toute l'effervescence de sa bouillante jeunesse, fouettée par l'équipée sensuelle de Naples qui n'a pu s'assouvir. Il se plonge dans la dissipation, se livre au jeu, fait des dettes, se grise de cette vie : « L'air natal ne m'est bon ni au physique ni au « moral, il ne faut le respirer que six mois de « l'année, c'est assez ; sans quoi, il engourdit et « endort [2], » dit l'ingrat. Sa santé toujours languissante se ressent de cette existence folle. Son vieil ami, M. de Larnaud, qui se trouve à Paris en ce moment et loge dans le même hôtel que lui, s'alarme, écrit confidentiellement à son collègue, l'oncle de Montceau. La mère prévenue part, arrive, croit son fils au lit et le voit de sa fenêtre conduisant un cabriolet, l'air fort gai, fort animé : « Toutes mes inquiétudes tombèrent

---

1. Voir portrait de Lamartine à cet âge. *Album du Centenaire de la naissance de Lamartine*, par M. LEX. Mâcon, 1890.
2. *Correspondance*, t. II, p. 19.

« à sa vue, » écrit-elle ; mais elle se cache ; « je
« ne voulus pas troubler sa soirée[1]. »

En automne, il est à Milly froidement reçu par son père et par toute sa famille, malade, n'en pouvant plus : « Je me vois décliner peu à peu,
« dit-il à Virieu, tous les genres de malheur se
« sont donné rendez-vous sur ma triste car-
« casse et j'approche de tous côtés de ma ruine
« totale[2]. »

Il trouve le moyen de travailler pourtant, aux intervalles de répit à ses souffrances ; il ébauche une tragédie de *Brunehaut*, un *Mérovée*, un *Clovis*, termine son *Saül* et fait une *Médée*. Cette dernière tragédie nous a été restituée par Mme de Lamartine, en 1881, et figure dans le volume des poésies inédites. Elle ressemble aux premières tragédies de Racine, on y sent l'influence des grands tragiques grecs. Elle se déroule en cinq actes de grands vers corrects, un peu froids.

A sa dernière page, elle porte cette mention :

« Commencé le 1er octobre 1813, à Milly. »
« Fini le 20 novembre 1813, à Milly. »

1. *Le Manuscrit de ma mère*, p. 174.
2. *Correspondance*, t. II, p. 21.

Notre poète égaie l'austérité de ses occupations et délasse son âme par de friandes réminiscences de son escapade prolongée de l'été. Il envoie à Laurent de Jussieu, son camarade, des vers intitulés : *Souvenir*.

Ce n'est plus la muse grecque qui l'inspire, c'est celle de Parny ; il est ressaisi par son temps :

> Te souvient-il de ces moments trop courts
> Où, partageant et nos goûts et nos peines,
> Aux vieux échos des forêts de Vincennes
> Nous racontions nos vers et nos amours ?

Il n'oublie pas le cabriolet dans lequel l'avait aperçu sa mère, et qui le ramenait de ses excursions :

> Un char léger par ton ami conduit,
> Dans le séjour du tumulte et du bruit
> Reconduisait le couple poétique[1].

Mais les temps ne sont pas à la poésie. Nous sommes à la fin de 1813 ; la guerre est déchaînée, la France est envahie.

1. *Correspondance*, t. II, p. 24.

« Nous voici réfugiés à Mâcon, écrit la mère...
« je suis allée à Milly pour cacher un peu de
« blé... qu'allons-nous devenir[1]? »

Les ennemis sont aux portes de Besançon, de Lyon.

Le 10 mars 1814, ils arrivent aux portes de Mâcon et un combat s'engage entre Augereau et le général autrichien Bianchi. Plusieurs maisons sont pillées aux faubourgs Saint-Antoine et de la Barre.

« Alphonse a pu venir nous voir de Milly et
« de Saint-Point où son père l'a laissé pour
« sauver nos propriétés... il s'est fait chérir des
« paysans qu'il a rassurés[2], » note la mère à la date du 7 avril.

Elle conserve quelque temps son fils auprès d'elle à Milly; mais aux Cent-Jours, le jeune homme veut servir son roi. En juillet, nous le trouvons garde du corps en garnison à Beauvais. Il s'y ennuie, aime médiocrement « cet insipide
« métier de machine[3] ».

Heureusement, le poète-soldat peut trouver

1. *Le Manuscrit de ma mère*, p. 177.
2. *Idem*, p. 183.
3. *Correspondance*, t. II, p. 35.

partout, même à Beauvais, en dehors des heures de service, matière à distraction, à promenades, à douces rêveries.

Un dimanche soir, il a découvert, « assez loin
« de la ville, un petit sentier ombragé par deux
« buissons bien parfumés ; il me conduisit, dit-
« il, au milieu des vignes qui sont parsemées de
« cerisiers. Je me couchai sous leur ombre
« fraîche et épaisse, j'ôtai mon épée et mes
« bottes ; l'une me servait de pupitre et l'autre
« d'oreiller. Je sentais dans mes cheveux un
« vent doux et frais ; je n'entendais rien que les
« bruits qui me plaisent, quelques sons mou-
« rants de la cloche des vêpres, le sourd bour-
« donnement des insectes pendant la chaleur et
« les rapaux d'une caille cachée dans un blé
« voisin[1]. »

Et son imagination de vagabonder ; il rêve qu'il est fermier :

Non loin d'ici, je vois une simple chaumière
Qu'environne un verger ; la chaumière est à moi...
....
Je peuple ce réduit d'une jeune bergère...

1. *Correspondance*, t. II, p. 44.

. . . .
J'abats dans les guérets la moisson jaunissante,
Ou, la bêche à la main, je creuse les canaux
Qui vont porter la vie à l'herbe languissante,
Tandis que, préparant un champêtre repas,
   Daphné, sous ses doigts délicats,
Presse de mes brebis la mamelle flottante...
. . . .
Ou bien, est-il des soins indignes d'une amante ?
Amollit-elle même une couche odorante
Où l'amour doit le soir m'endormir dans ses bras [1].

C'est là une charmante idylle. On y sent bien encore la poésie descriptive de Saint-Lambert ou de Delille ; mais il y a de l'Horace : *Beatus ille qui procul negotiis*, du Tibulle et du Chénier aussi.

Il continue à tuer le temps à Beauvais, rimaille le *Saule pleureur*[2], moitié Parny, moitié Millevoye, cherche à devenir amoureux, mais trouve toutes les femmes laides ; pourtant il flirte avec la fille d'un charpentier son voisin. — Il obtient un congé.

En novembre, nous le retrouvons à Milly où

1. *Correspondance*, t. II, p. 45 et 46.
2. *Idem*, t. II, p. 51.

il passe l'automne, son cher automne, « dans sa
« cellule, les pieds dans ses sabots ». Il dépose
son grand sabre de garde du corps et, sous les
douces influences du foyer, il redevient l'enfant
de ses montagnes :

« Oh! combien l'on vaut mieux dans la
« retraite des champs! s'écrie-t-il dans une
« lettre à Virieu. Combien l'on retrouve de sen-
« timents que l'on croyait à jamais perdus!
« Combien l'âme reprend de ton et le cœur de
« puissance! Combien l'imagination s'agrandit
« et se réchauffe!... Tout ce que nous avons
« senti si fort dans notre bon temps, je le sens
« depuis trois jours; je me reconnais et je
« retrouve autour de moi mille sensations
« oubliées..... Sais-tu ce que c'est que des
« jours pluvieux, nébuleux, orageux d'automne
« sur nos coteaux? Comprends-tu le charme de
« ces vents harmonieux qui ébranlent mes
« fenêtres et font crier ou siffler nos arbres
« déjà défeuillés? Peux-tu te peindre les délices
« que je trouve à parcourir, sous mon manteau,
« nos vignes dépouillées, à grands pas et comme
« un homme pressé par l'orage?... Je suis rede-
« venu... tout ce que j'étais il y a cinq ans,

« tout ce que nous étions en sortant des mains
« de l'admirable, de l'adorable nature. Le croi-
« ras-tu ? Je sens mon cœur aussi plein de sen-
« timents délicieux et tristes que dans les pre-
« miers accès de fièvre de ma jeunesse. Je ne
« sais quelles idées vagues et sublimes et infi-
« nies me passent au travers de la tête à chaque
« instant ; le soir surtout, quand je suis, comme
« à présent, enfermé dans ma cellule et que je
« n'entends d'autres bruits que la pluie et les
« vents. Oui, je le crois, si, pour mon malheur,
« je trouvais une de ces figures de femme que
« je rêvais autrefois, je l'aimerais autant que
« nos cœurs auraient pu aimer, autant que
« l'homme sur la terre aima jamais. Mon cœur
« bondit dans ma poitrine, je le sens, je l'en-
« tends ; Dieu sait tout ce qu'il contient, tout
« ce qu'il désire. Pour moi, je jouis et je souffre
« de cet état et je sens tomber quelques larmes.
« Oui, si cela durait, il faudrait sans doute
« mourir ; mais je mourrais, du moins, avec
« quelques sentiments nobles et vertueux dans
« l'âme[1]. »

1. *Correspondance*, t. II, p. 57 et suiv.

Nous avons reproduit une grande partie de cette lettre, d'abord parce qu'elle est admirable et puis parce qu'elle nous fait bien comprendre l'état d'âme, les aspirations du jeune homme et qu'elle fait pressentir le coup qui va le frapper. Il est mûr pour l'amour, pour l'amour-passion. Il a aussi comme la vision de sa gloire future, car il termine en priant son ami de garder cette lettre « comme un objet de comparaison un jour « à venir[1] ».

A la fin de 1814, il est toujours en congé. Nous le voyons occuper ses loisirs par des travaux à l'Académie de Mâcon. A la séance du 6 octobre, il est nommé rapporteur d'une pièce de vers : *Les nouvelles parisiennes*, par M. Bazot, membre correspondant de cette société. A la séance du 20 octobre, il rend compte de ces vers d'une façon assez maussade. « Il eût désiré, dit-il, déguiser l'opinion qu'il a prise de l'ouvrage parce qu'elle n'est point assez avantageuse[2]. » Le 7 janvier 1815, il lit à ses collègues son élégie sur la mort de Parny :

---

1. *Correspondance*, t. 2, p. 60.
2. Extrait du registre des procès-verbaux de la Société, 152ᵉ séance.

Sur ce gazon témoin de nos douleurs
Laissons tomber des larmes et des pleurs [1].

....

Cette élégie, tout entière reproduite en la *Correspondance*, est bien dans le style du poète défunt, qu'il lisait en cachette :

Combien de fois ma tendre adolescence
Se dérobant aux regards envieux
Pour dévorer tes écrits amoureux
De ses mentors trompa la vigilance !

Mais ces occupations ne parviennent pas à dissiper les angoisses que nous a révélées la lettre à Virieu. Elles sont toujours aussi poignantes. Nous en avons la preuve par une lettre à M. de Fréminville de retour d'Italie, alors sous-préfet à Trévoux (Ain) [2], lettre inédite que

1. *Correspondance*, t. II, p. 64.
2. Des relations de voisinage existaient entre la famille de Lamartine et la famille de la Poix de Fréminville qui habitait le château de L'Aumusse, vieille commanderie des Templiers, sise commune de Bâgé-le-Châtel, à 6 kilomètres de Mâcon. Le jeune Lamartine avait été recommandé, lors de son voyage en Italie, à M. Claude de la Poix de Fréminville, qui était alors auditeur au Conseil d'État, sous-préfet de l'arrondissement de Rome (1812). Il fut nommé ensuite sous-préfet à Foligno (1813), puis sous-préfet à Trévoux (Ain) 1815. Une véritable

nous transcrivons telle qu'elle est avec son orthographe et sa ponctuation :

Mâcon 25 janvier 1815

Je ne suis depuis deux mois Monsieur et très cher ami qu'à six lieues de vous, tous les jours j'y pense, tous les jours je sens le désir et le besoin d'aller vous voir, d'aller fortifier près de vous mon âme languissante et abattue, et je ne suis point parti encore, et je ne vous ai pas même écrit! Concevez vous un peu cet état là ? ce triste état d'apathie et de malaise moral qui nous rend à charge à nous même, et qui nous fait craindre de l'être aussi à nos plus chers amis ; tel est celui où je végète depuis mon retour ; y savez-vous quelque remède ? indiquez le moi; Aymon[1] m'abandonne ; je m'abandonne moi-même, je me laisse entraîner aux sots caprices de mon cœur, je ne les combats plus et ils deviennent bien vite des tyrans ; y a-t-il une philosophie assez vigou-

amitié ne tarda pas à naître entre notre poète et M. de Fréminville, amitié qui s'alliait, du côté de Lamartine, à un sentiment de respect dû à l'âge de son ami (ce dernier était son aîné de 10 ans) et à ses hautes conceptions philosophiques. M. de Fréminville s'occupait beaucoup de métaphysique et surtout de platonisme ; notre poète était un fervent disciple de ce Platonicien. Nous le verrons plus tard l'appeler « mon cher maître en Platon ».

1. Il s'agit de son ami Aymon de Virieu.

reuse pour me tirer de là? y en a-t-il une capable de relever un courage éteint par le malheur et les inquiétudes de la vie? vous qui connaissez ses secrets dites le moi. Si vous m'aimez écrivez moi quelque bonne et longue lettre. Parlez-moi de votre nouveau séjour, de vos occuppations, de vos loisirs,

> Si mes amis sont heureux
> Je serai moins misérable!

dites-moi surtout quand je pourrai aller passer une soirée avec vous à Trévoux et quel jour on est sûr de vous trouver. Voilà mon congé qui s'écoule, il faut que j'en profite, que je vous voie avant mon départ pour Paris! Avez-vous des nouvelles d'Aymon? il est plus paresseux que moi et cent fois moins excusable; grondez-le.

Adieu je n'essaye pas de vous écrire plus au long; les malheureux doivent peu parler; je vous embrasse avec une tendresse que vous ne connaissez pas, qui ne finira jamais, que tous ceux capables de vous connaître éprouveront, vivez heureux et content; ou du moins occuppé et tranquille; Point d'orages, point d'yvresse, voilà encore ce qu'on peut souhaiter de mieux; ce calme plat qu'on méprise étant jeune, devient plus tard l'objet et le terme de nos désirs; quand l'atteindrai-je? En attendant je flotte entre l'ennuy et le tourment des passions; mais je conserve du moins assez de raison pour mettre au dessus de tout votre amitié que la mienne mérite.

Alphonse de Lamartine
à Mâcon

En suscription au verso :

Monsieur
Monsieur de Fréminville sous-préfet
à Trévoux dépt de l'Ain.

Une longue lettre écrite de Trévoux à la date du 27 février 1815 par M. de Fréminville, qui en avait conservé le double, à son jeune ami Lamartine constate que celui-ci, dès ce moment, s'occupait de questions politiques. Il posait à M. de Fréminville ces questions :

Qu'est-ce qu'un ministre dans un gouvernement constitutionnel ?

Le ministre peut-il être considéré comme un pouvoir dans l'état ?

Comment un agent passif peut-il être responsable ?

Qui est-ce qui jugera les ministres ? Sera-ce le roi ou les chambres ou tous les trois réunis ?

Les évènements se précipitent. « Notre paix

n'a été qu'un songe [1], » s'écrie la mère du poète. L'empereur a débarqué de l'île d'Elbe. Au premier bruit de son arrivée à Paris, Lamartine y court. Il accompagne le roi jusqu'à Béthune, « avec des peines et des fatigues incroyables [2], » dit la mère. On avait cru jusqu'ici que le jeune garde du corps n'avait eu qu'à caracoler aux portières du carrosse qui emportait le souverain à la frontière.

Remercié et licencié, il rentre à Mâcon.

Les levées se succèdent : « Il fallait, dit-il
« plus tard, ou entrer dans les rangs des jeunes
« soldats mobilisés pour l'armée ou acheter un
« homme qui m'y remplaçât au service de l'Em-
« pire. Je ne voulus ni l'un ni l'autre. Je décla-
« rai à mon père que j'aimerais mieux mourir
« fusillé par les ordres de Bonaparte que de
« donner une goutte de mon sang ou une goutte
« du sang d'un autre au service et au maintien
« de ce que j'appelais la tyrannie. [3] »

La Suisse est neutre ; il y passe par la

---

1. *Le Manuscrit de ma mère*, p. 193.
2. *Idem*, p. 194. Il fit ce voyage avec un poète plus jeune que lui de six à sept ans, Alfred de Vigny.
3. *Les Confidences*, p. 326, 327, in-12.

Franche-Comté, grâce aux bons offices d'un ami de la famille, ancien émigré de l'armée de Condé, veuf d'une jeune femme de Mâcon, M. de Maizod. Celui-ci, qui habite Maizod, près Saint-Claude, le cache chez lui quelques jours, puis le fait gagner, sous un déguisement, par Saint-Cergues, la petite ville de Nyons où il est reçu au château du baron de Vincy, ancien officier au service de la France. Le jeune homme est en sûreté. Il parcourt à pied les plus belles, les plus sauvages parties de la Suisse, s'installe quelque temps chez un pêcheur du Chablais, fasciné par ce lac qu'il chantera plus tard en vers d'un souffle si puissant sous le titre de *Ressouvenir du lac de Léman*, heureux de vivre de cette vie nomade, à l'instar de Rousseau et dans les lieux mêmes qu'il a illustrés, entendant vaguement parler des deux grands poètes anglais Byron et Shelley, dont il a lu les premières œuvres avec ravissement et qui se trouvent en ce moment sur ces rivages, apercevant un jour au détour d'une route les figures si célèbres de Mme de Staël et de Mme Récamier.

Dans cette course un peu vagabonde, il n'oublie pas les devoirs de l'amitié. Il va voir, dans son joli ermitage de Bissy, près du lac du Bourget, à l'ombre de la Dent-du-Chat, son vieux camarade de collège, Louis de Vignet, et il lui adresse en le quittant la gracieuse épitre, *Adieu* :

Oui, j'ai quitté ce port tranquille[1].

Le canon de Waterloo a retenti. L'empereur est en fuite. Lamartine retourne à Paris reprendre son service auprès du roi. Il y retrouve son ami de Virieu, comme lui, garde du corps. Mais le métier de soldat ne plaît pas à notre poète ; il n'aime pas la vie de garnison ; son esprit toujours en éveil s'y trouve à l'étroit, cherchant vainement pâture ; il ne tarde pas à donner sa démission et se met en quête d'un emploi diplomatique.

En novembre, il est toujours à Paris n'ayant rien obtenu encore, écrivant quelques mots sur des matières politiques, ne pouvant trouver d'éditeur pour les publier : « Cela me prive de
« quelque argent dont j'aurais grand besoin,
« écrit-il, mais peut-être cela m'eût-il fait tort
« dans certains esprits qui aiment mieux les
« vérités de convention que les vérités absolues,

1. *Premières méditations poétiques.*

« qui pensent avec raison que toutes vérités ne
« ne sont pas bonnes à dire en tout temps[1]. »
Songeant à sa petite ville natale, à son académie
où il a de nombreux travaux à porter, à son oncle
de Montceau qui l'y a fait entrer, et le faisant
confident de son amour-propre, de ses espérances, il lui dit gentiment dans une lettre :

>Vous m'avez ouvert la carrière,
>Vous présidiez vous-même à mes premiers essais.
>Votre main, à la fois indulgente et sévère,
>Portant devant mes pas le flambeau qui m'éclaire,
>Corrigea mes erreurs, prépara mes succès.
>Un jour ces tendres soins auront leur récompense.
>Si le ciel me sourit, si le vent destructeur
>Ne vient pas dessécher mes rameaux dans leur fleur
>Et ravir au printemps sa fragile espérance,
>Cet arbre faible encore, par le vent agité,
>Grandissant sous vos yeux, par vos soins abrité,
>Portera vers le ciel sa tête vaste et sombre.
>Vous cueillerez ses fruits, vous aimerez son ombre
>Et vous direz : c'est moi qui l'ai planté[2].

Voilà un hommage bien flatteur pour l'oncle et
pour l'Académie, hommage qui vient corroborer

1. *Correspondance*, t. II, p. 74.
2. *Idem*, t. II, p. 76.

l'opinion que nous avons émise relativement au rôle que cette Académie a pu avoir sur le génie du poète mâconnais.

Au commencement de 1816, logé rue du Hasard, hôtel des Deux Ponts, il travaille toute la journée, fait quelques articles pour les journaux, gémit sur les fautes de son parti, « les « royalistes sans tache et sans tolérance, qui « repoussent de leur sein tout ce qu'ils pensent « moins blancs qu'eux... et qui veulent toujours « épurer, ainsi que firent jadis les Jacobins nos « ennemis, ce qui les coula bas[1], » et le soir fréquente les salons, fait sa cour, à la recherche de quelque sous-préfecture. Il est las de cette vie, exténué de bals, de soupers, et a l'échine rompue. « Rentrez dans vous-même, » écrit-il à son compatriote Vaugelas qui quémande quelque fonction dans le gouvernement. « Songez donc « qu'il n'y a que deux biens réels ici-bas : la « santé et la liberté ; que vous perdrez infaillible-« ment l'un et l'autre dans quelque carrière que « vous vous jetiez ; songez qu'aucun avantage « ne peut compenser ces trésors du sage ; et

---

1. *Correspondance*, t. II, p. 85.

« puisque la fortune, votre position, vos cir-
« constances vous en laissent le maître, gar-
« dez-vous de les sacrifier à cette absurde
« chimère qu'on appelle en France un état.
« Laissez-moi cela à moi, qui ne fais que des
« sottises qui me forcent à chercher là les
« moyens de les réparer, et aux imbéciles qui
« me ressemblent[1]. »

En juin, il est à Montculot, en train de « se radouber » chez son oncle l'abbé, plongé « dans
« le sein des Muses, ces divinités douces et con-
« solantes qui me mèneront peut-être à la
« sagesse, sinon à la gloire[2] ».

Il a quatre petits livres d'élégies et il va se remettre, dit-il, au grand ouvrage de sa vie; « si
« je réussis, je serai un grand homme, sinon la
« France aura un Cotin ou un Chapelain de
« plus. »

Le grand ouvrage, c'est probablement son *Clovis*, poème dont nous n'avons que le début dans les poésies inédites publiées en 1881.

Il porte, en effet, la date de 1816 et commence ainsi :

1. *Correspondance*, t. II, p. 82.
2. *Idem*, t. II, p. 97.

Je chante ce héros qui, des bords de la Seine,
Le premier, devant lui chassa l'aigle romaine,
Délivra la patrie et fonda dans Paris
La sainte foi du Christ et l'empire des Lys.

Béranger, lui aussi, à peu près au même âge, avait fait un *Clovis*.

CHAPITRE XI

(Août 1816 à Janvier 1818.)

JULIE

Lamartine malade à Aix. — M. C***. — Mme C*** à Aix. — *Invocation*. — *Le Génie*. — Mme C*** à Paris. — Lamartine passe auprès d'elle l'hiver, puis le printemps. — *L'Hymne au Soleil*. — *A El...* — *A Elvire*. — Lamartine à Péronne chez sa tante du Villard, puis à Aix. — Mme C*** ne peut s'y rendre. — *Le Lac*, première version ; les deux strophes retranchées. — La vraie Julie. — Son agonie. — *L'Immortalité*. — *Le Temple*. — Mort de Julie. — Amour-religion de Lamartine pour Julie. — Son influence sur sa poésie. Conséquences de sa mort. — Lamartine atteint de « la maladie du siècle » parmi « les inconsolés ».

Notre poète est sérieusement malade ; il a un engorgement du foie, des palpitations de cœur, des spasmes, des langueurs. Le docteur Pascal, de Saint-Sorlin, son voisin de campagne et l'ami de sa famille, prescrit les eaux d'Aix. Il y arrive à la fin d'août 1816.

Nous avons vu, par les lettres écrites à ses amis Virieu et Fréminville, dans quels tourments de l'âme il se trouve, quel pressentiment d'un amour ardemment rêvé, l'émeut et l'agite. Nous l'avons entendu évoquer une figure de femme idéale et s'écrier : « Je l'aimerais autant que nos « cœurs auraient pu aimer, autant que l'homme « sur la terre aima jamais. »

L'objet palpable de ce vague désir, il va le découvrir dans une jeune malade envoyée comme lui en Savoie.

M. C***, membre de l'Institut, avait souvent l'occasion de voir à Saint-Denis où ses devoirs de professeur l'appelaient, une jeune personne, enfant d'un militaire de l'empire, mort durant les guerres, et qui recevait là l'éducation et l'instruction données aux filles d'officiers supérieurs.

Le savant s'intéressa à l'orpheline ; âgé de près de soixante-dix ans, il n'avait jamais été marié. Il lui proposa, quand elle eut atteint l'âge de dix-huit ans, de lui donner son nom. La jeune fille accepta. Il eut pour elle toutes les prévenances, tous les soins les plus empressés. M. C*** était un vieillard charmant. Une bonne fortune a doté la ville de Cluny de son portrait ;

c'est un fort joli pastel dû à Pasquier, membre de l'Académie royale de peinture, donné au musée de la ville par Mme S... qui le tenait du frère de M. C***.

Ce portrait est conforme à celui qu'en termes un peu nuageux nous en fait Lamartine dans *Raphaël*. La physionomie est fine, intelligente, les yeux sont bleus, riants, expressifs ; le front est haut ; les cheveux blancs, rares sur le sommet de la tête, s'envolent en ailes de pigeon sur les tempes. Les lèvres sont minces, bien découpées, spirituelles, prêtes à décocher le trait. Vêtu d'un habit de soie de couleur grisâtre, il tient à la main droite un jonc à boule d'ivoire.

Sous la Monarchie et pendant la Révolution, logé d'abord au Louvre, puis, sous l'Empire et la Restauration, à l'Institut, il recevait ses confrères et les hommes distingués de l'époque et, parmi ces derniers : Mounier, Suard, Lainé, Rayneval, Lally-Tollendal, M. de Bonald. La jeune femme faisait les honneurs du salon du vieil académicien. M. de Bonald s'était pris d'affection pour cette enfant et tâchait de l'amener aux doctrines du catholicisme, dont son mari, libre-penseur, et la société qu'elle fréquentait, imbue de l'esprit sceptique du xviii⁰ siècle, la tenaient éloignée.

La santé de Mme C*** venant à s'altérer, on ordonne un changement d'air. On pense à la Savoie. M. C*** a un ami médecin à Aix; il envoie sa femme auprès de lui.

Comment le jeune Lamartine et Mme C*** s'y rencontrèrent-ils? Comment s'y firent-ils le mutuel aveu de leur amour?

> Demande à Philomèle
> Pourquoi, durant les nuits, sa douce voix se mêle
> Au doux bruit des ruisseaux sous l'ombrage roulant[1].

L'adolescent incarna ses aspirations dans la jeune femme. Est-il surprenant qu'elle ne soit pas restée insensible à cette adoration? Est-ce un ange, est-ce une femme, il l'ignore et l'invoque :

> O toi qui m'apparus dans ce désert du monde
> Habitante du ciel, passagère en ces lieux...
> ....
> Dis-moi quel est ton nom, ton pays, ton destin.
> Ton berceau fut-il sur la terre,
> Ou n'es-tu qu'un souffle divin...

1. *Nouvelles méditations poétiques*, Le poète mourant.

Ah! quel que soit ton nom, ton destin, ta patrie,
O fille de la terre ou du divin séjour,
    Ah! laisse-moi toute ma vie
    T'offrir mon culte ou mon amour [1].

Mme C*** est une mortelle, une mortelle amie de M. de Bonald. Celui-ci représentait l'ultramontanisme, l'intransigeance en matière de religion. Mais comme notre poète veut plaire : « Ma récompense, dit-il plus tard, était dans le « sourire que j'obtiendrais le lendemain de mon « idole [2], » il compose son ode, *Le Génie* [3], qu'il adresse au grand catholique.

L'été, l'automne se passent. Mme C*** part, va rejoindre son mari. Le jeune homme veut la suivre. Mais comment faire? Pas d'argent. Si Virieu était à Paris, il lui demanderait la moitié de sa chambre. Par malechance, il est à Rio de Janeiro avec M. de Luxembourg. Le pauvre amoureux se morfond à Milly, puis à Mâcon; un soir, il ouvre un journal, y voit que le duc de Luxembourg est de retour avec sa suite. Vite il écrit à son ami : « Je brûle d'impatience de

---

1. *Premières méditations poétiques*, Invocation.
2. *Idem*, Commentaire du Génie.
3. *Idem*.

« t'aller embrasser. Rien n'a changé en bien
« dans ma position pendant ces huit mois. Mon
« cœur seul a changé, hélas ! il était plus heu-
« reux à ton départ[1]. » Et il le met dans la confidence et ajoute : « Ecris-moi dans ta première
« lettre que tu m'engages à venir à Paris, que
« tu pourras peut-être m'être utile, m'aider à me
« caser dans quelque bonne sous-préfecture, cela
« engagera beaucoup mon père à me donner les
« moyens d'y aller en effet[2]. »

Virieu est compatissant ; il lui offre l'hospitalité au grand hôtel Richelieu, rue Neuve-Saint-
Augustin, n° 15, où il habite, et sa bourse aussi
probablement. Plus d'obstacles. La mère dit à la
famille que « Alphonse est sollicité par la diplo-
matie ». A la fin de décembre, il est auprès de
Julie. « Voilà nos gens rejoints ! »

Mme C*** présente à son mari et aux personnes
de son entourage son jeune ami, son voisin
d'Aix, l'auteur du *Génie*. Ils passent toutes les
soirées de cet hiver ensemble. Pendant la journée, l'heureux amant travaille dans la petite
chambre de l'hôtel Richelieu où l'a installé

1. *Correspondance*, t. II, p. 99.
2. *Idem*, t. II, p. 101.

Virieu. Il s'occupe surtout d'histoire et d'économie politique, de questions constitutionnelles avec Mounier et Rayneval; il lit Thucydide, Démosthène, Cicéron, Tacite et les orateurs anglais Pitt et Fox dans l'original. Il ne néglige pas la poésie, se lie d'amitié avec Manoël exilé de sa patrie; ce poète lui inspire l'*Ode à la Gloire*, qu'il va lire tout à l'heure à ses collègues de l'Académie de Mâcon.

Mai arrive, doux, clément. C'est un délice pour nos amants de s'échapper, l'un du noir Institut, l'autre de la rue Neuve-Saint-Augustin, de prendre leur vol vers les forêts de Saint-Cloud, de Meudon. Le poète, malade encore du foie, aspire à pleins poumons la sève printanière; Julie s'enivre, en païenne qu'elle est alors, des émanations de la féconde nature. Et alors jaillit l'*Hymne au Soleil*, d'une facture si large, d'un souffle si lucrécien, qui a pu inspirer les plus beaux vers de Leconte de Lisle, hymne baigné en même temps d'une exquise tendresse.

C'est le temps aussi des douces causeries, des confidences échangées; c'est l'heure de la délicieuse élégie, *A El...* :

Lorsque seul avec toi, pensive et recueillie,
Tes deux mains dans les miennes, assis à tes côtés,
....

toute pleine de la poésie épicurienne d'Horace,
de volupté inquiète, de joie craintive de l'âme.
C'est l'amant au comble du bonheur, qui ne
peut croire à tant de félicité, qui s'effraie :
C'est l'amante qui tremble pour le bien-aimé
souffrant encore et le réchauffe de ses baisers :

> Tu me presses soudain dans tes bras caressants,
>   Tu m'interroges, tu t'alarmes,
> Et je vois de tes yeux s'échapper quelques larmes
> Qui viennent se mêler aux pleurs que je répands.
>
> De quel ennui secret ton âme est-elle atteinte ?
> Me dis-tu ; cher amour, épanche ta douleur ;
> J'adoucirai ta peine en écoutant ta plainte
> Et mon cœur versera le baume dans ton cœur[1].

C'est l'heure où il lui soupire les vers à
Graziella, la petite cigarière, oubliée maintenant :

> Oui, l'Anio murmure encore
> Le doux nom de Cynthie aux rochers de Tibur,
> ....

---

1. *Nouvelles méditations poétiques.*

vers où il inscrit le nom de la bien-aimée et la fait entrer dans l'immortalité :

Mais les siècles auront passé sur ta poussière,
    Elvire, et tu vivras toujours [1] !

Hélas ! il leur faut s'éveiller bientôt de cette douce ivresse. La pauvre mère veut revoir son fils ; le père, dont les vignes viennent d'être saccagées par la grêle, ne veut plus envoyer d'argent. L'amoureux n'a qu'un souffle : « Je n'étais plus, « dit-il plus tard, sous un visage pâle et amai- « gri, qu'une flamme brûlant sans aliment. Cette « flamme menaçait de consumer son propre « foyer [2]. » Julie elle-même envoie son médecin, conjure son amant d'aller respirer l'air natal et de la quitter, « aux dépens même de son bonheur [3]. » Il se décide enfin quand elle lui a donné rendez-vous à Aix pour le mois d'août prochain.

Le 9 mai, il est à Moulins écrivant à Virieu qu'il a laissé à Paris : « Plus je m'éloigne de « vous, plus je suis triste et obligé de m'étour-

---

1. *Premières méditations poétiques*, A Elvire.
2. *Raphaël*, p. 183.
3. *Idem*, p. 183.

« dir pour ne pas succomber à l'excès de mes
« chagrins de tout genre[1]. » Et il lui glisse,
sous l'enveloppe, une petite lettre, dont l'ami
connaissait bien la destinataire.

« Je passai l'été seul, au fond d'une vallée
« déserte, dit-il plus tard, dans d'âpres mon-
« tagnes où mon père avait une petite métairie
« cultivée par une famille de laboureurs. Ma
« mère m'y avait envoyé et confié aux soins de
« ces braves gens pour y prendre l'air et le lait[2]. »
Cela n'est pas tout à fait exact; ce n'est pas
dans une métairie de son père qu'il se trouvait,
c'est dans un domaine sis à Péronne, près
Lugny, appartenant à la chanoinesse du Villard.
Cette bonne tante est heureuse d'y recevoir son
préféré. Le trouvant sombre, ténébreux, elle
s'ingénie à le distraire. Elle a une petite bibliothèque qu'elle met à sa disposition, mais il ne lit
guère cet été-là que certaines lettres qui lui
viennent de Paris[3].

1. *Correspondance*, t. II, p. 108.
2. *Raphaël*, p. 190.
3. Ces lettres ont-elles été brûlées, comme le dit *Raphaël*, ou existent-elles encore, « recueillies près du manuscrit de sa « mère dans un tiroir secret de la table du cabinet de Saint- « Point, » comme le dit M. Alexandre dans ses *Souvenirs de*

Août arrive enfin. C'est l'heure. Julie obtient du médecin de Paris qui a soigné le jeune homme une ordonnance prescrivant une saison à Aix. Cette ordonnance est mise sous les yeux du père et de la mère. Hélas! pas d'argent encore cette fois! La mère, dont le cœur est ingénieux autant qu'inépuisable, vendit-elle, pour ce voyage, le petit bouquet de charmilles qui est au coin nord du jardin de Milly, ainsi que le dit *Raphaël*? Cela est possible ; des charmilles ont pu être replantées au même endroit. Mais le prix de ces arbres aurait mis bien peu de louis dans la poche de l'enfant gâté. Quoi qu'il en soit, le 20 août, il est à Aix. Personne! Il tue le temps, passe parfois ses journées à Chambéry chez son ami de Vignet, où les de Maistre sont réunis. On l'accable de prévenances, de musique. Mais il n'en a cure : « Mon cœur, « écrit-il à Virieu, est trop malade[1]. »

La mère est heureuse de le sentir au milieu de la famille de Maistre, auprès de Louis de Vignet

---

Lamartine? Ce n'est pas à nous de soulever le voile qu'a voulu étendre Lamartine sur cette correspondance. C'est à Mme Valentine de Lamartine seule de le faire.

1. *Correspondance*, t. II, p. 114.

qu'elle a en haute estime, qui est pour son fils une précieuse relation. « Ce jeune homme a un « esprit supérieur, écrit-elle dans son journal, « beaucoup de talents jusqu'ici enfouis comme « ceux que je suppose à mon fils et, comme lui, « beaucoup de mélancolie. Il me rappelle la « figure que je prêtais à Werther de Gœthe; « mais il a, comme sa famille, beaucoup de reli- « gion. Cette amitié, sous ce rapport, me fait « plaisir pour mon fils ; il a bien besoin de bons « exemples de foi positive, car sa religion, trop « libre et trop vague, me paraît moins une foi « qu'un sentiment[1]. »

Nous sommes en septembre. Personne encore. L'amant attend, se dévore. Il écrit le 16 à une amie, M{{lle}} de Canonge, « d'une main tremblante « de la fièvre... Je suis anéanti... Je n'en puis « plus[2]. »

Julie ne viendra pas. Sa santé, qu'avaient raffermie le grand air des montagnes, puis aussi la douceur d'aimer et de se sentir aimée et le bonheur d'avoir auprès d'elle l'objet de son amour, sa santé, dis-je, était redevenue languis-

---

1. *Le Manuscrit de ma mère*, p. 198.
2. *Correspondance*, t. II, p. 116.

sante lorsqu'il lui fut ravi. En août, en septembre. le mal empira. Les médecins consultés ne permirent pas le voyage.

C'est alors que, entre le 16 et le 23 septembre 1817, le poète jette l'immortel cri du *Lac*, cri sublime qui a retenti dans tous les cœurs, d'une douceur, d'une tristesse infinie, mouillé des larmes des choses mêlées aux larmes humaines. *Le Lac* est un chant païen encore, comme celui des *Elégies* à Graziella, mais il est émouvant comme un chœur d'Eschyle, comme un appel aux divinités bienfaisantes de la terre et des eaux. Notre poète, dans un petit coin de la Savoie, associe à son amour, au souvenir d'une soirée d'été, puis à sa douleur, toutes les puissances de la nature; il leur donne une âme, les évoque et elles répondent à sa voix.

Voilà des accents que ne connaissait guère la poésie française !

Mme Valentine de Lamartine a publié la première version du *Lac*. Elle est datée d'Aix-en-Savoie, septembre 1817 et intitulée : *Ode au lac du B...* Elle contient plusieurs variantes de peu d'importance, mais renferme une addition d'un grand intérêt.

Après le vers :

> Il coule et nous passons !

se trouvent les deux strophes suivantes supprimées dans l'édition définitive :

> Elle se tut ; nos cœurs, nos yeux se rencontrèrent.
> Des mots entrecoupés se perdaient dans les airs,
> Et dans un long transport, nos âmes s'envolèrent
> Dans un autre univers.
>
> Nous ne pûmes parler ; nos âmes affaiblies
> Succombaient sous le poids de leur félicité,
> Nos cœurs battaient ensemble et nos bouches unies
> Disaient éternité !
>
> Juste ciel ! se peut-il que ces moments d'ivresse
> . . . .

Plus loin, au lieu de : « ces extases sublimes, » est la variante si significative : « ces délices sublimes. »

Ainsi est expliqué le caractère vrai de l'amour de Lamartine et de Julie.

Ce ne sont pas les deux êtres séraphiques, creux, les deux ombres qui promènent leur silhouette vague, éthérée dans *Raphaël*.

Ce n'est pas Julie qui déplaisait tant à Saint-Marc Girardin, « cette Julie à la fois frêle et « ardente, passionnée comme une créole et « chaste comme une malade, enivrant son âme « sans scrupule parce qu'elle sait qu'il n'y a en « elle que l'âme qui puisse s'enivrer, mettant « dans tous ses sentiments je ne sais qu'elle mys- « ticité voluptueuse qui touche à l'indécence et « qui en prend presque le langage quoiqu'elle « en rejette les instincts[1]. »

Non, c'est une femme jeune, sensible comme toutes celles de sa génération, dont le cœur encore n'a pas battu et qui s'ouvre à l'amour sous le souffle d'une poésie savoureuse, nouvelle que lui soupire un jeune homme qui l'aime. Elle est femme, elle l'aime; elle s'abandonne, parce qu'elle aime et qu'elle est aimée.

C'est Lamartine, à vingt-six ans, d'une imagination ardente, féru d'idéal, et de désirs aussi, qui, un jour, découvre l'objet de ses rêves dans une personne qu'il rencontre, qui l'adore comme une idole, mais qui a des sens et qui, sous l'idole, trouve la femme.

---

1. *Cours de littérature dramatique*, t. IV, p. 121, 122, in-12. Charpentier.

C'est l'amour vrai parce qu'il est humain.

M. Alexandre ne peut pas prendre son parti de cet amour-là ; il veut, à toute force, séraphiser : « Le baiser sous les étoiles, dit-il, n'est « pas un péché. C'est l'ivresse idéale ; il a de « la terre et du ciel[1]. »

Le 23 septembre, notre malheureux amant est au Grand-Lemps, chez son ami Virieu, ne pouvant écrire qu'un mot à Mlle de Canonge, tant il est faible : « Voici, mademoiselle, un vrai bulle-« tin, car mes forces ne vont pas au delà ; j'ai « la fièvre presque continuelle depuis quinze « jours[2]. »

Au commencement d'octobre, nous le retrouvons à Bourgoin plus calme, presque rasséréné, y faisant l'*Ode aux Français*.

> Peuple ! des crimes de tes pères
> Le ciel punissant tes enfants...[3] »

Cette ode est, en politique, ce que l'*Ode au Génie* est en religion : l'apologie des siècles passés. C'est de Lamartine du droit divin, de

---

1. Mme *Alphonse de Lamartine.*
2. *Correspondance*, t. II, p. 117.
3. *Premières méditations poétiques.*

Lamartine garde du corps, ami des Rohan et des Montmorency.

Enfin, au milieu d'octobre, il arrive à Milly; il reçoit des nouvelles de Paris de plus en plus inquiétantes. « Je suis plus que jamais, écrit-il
« à Mlle de Canonge, sa confidente, dans
« l'extrême de la souffrance, de la tristesse et
« du malheur, et je n'espère plus de remède à
« tout cela que le remède universel... Le monde
« m'est en horreur; j'y suis mal et il me fait
« mal; le monde ne convient qu'aux heureux ou
« aux malades d'imagination. Je ne trouve un
« peu de repos que dans une complète solitude
« qui m'accoutume peu à peu à toutes les idées
« d'éternelle séparation auxquelles il faut que
« je m'habitue...; un homme surchargé d'ennuis
« et ne voulant plus se rattacher à rien dans le
« monde n'est plus un homme, c'est presque
« une ombre[1]. »

Quelques jours après, nouvelle lettre plus désolée encore. Nous assistons aux douloureuses péripéties du dénouement qui approche.

« Rien n'a changé qu'en pis dans ma déplo-

---

1. *Correspondance*, t. II, p. 123.

« rable situation. La personne que j'aime le
« plus au monde se débat depuis sept semaines
« dans les horreurs d'une affreuse agonie et je
« suis ici dans l'absolue impossibilité d'aller
« auprès d'elle[1]. »

Et encore :

« Rien n'a changé qu'en plus mal dans la
« santé de la personne dont je vous ai parlé et
« je ne puis, à chaque courrier, attendre que
« la confirmation de mon malheur ou recevoir
« les détails d'un état pire que la mort ; elle
« serait un bienfait pour tous deux et j'en suis
« à cet excès de la désirer pour elle et pour
« moi[2]. »

Et la douleur éveille en son âme un sentiment nouveau :

« Ma résignation pour tous les évènements de
« ce monde est complète parce que mes espé-
« rances dans un avenir inconnu, mais meilleur,
« sont une conviction pour moi ; la vie, sans
« cela, serait un supplice auquel il serait trop
« facile de se soustraire. Je ne la regarde que
« comme une épreuve par laquelle il faut passer

1. *Correspondance*, t. II, p. 125.
2. *Idem*, t. II, p. 128.

« jusqu'au terme, et ce terme arrive bientôt
« quand on a perdu tout ce qui attachait à la
« vie [1]. »

C'est à ce moment, en novembre 1817, c'est de son cher Milly, de sa montagne du Craz, qu'il adresse à Julie, à Julie qui va mourir, cette sublime interrogation sur la destinée humaine qu'il a nommée *L'Immortalité*.

Cette méditation est le commentaire, et quel commentaire! de la lettre qui précède : « Mes « espérances dans un avenir inconnu, mais « meilleur, sont une conviction pour moi ». Aussi la mort ne l'effraie plus ; il y court, il y vole :

Je te salue, ô mort! Libérateur céleste.
....
Tu n'anéantis pas, tu délivres ! ta main,
Céleste messager, porte un flambeau divin...
....
Et l'espoir, près de toi, rêvant sur un tombeau,
Appuyé sur la foi, m'ouvre un monde plus beau.

Douter de ce monde meilleur, ce serait un blasphème, un crime de lèse-amour :

1. *Correspondance*, t. II, p. 128, 129.

J'aime, il faut que j'espère...
....
Au néant destinés,
Est-ce pour le néant que les êtres sont nés ?
....
Après un vain soupir, après l'adieu suprême,
De tout ce qui t'aimait n'est-il plus rien qui t'aime ?
Ah ! sur ce grand secret, n'interroge que toi !
Vois mourir ce qui t'aime, Elvire, et réponds-moi[1] !

C'est la croyance à l'immortalité de l'âme qui s'ébauche dans l'esprit du poète, sentiment spiritualiste, platonicien plutôt que chrétien, auquel il va donner plus d'ampleur dans *La Prière* et surtout dans *La mort de Socrate.*

Ici, la doctrine de l'immortalité de l'âme est d'une nature toute particulière ; le poète croit parce qu'il aime : « J'aime, il faut que j'es- « père... ; » l'homme ne peut mourir parce qu'il aime, parce qu'il est aimé. C'est le rachat de l'âme par l'amour : « Faire dépendre ainsi la « croyance ou plutôt la philosophie de l'univers « d'un sentiment aussi contingent que l'amour, « observe finement un savant professeur de « l'Université, c'est compromettre l'espèce de

---

1. *Premières méditations poétiques.*

« preuve que paraissait fournir l'instinct. Si
« Lamartine n'aimait pas, n'aurait-il plus ni foi
« ni espérance? On regrette de voir glisser en
« madrigal un poème d'une aussi incontestable
« beauté[1]. »

La première version de *L'Immortalité* qui nous est donnée dans les poésies inédites offre quelques variantes ; elle est plus intime et débute ainsi :

> Le soleil de nos jours pâlit dès son aurore,
> O ma chère Julie......................
> ....

L'interrogation y est plus amère. La plainte qui va avoir toute son intensité dans *Le Désespoir* et dans l'épître *à Byron* se fait timidement entendre ici. Déjà la blessure saigne ; l'amant va perdre tout ce qu'il aime et il a bien de la peine à se résigner !

Après ce vers :

> Est-ce pour le néant que les êtres sont nés ?

se trouvent ceux-ci qui ont été supprimés plus tard :

---

1. *Étude sur « l'Immortalité »*, par M. MABILLEAU, in-12, Hachette, 1888.

Non, cet être parfait, suprême intelligence,
A des êtres sans but n'eût pas donné naissance ;
Non, ce but est caché, mais il doit s'accomplir,
Et ce qui peut aimer n'est pas fait pour mourir.
Et cependant, jeté dans les déserts du monde,
L'homme, pour s'éclairer dans cette nuit profonde,
N'a qu'un jour incertain, qu'un flambeau vacillant
Qui perce à peine l'ombre et meurt au moindre vent...

Et la méditation finit ainsi :

Ainsi l'homme flottant de misère en misère,
Du berceau dans la tombe, achève la carrière.
Et du temps et du sort, jouet infortuné,
Descendant au tombeau, dit : « Pourquoi suis-je né ? »
Pourquoi ? Pour mériter, pour expier peut-être,
Et puisque tu naquis, il était bon de naître.

Dans ces heures d'angoisse, un soir, il descend le petit sentier pierreux qui le conduit à Bussières, passe devant le presbytère du futur Jocelyn et entre dans la vieille église

Dont la mousse a couvert le modeste portique.

Il s'agenouille : « une image se plaçait tou-
« jours entre Dieu et moi ; j'éprouvai le besoin

« de la consacrer[1], » et il écrit *Le Temple* :

Non, je ne rougis plus du feu qui me consume ;
L'amour est innocent quand la vertu l'allume...
....
Je l'ai dit à la terre, à toute la nature ;
Devant les saints autels, je l'ai dit sans effroi ;
J'oserais, Dieu puissant ! la nommer devant toi.
Oui, malgré la terreur que ton temple m'inspire,
Ma bouche a murmuré tout bas le nom d'Elvire[2].

Les nouvelles de Paris sont meilleures ; il y a une lueur d'espoir.

« La position déplorable de la personne qui
« m'inquiétait tant, écrit-il le 23 novembre à
« l'amie dévouée, vient de changer en mieux et
« j'ai reçu la nouvelle d'une convalescence au
« moment où je n'attendais plus rien que de
« funeste. Mais je ne puis cependant me livrer
« à une joie tranquille, car les médecins, tout
« en m'annonçant le mieux, me laissent toute
« inquiétude pour l'avenir[3]. »

Durant cette accalmie, notre poète reprend ses études, adresse à l'ombre de Victor Alfieri

---

1. Commentaire de la Méditation : *le Temple*.
2. *Premières méditations poétiques*.
3. *Correspondance*, t. II, p. 132, 133.

des stances d'un grand souffle reproduites dans les poésies inédites, et retourne à ses travaux de l'Académie de Mâcon.

A la séance du 19 décembre, il est nommé membre d'une commission chargée de désigner un sujet de prix de poésie.

Il y lit ce jour-là l'*Ode à la Gloire* qu'il avait composée à Paris, l'hiver précédent, à l'adresse de Manoël.

« Il rappelle à ce poète poursuivi par l'adver-
« sité, dit le procès-verbal des délibérations,
« que la fortune ne peut rien sur l'âme des fils
« d'Apollon, qu'ils ne vivent que dans la
« gloire. »

Les appréhensions de l'amant étaient fondées. Le mieux ne fut que passager. Julie s'éteignit, à Paris, à la fin de l'année 1817.

« Pendant treize mois, dit M. de Mazade,
« Lamartine fut tout entier à une de ces pas-
« sions que les absences et les obstacles
« enflamment au lieu d'attiédir, qui font éprou-
« ver à une âme humaine toutes les poignantes
« voluptés de la vie ; Graziella n'est qu'un
« éblouissement d'adolescence sous un ciel

« plein de fascinations; Elvire ou Julie, c'est
« l'astre brûlant et mystérieux, se levant sur le
« cœur d'un jeune homme de vingt-six ans et
« réveillant en lui toutes les puissances inté-
« rieures..... C'est ce qui achevait en lui le
« poète; désormais, il avait senti, il avait
« aimé...; il portait la source d'une nouvelle et
« pathétique inspiration[1]. »

L'amour de Lamartine pour Julie fut, en effet, une crise et une crise bienfaisante. Sa poésie devait, dorénavant, exprimer des émotions vécues. Julie fut sa Laure, sa Béatrice, son Eléonore; elle fut davantage encore : « Dieu et
« elle, dit-il plus tard, se confondaient si com-
« plètement dans mon esprit que l'adoration où
« je vivais d'elle devenait aussi une perpétuelle
« adoration de l'Etre divin qui l'avait créée. Je
« n'étais qu'un hymne et il n'y avait pas deux
« noms dans mon hymne, car Dieu c'était elle
« et elle c'était Dieu[2]. » Sainte-Beuve ne se trompait pas quand il disait qu'il y avait là « comme une religion ». Oui, ce fut un culte, et l'objet de ce culte était si pur, si sacré aux

1. *Revue des Deux-Mondes*, 1870.
2. *Raphaël.*

yeux de l'amant que nous l'avons vu l'évoquer jusque dans un sanctuaire et que, devenu père, nous le verrons donner le nom de la bien-aimée à une fille chérie.

Si cet amour était sans tache, il devait être sans fin. Aussi, quand Julie lui est ravie, c'est un déchirement; il est (il le dit lui-même) « comme une âme aveugle qui a perdu la « lumière du ciel et qui ne se soucie plus de « celle de cette terre ». Il se fait en lui la révolution qui brisa le cœur de Jouffroy dans cette nuit fatale où s'engloutit la foi de son enfance. « Il sent sa vie, sa première vie si riante, si « pleine, s'éteindre et, derrière lui, s'en ouvrir « une autre, sombre et dépeuplée, où, désor- « mais, il va vivre seul[1]. »

Le voilà en proie au mal du siècle si éloquemment défini par M. Taine[2]. Il le connaissait bien ce mal par Chateaubriand, Byron et Shelley. Ces grands ténébreux avaient assombri parfois ses heures de vagues rêveries; mais ils avaient eu peu de prise sur son âme essentiellement

---

1. *Nouveaux mélanges philosophiques*, p. 84, in-12, Hachette.
2. *Histoire de la littérature anglaise*, t. III, p. 425, 426, in-8°, Hachette.

optimiste et qui s'était, jusqu'à ce jour, épanouie en pleine félicité païenne. Maintenant que le malheur l'a frappé, il va être de son temps et de la phalange des inconsolés.

Cette maladie, qui n'est que la lassitude du présent, le besoin d'un bonheur idéal, le désir de l'au-delà, n'était pas chose inconnue dans les annales de l'humanité. Il y a dix-huit siècles, même angoisse avait saisi le monde ancien, et le christianisme naissait.

Dès le siècle dernier, cette aspiration, cette soif d'une vérité nouvelle, d'un évangile nouveau qui est l'essence du grand mouvement intellectuel au XIXe siècle, qu'on a appelé le romantisme, couvait en France et en Angleterre. Le romantisme eut, dans ces deux pays, des précurseurs.

CHAPITRE XII

LE ROMANTISME — LE POÈTE DANS SON TEMPS

I. — Les précurseurs du romantisme. — En France : Rousseau et Bernardin de Saint-Pierre. — En Angleterre : Thompson, Gray, Young, Burns, Cowper.

II. — Le romantisme. — En Allemagne : Schiller et Goethe ; — En France : Mme de Staël et Chateaubriand ; — Chénier, dernier poète de la pléiade ; — En Angleterre : les lakistes : Southey, Coleridge et Wordsworth ; — Keats, Shelley, Byron.

Lamartine au milieu du mouvement intellectuel moderne ; sa nature impressionnable, assimilatrice mais optimiste ; son spiritualisme.

I

LES PRÉCURSEURS DU ROMANTISME

EN FRANCE

C'est J.-J. Rousseau qui donne le branle et prend la tête du mouvement d'initiation. Il crée l'homme sensible. C'est aux impulsions du cœur qu'il faut obéir; sensibilité, sentiment, voilà la faculté maîtresse qui doit nous diriger. C'est elle qui nous conduira à l'amour, à l'amour tel que Dieu l'a fait et qui régira les rapports entre les deux sexes.

Arrière l'amour du xviie siècle, privilège des classes nobles, règlementé comme un cérémonial, haute galanterie où les observances d'une politesse compassée ont plus de part que les inclinations naturelles;

Arrière l'amour du xviiie siècle, froid libertinage ou marivaudage quintessencié; arrière les conventions sociales, les castes; pourquoi deux êtres qui s'aiment ne céderaient-ils pas aux impulsions de leurs cœurs? L'ouvrière vaut la duchesse et la *Nouvelle Héloïse*, a dit spirituellement un critique contemporain, « est le songe d'une nuit d'été d'un maître d'études [1]. »

Plus encore que le véritable amour, Rousseau découvre la poésie de la nature, et l'associe à la vie de l'homme.

C'est lui qui inaugure l'avènement du moi moderne, véritable caractéristique de la rénova-

---

1. M. Faguet, *Etudes sur le XVIIIe siècle*.

tion nouvelle; tous ses ouvrages en portent la trace; tous parlent de l'histoire de sa vie ou de l'histoire de son âme. Chateaubriand et Byron, sous ce rapport, sont bien ses élèves.

Avec lui enfin commence la renaissance spiritualiste; non pas qu'il admette les dogmes chrétiens, mais il accepte, comme il le dit : « cette religion pure, sainte, éternelle comme son auteur, que les hommes ont souillée en feignant de vouloir la purifier. »

Bernardin de Saint-Pierre est un précurseur aussi. Il procède de Rousseau et il va fournir à Chateaubriand quelques tons de sa palette; mais il n'aura pas la puissance et l'éclat de ce dernier. Il mêlera toujours à ses descriptions et à ses pensées une certaine mièvrerie, un certain mysticisme extatique, une douceur et des câlineries chrétiennes qui feront pâmer les âmes rêveuses tout endolories des négations du xviiie siècle, mais qui lui attireront de la critique moderne les épithètes de « baderne sentimentale » et de « vieux bénisseur[1] ».

---

1. M. Augustin Filon, *Revue bleue* du 28 février 1891.

EN ANGLETERRE

Le sentiment de la nature et le sentiment religieux, si vifs chez les Anglais, les prédisposèrent aux revendications du siècle naissant, et Thompson, ce peintre à la touche si large et si lumineuse, ce philosophe aux accents si passionnés, qui rêvait pour ses semblables les perspectives de l'âge d'or, devança Rousseau dans les visées modernes.

Après lui, l'homme sensible sévit en Angleterre, bafoué par le gros rire si sain de Fielding; c'est Richardson avec son héros Grandisson, personnage pudibond, sermonneur, farci de cant, un cuistre; c'est Macpherson et son *Ossian;* c'est Gray, Akenside, Beattie, trio dolent et prêcheur; c'est Young et ses *Nuits*.

« Mettre en vers la philosophie chrétienne, dit
« M. Taine, n'est-ce pas une des plus grandes
« idées modernes? Young et ses contemporains
« disent d'avance ce que découvrirent Chateau-
« briand et Lamartine. Les anges et les autres
« machines célestes fonctionnent depuis long-
« temps en Angleterre avant d'aller infester le

« *Génie du Christianisme* et les *Martyrs*. Atala
« et Chactas sortent de la même fabrique que
« Malvina et Fingal. Si M. de Lamartine lisait
» les odes de Gray et les réflexions d'Akenside,
« il y retrouverait la douceur mélancolique,
» les beaux raisonnements et la moitié des idées
« de son propre génie[1]. »

Lamartine a lu les auteurs dont parle M. Taine, il les a étudiés, mais il y a chez lui autre chose que ce qu'on trouve chez Gray, Akenside et consorts.

Puis c'est un paysan d'Ecosse, Robert Burns, tout d'instinct, de primesaut, parfois bas, parfois sublime, incohérent, détraqué, flirtant aujourd'hui avec une jeune fermière, lui faisant de jolis vers, demain vociférant des chants révolutionnaires ; parfait héros d'un drame de jeunesse de Victor Hugo.

Puis enfin un faible doux, les délices de Sainte-Beuve qui lui a consacré une longue étude dans ses Lundis, toute chaude d'affection intime, William Cowper, le poète du « home », qui aime la musique des cloches du village, la

---

1. *Histoire de la littérature anglaise*, t. III.

campagne autant que Rousseau. A l'encontre de ce dernier, « qui vit et habite dans un intérieur souillé, » il unit le sentiment de la famille et du foyer avec celui de la nature ; poète pot au feu, mitonné, « coddled, » comme l'appelle Byron, il est bon, indulgent à l'homme, à l'humanité, aux animaux eux-mêmes. On connaît sa passion pour ses trois lièvres : Puss, Tiny et Bess.

II

LE ROMANTISME

EN ALLEMAGNE

Après les initiateurs, voici venir les chefs du romantisme eux-mêmes. C'est l'Allemagne qui donne le signal de la révolution intellectuelle des temps nouveaux. C'est Schiller, c'est Goethe qui ouvrent la marche des émancipateurs.

Goethe est le grand pêcheur d'hommes ; s'il est le destructeur des vieux dogmes, il représente aussi l'aspiration ardente vers l'inconnu, vers l'infini, le rêve de destinées plus hautes. Si *Prométhée* et *Faust* agitent des problèmes qui sont poignants à l'âme, ils lui sont aussi un aliment vivifiant. Ces deux œuvres immortelles sont le *sursum corda* de l'humanité.

Lamartine, nous l'avons vu, avait étudié la littérature allemande et les œuvres de Gœthe en particulier; mais il avait une prédilection pour *Werther* qu'il lisait assidûment et qu'il citait à tout propos. Il en parle encore à la fin de sa vie et lui attribue une grande influence sur ses contemporains et sur lui-même. « Ce livre, dit-
« il, a été l'origine et le type de toute une litté-
« rature européenne qui a bouleversé, pendant
« plus d'un demi-siècle, les imaginations saines
« et fortes de l'Occident. La *Corinne* de Mme de
« Staël, le *René* de Châteaubriand, le *Lara* de
« lord Byron, les mélancolies de nos propres
« poésies françaises depuis André Chénier jus-
« qu'à nos poètes d'aujourd'hui, à l'exception de
« Béranger et de Musset, poètes de réaction et
« d'ironie contre le sérieux des âmes, toutes ces
« œuvres sont de la famille de *Werther*. Quant
« à moi, je ne m'en cache pas, *Werther* a été
« une maladie mentale de mon adolescence poé-
« tique; il a donné sa voix aux *Méditations poé-*
« *tiques* et à *Jocelyn;* seulement, la grande

« religiosité qui manquait à Goethe et qui sura-
« bonde en moi a fait monter mes chants de
« jeunesse au ciel au lieu de les faire résonner
« comme une pelletée de terre sur une bière
« dans le sépulcre d'un suicidé[1]. »

En France et en Angleterre, le mouvement nouveau est simultané.

EN FRANCE

Au seuil de l'école romantique française et sans qu'elle y entre, brille au déclin du xviiie siècle, comme une stèle antique au soleil couchant, l'œuvre exquise d'André Chénier.

Né à Byzance, d'une mère grecque, il reçoit d'elle les sentiments du plus pur paganisme. Venu tout jeune dans le Languedoc, pays de son père, André mène aux champs une vie de pasteur au milieu de jolis coteaux. Dès le collège, il traduit des fragments de *Sapho* et les *Bucoliques* de Virgile.

Nommé sous-lieutenant en garnison à Strasbourg, à ses moments perdus, il fait des vers,

---

1. *Cours familier de littérature*, 38e entretien, p. 102.

lit l'anthologie grecque, se dégoûte vite du métier des armes, donne sa démission, compose des idylles,

> et savoure à longs traits
> Les muses, les plaisirs et l'étude et la paix.

Il a, lui aussi, sa Graziella, la charmante Mme de Bonneuil dont il a fait une hétaïre pleine de séduction, de volupté ionienne; c'est Camille qu'il a immortalisée dans des élégies parfumées du suc de la poésie latine.

Puis, un voyage en Italie qu'il fait avec les frères Trudaine, au même âge que notre poète mâconnais, développe sa manière et agrandit son horizon : c'est Moschus, c'est Méléagre qui l'inspirent, reflet du grand Homère.

Camille a fait place à Fanny. L'ode à Versailles est née. « Fanny, a dit M. Becq de Fouquières, « c'est l'introduction du lyrisme dans l'élégie, « de ce lyrisme de l'amour composé de mélan- « colie, d'extases, d'aspirations idéales... C'est « le son rêveur de la lyre moderne qui vibre « dans le lointain [1]. »

Oui, la tristesse, la morbidezza des temps

---

1. Préface de l'édition d'André Chénier.

nouveaux avait touché Chénier dans les dernières années de sa vie. Sans la guillotine, il serait peut-être devenu, au milieu du mouvement romantique auquel il aurait été mêlé, un Lamartine florissant vers 1800. Il aurait peut-être été « la grande voix qui eût dit la mélancolie vague « et flottante du siècle naissant[1] », précédant notre poète d'une vingtaine d'années et chantant en vers la plainte de *Werther* ou de *René*.

Tel qu'il est, tel que ses œuvres trop tôt interrompues, hélas! nous le font connaître, on ne peut le faire figurer dans l'école romantique ni même le compter parmi les précurseurs de cette école. Sa muse est celle des Épicuriens; il n'a pas ce qui constitue l'élément essentiel de la rénovation du xixe siècle, je veux dire ces accents dolents, attendris, confits en dévotion du christianisme renaissant; il n'a pas même le sentiment spiritualiste de l'école platonicienne. Sa poésie, comme drapée dans sa beauté plastique, conserve l'attitude sculpturale des théories de jeunes filles aux fêtes des Panathénées.

1. M. Jules LEMAITRE. Etude sur Sully-Prudhomme, *Les Contemporains*. Lecène et Oudin, in-12.

Chénier a sa place à part; c'est le dernier poète de la Pléiade. C'en est peut-être le plus grand. Il en est sûrement le plus pur de forme.

Si l'on en croit Shakspeare, le Français a un tempérament essentiellement mélancolique. « Je « me souviens, quand j'étais en France, dit un « personnage dans le roi Jean, les jeunes sei-« gneurs avaient l'habitude d'être tristes comme « la nuit, rien que pour le plaisir de la chose [1]. »

Il n'est donc pas étonnant que le romantisme se soit si vite acclimaté chez nous.

C'est Mme de Staël et Chateaubriand qui sont les véritables coryphées du chœur romantique en France.

Mme de Staël, fille du xviiie siècle, en a tout d'abord le scepticisme et puis aussi les instincts humanitaires. Sous l'influence de Rousseau, elle se rattachera au spiritualisme, à un christianisme *sui generis*, mais jamais elle n'arrivera au catholicisme, pas même au catholicisme teinté de paganisme de Chateaubriand. Ce catholicisme de

1. KING JOHN IV. I « Would be as sad as night only for wantonness ».

l'auteur d'*Atala* « lui semblait faux et affecté avec une nuance de niaiserie[1] », et n'était pas pour lui plaire.

« Retremper la vie intime du cœur et le senti-
« ment religieux, délivrer l'art des règles
« étroites et des formules stériles, renouveler
« l'esprit de la critique littéraire, tel est, à
« grands traits, l'œuvre de Mme de Staël[2]. »

Elle avait pressenti notre poète quand « elle
« proposait pour inspiration à la poésie à
« venir, l'énigme de la destinée humaine, le
« recueillement contemplatif, la solitude des
« forêts, l'horizon sans bornes, le ciel étoilé,
« l'éternel et l'infini dont l'âme des chrétiens
« est remplie[3] ».

Chateaubriand est le grand coloriste. C'est lui aussi le grand malade du siècle. « Vous portez votre cœur en écharpe[4], » lui disait une Anglaise. Il a porté son cœur en écharpe toute

---

1. *Madame de Staël*, par M. Albert Sorel, in-12, Hachette, p. 88.

2. *Le mouvement littéraire au XIXe siècle*, par M. Georges Pellissier, in-12, p. 54.

3. *Madame de Staël*, par M. A. Sorel, in-12, Hachette, p. 207.

4. « You carry your heart in a sling ».

sa vie. « Je crois que je me suis ennuyé dès le ventre de ma mère, » disait-il lui-même. C'est en lui que s'incarne en France le moi moderne comme il va s'incarner dans Byron en Angleterre.

Les âmes sont froissées du matérialisme du xviii° siècle et avides d'émotions séraphiques ; il veut les satisfaire et fonder une religion nouvelle. « Epicurien à l'imagination catholique, » c'est une religion greco-moyenageuse qu'il rêve. Ce n'est pas le catholicisme de M. de Bonald ou de Joseph de Maistre, ce n'est pas le spiritualisme un peu sec de Rousseau. C'est quelque chose de plus tendre, de plus féminin, à la portée d'imaginations romanesques.

EN ANGLETERRE

En tête sont les trois lakistes : Southey, le poète lauréat; Coleridge, l'auteur du *Vieux Marinier*, de *Christabel* et du délicieux chant d'amour adressé à Geneviève « my bright and beautous bride »; Wordsworth, le poète des petits, des humbles, de la mansarde, de l'atelier, véritable Coppée anglais, enthousiaste dans sa jeunesse de la Révolution française[1], plus calme dans l'âge mûr, gourmé comme un clergyman, tout aux questions d'un christianisme orthodoxe, de philanthropie, de morale surtout. L'amour de la nature dans ce qu'elle a de plus simple le rapproche de Cowper. La fleur la plus commune, la plante la plus ordinaire l'arrêtent, captivent sa pensée et l'inspirent. C'est l'auteur des sonnets au coucou, à la marguerite, que l'école de Byron crible d'épigrammes. Il ne manque pas d'une certaine puissance pourtant, mais il aime le demi-jour. « C'est un poète crépusculaire, a « dit M. Taine, ses vers ressemblent à la mu- « sique grandiose et monotone de l'orgue qui, « le soir, à la fin du service, roule lentement « dans la demi-obscurité des arches et des « piliers[2]. »

A côté des lakistes est née une poésie plus virile, plus près des primitifs. Un souffle d'Hésiode, d'Homère, d'Eschyle a passé sur l'Angleterre.

C'est d'abord Keats. Pauvre enfant élevé dans

---

1. « Bliss was it in that dawn to be alive,
   « But to be young was very heaven. »
2. *Histoire de la littérature anglaise*, t. III, p. 509.

la maison de son grand-père, loueur de chevaux, il sent, dès son jeune âge, les muses de la Grèce chuchoter de douces choses à son oreille.

Ses poèmes d'*Endymion* et d'*Hypérion* sont nourris de la vieille sève hellénique. Dans ces poèmes :

> Le ciel sur la terre
> Marchait et respirait dans un peuple de dieux.

« C'est un Grec anglais, dit M. Augustin
« Filon ; ses naïades sont des ondines, ses
« dryades des Willis et son Endymion est un
« Don Quichotte en chlamyde [1]. »

Ce jugement nous paraît sévère. Il y a dans Keats une véritable inspiration antique. Byron qui s'y connaît dit d'*Hypérion* : « Il semble
« véritablement inspiré par les Titans ; c'est
« sublime comme Eschyle [2]. »

L'œuvre de Keats évoque le souvenir du *Centaure* de Maurice Guérin et des poèmes antiques de Leconte de Lisle.

Shelley, lui, est fils d'un baronnet.

---

1. *Histoire de la littérature anglaise*, Hachette, in-12.
2. « It seems actually inspired by the Titans; it is as sublime as Œschylus ».

Nature ardente, généreuse, toute d'idéal, il ne devait pas tarder à se blesser aux froissements de la vie. Dès le collège, son grand cœur se révolte contre les lois de la société, contre les gouvernements, les rois, les prêtres et contre Dieu lui-même, source, selon lui, de tout mal. Le pauvre Shelley se fait le champion de l'homme contre ce Dieu qu'il hait. Nouveau Prométhée, il veut dérober au ciel le feu pour en réchauffer l'humanité. Ce n'est pas le Prométhée d'Eschyle qui supplie et implore l'aide des Océanides, des Éolides pour intercéder auprès de Jupiter tout puissant et dont « la « plainte au vent se perd ». Non, Shelley est plus fier. Se soumettre est une lâcheté, l'abdication de la dignité humaine. Pour lui,

L'homme est un dieu tombé qui se souvient des cieux

et qui veut les reconquérir.

Il n'est guère redoutable pourtant ce Titan de nos jours. Vraie sensitive, malade, névrosé, il trouve sa consolation dans la vieille Hellade, mère de toute beauté; dans la nature, la grande Cybèle; il s'y fond, s'y perd. C'est elle que cette âme adore; c'est dans son sein qu'elle cherche le repos, le sommeil éternel. Ce sommeil, elle l'appelle, car elle a toujours une plaie saignante et ce sera la jouissance suprême :

Pacata posse omnia mente tueri.

« Voilà, dit M. Taine, le pressentiment et
« l'aspiration qui soulevèrent toute la poésie
« moderne, tantôt en méditations chrétiennes
« comme chez Wordsworth, tantôt en visions
« païennes comme chez Keats et Shelley. Ils
« entendent palpiter le grand cœur de la nature ;
« ils veulent arriver jusqu'à lui ; ils tentent toutes
« les voies spirituelles ou sensibles, celle de la
« Judée et de la Grèce, celle des dogmes con-
« sacrés et celle des doctrines proscrites. Un
« seul, Byron, atteint la cime[1]. »

Byron est la grande figure qui domine l'école romantique en Angleterre, comme Goethe en Allemagne et Chateaubriand en France.

Il est plus que Goethe, plus que Chateaubriand peut-être, enfermé dans la contemplation du moi. Il ne s'en détache jamais. Tous ses héros, depuis Childe Harold, Lara jusqu'à Man-

1. *Histoire de la littérature anglaise*, t. III.

fred, jusqu'à don Juan, ne sont qu'un personnage, lui-même. C'est son âme toujours qu'il décrit, c'est son cœur qu'il met à nu, ce sont ses émotions qu'il reproduit dans son œuvre. Aussi est-elle sincère.

Il aime la nature comme son ami Shelley; comme lui, il s'y plonge jusqu'à s'y noyer. En Grec des temps primitifs, il en évoque les forces mystérieuses. Ses héros, comme ceux de Shelley, sont des Titans qui veulent disputer aux dieux l'empire du ciel. Son Manfred est une création satanique, combien puissante! Et comme l'on sent, au milieu de cette révolte, ces larmes qui venaient à Lucrèce de ses aspirations infinies et de la douloureuse certitude de son néant !

Byron est classique; il adore Pope; il aime aussi l'ancien Testament, la sauvage épopée, le Dieu des Hébreux, inflexible, implacable, avide de sang et de sacrifices. Le doux Jésus du Nouveau Testament ne l'émeut pas. C'est la roideur des vieux âges qui lui agrée en Judée et à Athènes. C'est Athènes surtout qui lui sourit; aussi sa poésie est-elle le sentiment et l'expression du beau !

Lamartine, avec son tempérament avide de tout connaître, ne resta pas étranger à la révolution intellectuelle qui se faisait autour de lui; il s'y mêla, s'en imprégna, et cette révolution eut un retentissement manifeste sur son génie; on a vu la multiplicité de ses lectures; on a vu qu'il ne se bornait pas à chercher en France un aliment à son esprit, mais qu'il le demandait aux nations voisines, à l'Allemagne, à l'Angleterre surtout, dont il connaissait bien la langue. Sa nature s'assimilait tout en recevant l'impression de tout. Sa poésie devait refléter le grand mouvement qui l'entourait, mais en gardant sa personnalité, en restant sienne.

Il n'est pas étonnant que son cœur ulcéré par le coup qui venait de le frapper ait répondu à la voix des trois grands génies du Nord : Goethe, Shelley, Byron, et surtout au cri de révolte poussé par les deux poètes anglais.

Notre poète prit plaisir, pour un temps, à être inconsolé; mais, nous l'avons dit, sa nature était optimiste. Son ciel était serein, c'était un ciel d'Orient et les brumes n'y séjournaient pas. D'ailleurs, un courant bienfaisant avait commencé à se faire sentir dans son inspiration. La méditation de *L'Immortalité* en était inondée. C'était le souffle du spiritualisme, du spiritualisme de Socrate et de Platon. Un jeune homme d'Occident va faire parler le langage des dieux à la sublime doctrine platonicienne ; il va chanter en vers le *Phédon*. Une renaissance grecque, contemporaine du romantisme, va éclairer l'aube du xixe siècle en France, renaissance opérée par de brillants philosophes, par des penseurs modestes mais profonds, par un poète exquis. Ce poète, qu'a bercé une mère chrétienne, d'une piété angélique, aura parfois des accents d'un spiritualisme plus passionné que le spiritualisme lui-même, c'est-à-dire des accents chrétiens.

CHAPITRE XIII

(Janvier 1818 à septembre 1818.)

LA PREMIÈRE MÉDITATION

Le Crucifix, chant chrétien. — Angoisses du doute. — *La Foi.* — Lamartine et Manoël, poète portugais ; œuvre de ce dernier. — Le Lamartine des *Odes*. — *Saül* dédié à Virieu et à Mme C***. — Julie, toujours Julie ! — *L'Isolement.* — Commentaire de cette méditation sur les lieux mêmes. — Première version ; version définitive ; différences ; raison de ces différences. — Le vieux Didot et Lamartine. — Chénier et *L'Isolement*.

Julie est morte à la fin de décembre 1817. Virieu qui a été témoin de l'agonie et de la mort n'ose pas annoncer directement à son ami la fatale nouvelle. Il envoie un voisin de campagne, M. Amédée de Parseval, auprès de lui. « Il erra, dit M. Ch. Alexandre, trois jours et trois nuits dans les bois, sa blessure au cœur[1]. »

Virieu arrive bientôt lui-même apportant les dernières paroles, le dernier adieu et le crucifix baisé par l'amante,

> tiède encore
> De son dernier soupir.

Julie est morte en chrétienne, le Christ sur les lèvres. M. de Bonald a ramené à la foi cette âme qu'avaient atteinte les idées du xviiie siècle, mais qu'avaient prédisposée les saintes effusions de l'amour vrai. Le cœur du poète se fond. Pour la première fois, il jette un cri véritablement chrétien, *Le Crucifix*.

« Le poète a pleuré aux pieds de Jésus crucifié, » a dit fort justement Mgr Perraud :

> Au nom de cette mort, que ma faiblesse obtienne
> De rendre sur ton sein ce douloureux soupir;
> Quand mon heure viendra, souviens-toi de la tienne,
> O toi qui sais mourir[2] !

Mais ce cri si chrétien est harmonieux comme un chant funèbre du chœur grec ; pas de gestes,

---

1. *M*^(me) *Alphonse de Lamartine*, p. 11.
2. *Nouvelles méditations poétiques*.

pas de sanglots, pas de contorsions ; une douleur poignante, avec l'attitude de la statuaire antique.

Au milieu de janvier, Virieu a quitté son ami qui s'enferme, voulant mourir au monde. « Ce « n'est que dans une complète solitude et un « isolement total que je puis supporter patiem- « ment une vie qui m'est à charge[1]. »

Enfin, il parvient à se reprendre. La passion du travail le ressaisit. Il revient à Mâcon, se remet dans ses livres.

Le 22 janvier, il est à l'Académie et rend compte « des informations qu'il a prises auprès « d'un libraire de Lyon pour un abonnement « aux ouvrages nouveaux[2] ». Pendant les longues soirées d'hiver, il finit un acte de son *Saül*, « ne pense, dit-il, qu'à *Clovis*. C'est mon héros[3], » puis il écrit la méditation *La foi*.

Ce n'est plus déjà le souffle chrétien si pur du *Crucifix* qui l'inspire, ce n'est plus même celui du spiritualisme de *L'Immortalité* ; les angoisses du doute l'étreignent, il ne peut s'y soustraire et

---

1. *Correspondance*, t. II, p. 140.
2. Extrait du registre des procès-verbaux des séances.
3. *Correspondance*, t. II, p. 145.

il en gémit, il voudrait briser ses liens, revenir à la foi de son enfance :

> Cette foi qui m'attend au bord de mon tombeau
> Hélas! il m'en souvient, plana sur mon berceau...
> ....
> Comme le lait de l'âme, en ouvrant la paupière
> Elle a coulé pour nous des lèvres d'une mère.
> ....

Et il l'appelle, l'implore :

> Hélas! je n'ai que toi; dans mes heures funèbres
> Ma raison qui pâlit m'abandonne aux ténèbres;
> Cette raison superbe, insuffisant flambeau,
> S'éteint comme la vie aux portes du tombeau.
> Viens donc la remplacer, ô céleste lumière[1] !

A la séance de l'Académie du 26 mars, où il est nommé secrétaire de la section des belles-lettres, il lit à ses collègues une notice sur Manoël et il fait connaître les ouvrages de cet illustre poète portugais auquel il adresse son *Ode à la gloire*.

Voici, à ce sujet, ce qu'on trouve au registre des procès-verbaux de la société :

---

1. *Premières méditations poétiques.*

« Il peint d'abord avec rapidité la naissance
« de la poésie et jette un coup d'œil sur ses
« créations. L'ode fut la première de toutes, le
« genre philosophique la dernière, genre que la
« raison avoue peut-être le plus, mais dont
« l'esprit poétique s'accommode le moins. L'au-
« teur, développant cette idée, prouve que si le
« vieux temps n'est pas à regretter par la philo-
« sophie, il l'est pour le poète qu'il montre
« vivant dans un pays de fictions, nourri par
« son imagination seule.

« M. Alphonse (c'est sous ce prénom seul que le jeune académicien est désigné, nous l'avons dit, on le traitait en enfant gâté) « pour juger
« Manoël renonce à l'analyse, moyen impuis-
« sant quand il s'agit d'inspirations de la poésie ;
« il préfère le présenter dans des traductions.
« Dans le grand nombre de pièces qu'il pourrait
« citer, il choisit trois genres différents : *La
« mort de Joseph Ier*, *Le sage aux prises avec
« l'adversité* et *l'Ode à la nuit*.

« Il fait admirer les beautés d'expressions et
« la pompe des images particulières à la pre-
« mière ; l'élévation des pensées, la nouveauté
« des comparaisons qui distinguent la seconde ;

« la grâce, la fraîcheur qui charment dans la
« troisième. Il remarque avec une attention par-
« ticulière la manière vive et brusque avec
« laquelle le poète, semblable à Horace, termine
« ses odes et laisse le lecteur aux sentiments
« qu'il a fait naître. »

Manoël, ce compatriote de Camoëns, semble avoir exercé quelque lointaine influence sur Lamartine, sur le Lamartine des *Odes* principalement, on y trouve parfois une abondance d'images et de souvenirs mythologiques qui dépasse les dithyrambes eux-mêmes des poètes lyriques du XVIIIe siècle et qui parait venir des rives lusitaniennes. Comme pour bien comprendre notre auteur, il nous faut observer avec soin tous ses alentours, il ne nous paraît pas inutile de dire un mot et de l'homme et de l'œuvre.

Francisco Manoël de Nascimento naquit à Lisbonne le 23 décembre 1734. Issu de parents riches, le jeune Francisco put se livrer à l'aise à ses deux passions : la musique et la poésie et, devenu amoureux, il eut l'ineffable et rare bonheur d'entendre sa maîtresse chanter ses vers. Tout à l'étude des littératures anciennes, il lisait assidûment Pindare, Cicéron, Horace, Tibulle. Connaissant à fond les langues anglaise et française, il traduisit Milton, Pope, les fables de La Fontaine et *Vert-Vert* de Gresset. Il avait traduit aussi *Tartuffe*. C'était un esprit ouvert aux nouveautés, aux audaces de la pensée, ce qu'on appelait alors un « philosophe », et comme tel, il était suspect à l'Inquisition. Il fut un jour dénoncé par un familier du Saint-Office, décrété d'arrestation et n'échappa que par miracle aux poursuites des sbires. Réfugié quelque temps à la Haye, il vint s'établir en France, à Choisy-le-Roi d'abord, à Versailles, puis à Paris où il devait terminer ses jours en 1819. Les aventures, les infortunes de ce vieil exilé impressionnèrent singulièrement notre poète ; il vint souvent le voir dans son petit logement du Roule, le fit souvent parler de Camoëns, de ses amours, de ses malheurs ; il voulait s'initier au génie de la langue portugaise si riche en descriptions, en descriptions de la mer surtout.

L'œuvre de Manoël est considérable ; ce sont des poèmes, des épîtres, des satires, des églogues, des élégies, des sonnets, des odes à la façon de Pindare et d'Horace.

Sané a traduit en français, en 1808, ses poésies lyriques les plus remarquables[1] ; c'est cette traduction qui fut mise sous les yeux de l'Académie de Mâcon.

Il y a de beaux passages dans les trois pièces lues par Lamartine ; les dernières strophes de l'*Ode à la nuit* durent plaire par les riants tableaux qu'elles présentaient :

« Viens, viens, nuit adorée ! environne le poète de
« cette troupe gracieuse de songes, que le ciel bien-
« faisant réserve comme la plus douce récompense
« aux nobles fatigues du Parnasse !

« Viens répandre à pleines mains sur ses yeux et
« sur ses membres fatigués les pavots langoureux
« que Morphée a cueillis sur les rives oublieuses du
« Léthé !

« Et moi, plein de reconnaissance pour tes bien-
« faits, tant que durera ma vie, de ces fleurs qui, à
« ton approche, rompent leurs calices, je tresserai
« des guirlandes pour en parer tes autels[2].

1. *Poésie lyrique portugaise ou Choix des odes* de Fr. MANOEL, avec le texte en regard. Paris, chez Cérioux, 1808, in-8. Le premier recueil des poésies de Manoël a paru sous le titre de *Versos de Filinto Elysio* (Paris 1797), 8 vol. in-12. Ses œuvres complètes : *Obras completas de Filinto Elysio* ont paru également à Paris (1817-1819) 11 vol. in-8°.
2. *Idem*, p. 49.

Dans ce volume se trouvent d'autres chants, teintés de *gongorisme*, mais pleins d'une *morbidezza* berceuse, qui devaient séduire davantage encore le jeune lettré que n'effarouchait pas alors l'exubérance d'une palette trop riche, cette strophe, par exemple, de l'*Ode à la poésie* :

« Enlevée sur des nuages argentés, Uranie descend
« de l'Olympe ; un manteau azuré où scintillent les
« étoiles couvre ses épaules divines. Les pensées
« aux vastes ailes la suivent, portant dans des
« coffres d'or les richesses infinies d'une étude
« obstinée, ces richesses qu'une philosophie péné-
« trante et laborieuse sut ravir aux Cieux, à la Terre,
« aux Mers[1]. »

Et celles-ci de l'*Ode à Horace* qui la terminent :

« Comme l'abeille matinale, déployant dans les
« airs son vol laborieux, salue les fleurs humectées
« des larmes de l'aurore et aspire dans leurs calices
« le parfum du miel ; riche de son butin odorant,
« elle accourt à la ruche élaborer ses rayons d'or ;

« Tel, dans les riantes campagnes de la Grèce, tu
« iras, divin Horace, cueillir le baiser des fleurs, et

1. *Poésie lyrique portugaise ou Choix des odes*, p. 65, 66.

« le miel découlera de tes odes avec une saveur si
« douce et un parfum si exquis, que ta gloire gran-
« dira d'âge en âge; toujours vivant de grâce et de
« fraîcheur, on ne t'imitera jamais [1]. »

L'élégie qu'il adresse à sa maîtresse, une
brune, paraît-il, celle qui chantait ses vers, est
précédée de cet épigraphe d'Ovide :

« Placuit Cepheïa Perseo
« Andromede, patriæ fusca colore suæ. »

Elle se termine ainsi :

« Marfise n'a point la blancheur éclatante du lys
« qui jaillit de son calice d'émeraude, arrosé du lait
« de la divine Vénus.

« Mais Hébé versa sur ses traits naissants la coupe
« fleurie de la Jeunesse et l'Amour caressant anima
« ses regards du feu le plus tendre...

« Apollon lui donna de doctes leçons sur la lyre
« harmonieuse et modula les accents de sa voix.

« Marfise est ma douce pensée...

« Je ne parle que d'elle, je ne songe que d'elle,
« je n'écris que pour elle. Je la chante en mes vers
« amoureux, comme Pétrarque, dans l'harmonieuse
« Vaucluse, célébrait sa Laure [2]. »

1. *Poésie lyrique portugaise ou Choix des odes*, p. 257, 258.
2. *Idem*, p. 215 et suiv.

Cette voluptueuse poësie, en ce moment sous ses doigts, dans le volume qu'il lisait à ses collègues et qu'il avait lue bien souvent in petto, chanta-t-elle dans la mémoire de l'amant inconsolé ; évoqua-t-elle la femme adorée et le souvenir des amours du printemps précédent ; vit-il dans les applaudissements de l'auditoire un encouragement aux confidences, à un tendre abandon, ou fut-ce simplement le besoin d'expansion d'un cœur trop plein. Toujours est-il que c'est à cette séance du 26 mars, après cette communication des odes de Manoël, que le jeune académicien risqua l'*Hymne au soleil*.

Nous avons vu l'accueil que cette pièce y reçut. L'auteur dut en être froissé. Le lendemain de cette lecture, nous le voyons de méchante humeur. « J'ai fait, écrit-il à Virieu, mes dispo-
« sitions pour le cas de ma mort, ces temps-ci.
« Je te lègue tous mes manuscrits et poésies
« pour en faire ce que tu voudras, même du feu
« si cela n'est bon qu'à cela... Sans existence,
« ni avenir, ni liberté, ni occupation d'aucun
« genre en ce monde, je ne sais que faire de la
« vie quand elle me revient. *Fiat voluntas!* »
Puis réapparaît l'image toujours chère : « Après

« ce que j'ai vu d'un ange, ce n'est pas à moi de
« me plaindre de Dieu... Je me f... [1] de la gloire
« à présent plus que de toute autre chose ; de
« tous les néants, c'est le plus néant[2]. »

A la fin d'avril, il fuit la ville et va s'enfermer
à Milly, « sans aucune espèce de société, dit-il,
« que mon cheval et mon chien, un jardin que
« je cultive tant bien que mal et quelques livres
« pour mes très courtes soirées. Cette vie là est
« seule supportable pour moi... Mais je m'en
« détache le plus possible ; il faut savoir briser
« peu à peu les liens qui vous retiennent dans la
« vie, pour la quitter avec plus de tranquillité
« et de liberté... Je m'abandonne à la seule vo-
« lonté suprême ; je crois absolument à la fata-
« lité et je la laisserai agir en tout sans la gêner
« par le moindre effort[3]. »

Il finit son *Saül* qu'il dédie à Virieu et à

---

1. Lamartine, dans la conversation, faisait usage souvent et comme inconsciemment de F. et de B. C'était chez lui locutions passées en habitude et dites aussi naturellement que : dame ! parbleu ! corbleu !... Ces locutions se trouvent jusque dans ses lettres. Dans ses mouvements d'impatience, de vivacité, et ces moments n'étaient pas rares, c'étaient des jurons plus accentués qui désolaient sa mère.

2. *Correspondance*, t. II, p. 156, 157.

3. *Idem*, t. II, p. 161, 162.

Mme C***. « Je vous unis tous deux dans ce petit
« hommage ; vous n'en seriez fâchés ni l'un ni
« l'autre si elle vivait encore [1], écrit-il à son
« ami. Je le composai pour toi et pour cette
« autre moitié de moi-même, ajoute-t-il plus
« loin. Je ne puis plus le dédier qu'à son
« ombre. Mais comme chacun de mes sentiments
« lui fut rapporté pendant sa vie, que chacune
« de mes actions lui soit consacrée après sa
« mort ! Elle ne s'offensera pas de partager le
« faible, mais ardent hommage avec un ami
« pour lequel elle partagea tout mon attachement
« ici-bas [2]. »

Après un mois passé chez son oncle l'abbé, à
Montculot, où il médite une grande tragédie
politique, *César ou la veille de Pharsale*, et d'où
il harcèle son ami Virieu auquel il a envoyé son
manuscrit de *Saül* en le priant de le communiquer à Talma, il revient faire ses moissons à Milly
en l'absence de son père et de sa mère restés à

1. *Correspondance*, p. 175, t. II.
2. *Idem*, t. II, p. 178. *Saül* a été édité par Michel Lévy,
in-12. Cette tragédie se développe en majestueux alexandrins
comme la *Médée*. C'est toujours l'inspiration racinienne qui
domine ; inspiration biblique comme *Athalie*, au lieu de l'inspiration des tragiques grecs comme *Phèdre*.

Montculot ; le soir, il s'occupe de politique ; il lit Mme de Staël : « Vous croyez, écrit-il à son amie « d'Aix, Mlle de Canonge, que les peuples cor- « rompus doivent être gouvernés par la seule « vérité, la seule raison, la seule justice et que, « dès qu'on la leur montrera, ils l'embrasseront « comme des philosophes sans passion. Moi, je « crois que la seule fin pour laquelle on doit « gouverner est la paix, l'ordre et la justice, « mais que le seul moyen de gouvernement, « c'est la force. Mme de Staël est de votre parti ; « l'expérience de tous les siècles et la nature de « l'homme sont du mien. En philosophie et en « littérature, je regarde Mme de Staël comme un « grand homme, en politique comme une des « dernières femmelettes[1]. » Dans ces disposi- tions d'esprit, il se remet à son *César*. Crai- gnant qu'il ne soit pas lu, il y renonce, mais c'est à regret à cause du caractère moitié Dieu, moitié Henri IV qu'il lui destinait « pour écraser « les singes de liberté et montrer aux hommes « que, quand ils sont pourris dans les vices de « l'égoïsme, un tyran est un bienfait pour eux[2]. »

1. *Correspondance*, t. II, p. 200.
2. *Idem*, t. II, p. 207, 208.

Mais la politique, les livres même l'ennuient, il n'y a que l'allemand qu'il voudrait pouvoir lire : « Tout considéré, il n'y a plus que cette « nation qui pense... toute l'Europe recule et « ils avancent! mais ils iront plus loin que « nous n'avons été parce qu'ils fondent tout sur « un principe vrai et sublime, Dieu et l'infini[1]. » Une œuvre de son pays pourtant trouve grâce devant ses yeux : l'*Essai sur l'indifférence en matière de religion*. « Cela est fait, dit-on, par un « très jeune abbé. C'est magnifique, pensé « comme M. de Maistre, écrit comme Rousseau, « fort, vrai, élevé, pittoresque, concluant, neuf, « enfin tout[2]. »

Dans sa séance du 9 janvier 1818, l'Académie de Mâcon avait mis au concours une ode sur le rétablissement de la statue de Henri IV. Les jeux floraux proposèrent le même sujet. Plusieurs poètes répondirent à l'appel de l'Académie de Toulouse, parmi lesquels : Lamartine, l'abbé Gerbet et un jeune enfant de seize ans et demi, Victor Hugo. D'une voix unanime, le lys d'or fut décerné à ce dernier : « Vos dix-sept ans

---

[1]. *Correspondance*, t. II, p. 212.
[2]. *Idem*, t. II, p. 214.

« ne trouvent ici que des admirateurs, presque
« des incrédules, écrivait de Toulouse Alexandre
« Soumet au jeune lauréat, vous êtes pour nous
« une énigme dont les Muses ont le secret [1]. »

L'ode de Lamartine ne méritait pas le prix. C'était du J.-B. Rousseau ou du Lefranc de Pompignan des mauvais jours.

Notre poète est toujours seul à Milly en maître de maison, sans autre distraction que quelques visites à son oncle, au château de Montceau, et en proie à la plus profonde tristesse. Il n'a rien oublié; la plaie saigne toujours. Il a recours, pour la panser, à la divine consolation : la religion. Mais le doute est là toujours aussi lancinant que lorsqu'il composait, quelques mois auparavant, la méditation *La Foi* :

« Tu veux des conseils, de la force, de l'espé-
« rance; à qui diable t'adresses-tu? écrit-il à
« Virieu. Que veux-tu que te dise un homme
« qu'on écartèle? Il crie et voilà tout; il espère
« faiblement que ses tourments le mènent à une
« meilleure vie, mais encore, encore; l'espé-
« rance qu'on dit si vive aux derniers moments

---

1. Lettre reproduite dans *Victor Hugo avant 1830* par Edmond Biré, in-12, 1883, p. 129 et 130.

« m'a bien l'air de ressembler aux faux amis,
« chauds dans le bonheur, froids ou nuls dans
« l'extrême adversité. Un certain nuage obscur,
« se répand sur les yeux ; on est las, on est calme,
« on est assoupi, et l'on passe je ne sais où sans
« sentir comment. Voilà de belles consolations !
« heureux donc l'homme qui croit ! heureux
« celui qui espère, seulement comme je croyais,
« comme j'espérais avant un malheur sans re-
« méde ! Je donnerais mon reste de jours pour
« un grain de foi, non pas pour soulever les
« montagnes, mais pour soulever le poids de
« glace qui me pèse sur l'âme. Je la demande
« aux livres, je la demande à ma raison, je la
« demande au ciel, je veux la demander aux
« œuvres aussi ; j'obtiendrai peut-être. La foi
« serait si bien faite pour nous autres malheu-
« reux qui ne sommes pas du tout, non pas du
« tout de ce monde, qui ne vivons pas de sa
« vie, qui ne sommes pas heureux de son bon-
« heur, qui ne nous nourrissons pas de son
« pain ! Où nous appuierons-nous si cet appui
« mystérieux nous manque toujours[1] ? »

---

1. *Correspondance*, t. II, p. 219.

Et il lui envoie la dernière strophe de *La Foi.* Cette lettre navrée est l'éloquent commentaire de cette méditation.

La mère du poète, en revenant à la mi-août de Montculot où elle était allée faire ses belles promenades dans les bois qui l'entourent, en compagnie d'Homère, de Mme de Sévigné, de Massillon, méditer et prier à « la fontaine du Fayard » que devait plus tard chanter son fils : *La source dans les bois*, le retrouve à Milly « calme, mais
« triste, dit-elle, plus que jamais vivant dans les
« livres, et quelquefois écrivant des vers qu'il ne
« montre jamais. De temps en temps, ses amis,
« M. de Vignet et M. de Virieu, m'en parlent
« avec une sorte d'enthousiasme; mais à quoi
« lui servent ses talents ensevelis, à supposer
« même qu'ils soient réels? D'ailleurs, qu'est-ce
« que cette poésie rentrée et sans échos, pour
« un jeune homme dévoré du besoin d'une vie
« active?... On dirait aussi qu'il est abattu par
« quelque chagrin secret qu'il ne dit pas, mais
« que je crains d'entrevoir. Il n'est pas naturel
« qu'un jeune homme de cette imagination et de
« cet âge se confine aussi absolument dans la
« solitude; il faut qu'il ait perdu, ou par la mort

« ou autrement, je ne sais quel objet qui cause sa
« mélancolie si profonde[1]. » La mère a deviné !

C'est la fin d'août de l'année 1818, le soir, un peu avant le coucher du soleil. Notre poète, dans la disposition d'esprit que nous savons, sort par la petite porte du jardin, au nord. Il est dans le chemin bordé de buis nains et d'un éboulis de pierres grisâtres appelé *murger* que le vigneron a enlevées de son champ en le fouillant et a mises là pour le protéger de la dent du mouton et de la chèvre. Il atteint bientôt la base du Craz. Il a devant lui le bouquet de chênes qu'il traversait il y a dix ans, le cœur lui battant du premier frôlement de l'amour; gravissant la croupe de la montagne, il découvre le château de Byone et la tour et la terrasse où l'attendait Lucy L***. Peu à peu, s'élevant au milieu d'un tapis d'herbes folles et de campanules grêles, dernières fleurettes de l'arrière-saison, il atteint le taillis de chênes qui couronne le sommet du pic.

Là, le spectacle qu'il a sous les yeux lui ins-

---

[1]. *Le Manuscrit de ma mère*, p. 213, 214, in-8.

pire, écrit-il à son ami Virieu, « une méditation
« de plus. Je t'ai parlé de mes *Méditations*
« *poétiques* et je t'en ai même, je crois, récité,
« à Lemps, quelques vers. Comme ces vers là
« ne sont que pour moi et pour vous dans le
« monde, je t'envoie les stances dernières, **telles**
« **qu'elles sont tombées sur l'album** et sans
« avoir le temps d'en faire les vers. Cela n'est
« que pour toi, ce n'est qu'un croquis : *Médi-*
« *tation huitième, stances*[1]. »

C'est la méditation qu'il nommera plus tard
L'Isolement. Cette méditation offre un grand
intérêt : première, elle a été présentée à Didot
pour être imprimée ; première, elle a été placée
par l'auteur dans le recueil définitif de ses *Méditations* et elle a été pour lui l'objet de sa prédilection, parce qu'elle avait, entre toutes, le parfum local, parce que la nature qu'il avait associée à sa douleur était celle qu'avaient connue
ses jeunes années ; ces vers, dira-t-il lui-même
plus tard, « étaient tombés de ma plume comme
« une goutte de la rosée du soir sur la colline
« de mon berceau[2]. »

1. *Correspondance*, t. II, p. 228.
2. Commentaire de *L'Isolement*.

Elle est, en outre, la méditation typique de la poésie lamartinienne à ce moment, poésie toute de mélancolie, de désespérance, de regret de l'amour perdu, d'élancement de l'âme vers un autre monde où l'objet de cet amour vit et va apparaître.

Puis nous avons la bonne fortune de posséder la première version telle qu'elle « est tombée « sur l'album » avec toute sa sincérité d'impressions de choses vues et reproduites sur l'heure même, sa fraîcheur, sa limpidité de source « où « le sable encore n'a pas monté ». — Et cette restitution du jet original nous est d'autant plus précieuse qu'elle nous révèle la méthode de correction, de révision adoptée par l'auteur, par l'éditeur plutôt, car nous ne pouvons croire que l'auteur se mutile ainsi, pour la rédaction définitive de l'œuvre à imprimer. L'expression de la chose perçue par les yeux est non seulement adoucie, mais défigurée ; elle est vague, impersonnelle ; l'image saisie sur nature est supprimée bien souvent ou il n'en reste que le pâle reflet. Ce qui était vie, vérité n'en est parfois que le fantôme.

Le poète s'assied dans l'herbe, sous un chêne, à la cime du Craz, prend son album et écrit :

> Souvent sur la montagne, à l'ombre du vieux chêne,
> Au coucher du soleil, tristement je m'assieds.

Sa première pensée, son unique pensée, c'est Julie.

Aussi son premier regard est-il du côté où il l'a vue pour la première fois, où ils se sont aimés, où seul il est revenu, du côté du lac du Bourget, c'est-à-dire à l'est.

> Et promène au hasard mes regards sur la plaine
> Dont le tableau changeant se déroule à mes pieds.

Au premier plan, tout en bas, est Milly, à demi dans l'ombre, avec son paysage diversifié ; en face, le pic du Monsard, puis ceux de Saint-Sorlin, de Vergisson, de Solutré frappés d'un dernier rayon de soleil.

Dans le lointain se déroule, avant de disparaître derrière les hauteurs de la Grange-du-Bois, un ruban d'argent, la Saône, et s'étend la plaine bressane noyée dans une brume bleuâtre d'où se détachent les premiers contreforts des

Alpes s'allongeant en une chaîne sombre légèrement dentelée que découpe la ligne blanche de l'horizon.

La rivière qu'aperçoit le poète évoque dans son esprit le fleuve qui vient recevoir le trop plein du lac du Bourget, le Rhône impétueux :

> Ici mugit le fleuve aux vagues écumantes ;
> Il blanchit et s'enfonce en un lointain obscur.

Le mot « mugit » a été trouvé trop fort et atténué par le mot « gronde ». Le mot « blanchit » qui reproduit une image vue a été remplacé par le mot « serpente » qui est inexact ; la Saône, telle qu'on la voit du haut du Craz, coule en ligne droite.

Puis il pense au lac lui-même ; mais, tandis que le fleuve mugit, blanc d'écume, le lac, lui, est calme, paisible :

> Là, le lac immobile étend ses eaux dormantes.

Le poète qui, jusqu'à présent, regardait à l'est se retourne du côté de l'ouest. Le soleil s'est couché, l'étoile du soir vient de paraître et voici le vers jeté sur l'album :

> Et le pâle Vesper tremble dans son azur.

Ce vers a été remplacé plus tard par celui-ci :

Où l'étoile du soir se lève dans l'azur.

L'adverbe de lieu *où*, au lieu de la conjonction *et*, change complètement le sens de la phrase. *Où* ne peut signifier que là où, à l'endroit où ; et dire que le lac étend ses eaux à l'endroit où l'étoile du soir se lève, comme cette étoile se lève à l'ouest, c'est dire que le lac se trouve à l'ouest de Milly et de la montagne du Craz quand, au contraire, il est à l'est. Serait-ce à entendre que l'étoile du soir se lève dans l'azur du lac ? Ce n'est guère grammatical et ce n'est pas le spectacle qu'on a sous les yeux.

Voilà une modification regrettable, due peut-être à un pur sentiment d'euphonie, d'harmonie. Combien était plus vrai le vers tombé sur l'album ! Combien charmante, combien réelle l'image :

tremble dans son azur !

Si le mot Vesper était un peu mythologique, on eût pu le remplacer et dire :

Et l'étoile du soir tremble dans son azur.

Ce qui indique bien que le poète s'était retourné et regardait à l'ouest, ce sont les deux strophes qui suivent; la première a été supprimée, selon nous, bien à tort, parce qu'elle nous offre une jolie scène champêtre, une eau-forte de Jacques ou un tableau de Pelouse ou de Cazin :

> Au dessus des hameaux, la rustique fumée
> Ou s'élève en colonne ou plane sur les toits ;
> Plus loin, dans la chaumière, une flamme allumée
> Semble un astre nouveau se levant sur les bois.

L'auteur a devant lui les mamelons boisés, parsemés de clairières, de Sologny, de La Croix-Blanche, de Berzé-le-Châtel et du Bois-Clair d'où se détachent, de distance en distance, un groupe de maisonnettes blanches à toits rouges. La femme du vigneron est rentrée la première dans sa chaumine pour y préparer le repas du soir, la soupe aux choux ou aux raves. Elle a allumé au foyer encore tiède, à l'aide d'un chalumeau de chanvre enduit de soufre,

> Quelques restes de feu sous la cendre épandus[1] ;

1. LA FONTAINE, *Philémon et Baucis*.

elle a pris au coin de l'âtre une grosse touffe de genêts verts qu'on y fait sécher ; elle attise le le feu qui s'enflamme difficilement. Un nuage opaque inonde la chambre ; la fumée a peine à sortir de la cheminée et « plane sur les toits ». La femme ouvre la porte ; la fumée, chassée par une bouffée d'air « s'élève en colonne » et un brasier brillant dans l'obscurité qui tombe

> Semble un astre nouveau se levant sur les bois.

Voilà des choses vues comme les voyait Homère !

C'est toujours le couchant que le poète regarde :

> Aux sommets de ces monts couronnés de bois sombres,
> Le crépuscule encor lance un dernier rayon
> . . . .

Les deux versions sont identiques dans cette strophe.

> Cependant, s'élançant de la flèche gothique,
> Un son religieux se répand dans les airs ;
> Le laboureur s'arrête et la cloche rustique
> Aux derniers bruits du jour mêle de saints concerts.

C'est l'Angelus qui sonne à Sologny, village

au pied du Craz. Le tintement de la cloche est d'un son argentin, dû à la forme rectangulaire du clocher, caisse énorme, où les ondes sonores, longtemps prisonnières, acquièrent une vibration puissante qui, peu à peu, s'en va mourir au fond de la vallée en vagues assoupies. La « flèche gothique », nous devons l'avouer, n'a jamais existé. C'est là une des rares inexactitudes des descriptions de Lamartine.

Le « laboureur s'arrête » et non pas le « voyageur s'arrête » de l'édition définitive ; c'est l'homme des champs que l'auteur a sous les yeux. C'est le vigneron qui, entendant l'Angelus, ôte sa casquette ou son chapeau de paille et s'incline, pendant que sa femme joint les mains sur sa poitrine et murmure une prière. C'est le tableau de Millet !

Les deux strophes suivantes ont été peu retouchées :

Puis le poète se levant embrasse l'horizon tout entier et s'écrie :

> Et qu'importe à mon cœur ce spectacle sublime,
> Ces aspects enchantés de la terre et des cieux ?
> L'univers est muet, rien pour moi ne l'anime
> Et sa froide beauté lasse bientôt mes yeux.

Cette strophe a été supprimée ; elle a été jugée inutile, probablement comme faisant double emploi avec celle qui suit et qui, dans le premier jet, est celle-ci :

> Que me font ces vallons, ces « îles », ces chaumières,
> « Froids » objets dont pour moi le charme est envolé ?
> Fleuves, « coteaux, » forêts, « ombres jadis si chères, »
> Un seul être vous manque et tout est dépeuplé !

Voilà des variantes importantes : « îles » à la place de « palais » ; « coteaux » pour « rochers » ; « ombres jadis si chères » au lieu de « solitudes si chères ».

Toujours des choses vues ! rien que des choses vues !

La variante la plus caractéristique est le mot « îles » au lieu de « palais ». Le poète n'a sous les yeux aucun palais ; il voit, au contraire, de véritables îles. La physionomie que nous nous sommes efforcé de reproduire de Milly et des environs, à certaines époques de l'année, explique la justesse de ce mot. A l'heure du crépuscule, dès la fin de l'été, une brume épaisse envahit la base des montagnes et le pied des pics et signaux du Monsard, de Vergisson, de Solutré, de Saint-Sorlin et de Berzé, dont le sommet se dresse comme des îles dominant une mer de vapeurs.

Les strophes suivantes offrent peu de différence dans les deux versions. Il y a, toutefois, une variante capitale. Après le vers :

> Si je pouvais laisser ma dépouille à la terre,

le jet original est celui-ci :

> Ce que j'ai tant « pleuré » paraîtrait à mes yeux.

« Pleuré » au lieu de « rêvé » ! On sent la différence. Comme le mot « pleuré » est plus vrai, plus senti ! Les yeux de l'amant sont encore chauds des larmes qu'il a versées pour Julie.

Puis, dans la strophe finale, combien ces deux vers de la première version

> Quand la feuille des bois a « jonché » la prairie,
> Le « tourbillon » se lève et l'arrache aux vallons,

sont plus mouvementés, plus vigoureux que ceux de l'édition définitive :

> Quand la feuille des bois tombe dans la prairie,
> Le vent du soir se lève et l'arrache aux vallons !

Pourquoi avoir pris à tâche de rendre flottante, incolore, cette délicieuse poésie si palpitante, si personnelle !

Cette mutilation des fibres mêmes de l'âme et de la nature prise sur le vif nous est expliquée, par Lamartine lui-même dans *Raphaël*, par Lamartine allant voir le vieil éditeur auquel il a confié, en tremblant, son manuscrit : « Il me fit asseoir et,
« cherchant mon volume enfoui sous plusieurs
« piles de papiers : « J'ai lu vos vers, monsieur,
« me dit-il ; ils ne sont pas sans talent, mais ils
« sont sans étude. Ils ne ressemblent à rien de
« ce qui est reçu et recherché dans nos poètes.
« On ne sait où vous avez pris la langue, les
« idées, les images de cette poésie ; elle ne se
« classe dans aucun genre défini ; c'est dom-
« mage, il y a de l'harmonie. Renoncez à ces
« nouveautés qui dépayseraient le génie français ;
« lisez nos maîtres : Delille, Parny, Michaud,
« Raynouard, Luce de Lancival, Fontanes ; voilà
« des poètes chéris du public ; ressemblez à
« quelqu'un si vous voulez qu'on vous recon-
« naisse et qu'on vous lise[1]. »

1. *Raphaël*, p. 170.

Notre pauvre poète, en effet, ne ressemblait à personne. C'était un enfant des collines de Milly qui avait pris « la langue, les idées, les images » de sa poésie dans la nature qui l'entourait. Un amour vrai avait ouvert les sources d'une inspiration sincère; tout en lui était jaillissement; tout était originalité. Que pour être lu, pour être imprimé surtout, il ait consenti à ressembler à quelqu'un et, pour y parvenir, à atténuer son souffle, le primesaut de son impression, à mettre, en quelque sorte, une sourdine aux accents d'une muse trop géniale, on doit en gémir, mais il n'y a pas à s'en étonner. Il n'y a pas même à en vouloir trop au vieux Didot qui partageait l'opinion de ses contemporains, l'opinion même de quelques-uns des collègues de Lamartine à l'Académie de Mâcon. Mais nous touchons du doigt un desideratum qu'il est temps de combler; nous voyons la nécessité, dans une édition définitive des poésies de Lamartine, maintenant qu'il est entré sans conteste dans la gloire des grands classiques français, d'une reproduction exacte de l'œuvre telle qu'elle est sortie des entrailles mêmes du poète.

Saint-Marc Girardin, étudiant Chénier et

venant de lire les stances exquises de *L'Isolement*, ne pouvait s'empêcher de rapprocher les deux auteurs :

« Tout poète antique qu'il veut être, dit-il en
« parlant d'André, il touche pourtant plus près
« qu'on ne croit au poète qui a le plus vivement
« exprimé l'état de l'âme humaine dans la
« société moderne, je veux dire à M. de Lamar-
« tine. Il le précède et l'annonce, pour ainsi
« dire, non par l'expression, mais par le tour
« de quelques-uns de ses sentiments et de ses
« idées, » et il cite ces vers :

> Douce mélancolie, aimable mensongère ;
> Des antres des forêts déesse tutélaire,
> Qui viens d'une insensible et charmante langueur
> Saisir l'ami des champs et pénétrer son cœur,
> Quand, sorti vers le soir des grottes reculées,
> Il s'égare à pas lents au penchant des vallées
> Et voit des derniers feux le ciel se colorer
> Et sur les monts lointains un beau jour expirer.
> Il regarde à ses pieds dans le liquide azur
> Du fleuve qui s'étend comme lui calme et pur
> Se peindre les coteaux, les toits et le feuillage [1].

« Chénier, dit à son tour Henri Rigault,

---

1. *Cours de littérature dramatique*, Charpentier.

« Chénier parti du *Hoc erat in votis* aboutit à
« la première méditation. Voilà la rêverie véri-
« table ! voilà la mélancolie[1] ! »

Oui, mais il y a dans *L'Isolement* autre chose que de la rêverie, de la mélancolie ; il y a une note nouvelle, non pas celle qui est la caractéristique de la poésie lyrique au xixe siècle, c'est-à-dire l'empreinte chrétienne ; Lamartine n'est pas chrétien dans cette méditation ; la divinité, pour lui, c'est Julie, toujours Julie ;

> Un seul être vous manque et tout est dépeuplé !

Cette note nouvelle, c'est celle qui avait retenti si harmonieusement dans *L'Immortalité* ; c'est le spiritualisme platonicien ouvrant au poète les perspectives d'un monde meilleur, de la patrie de ses rêves,

> Lieux où le vrai soleil éclaire d'autres cieux ;

où il doit retrouver

> Ce bien idéal que toute âme désire
> Et qui n'a pas de nom au terrestre séjour.

Cette patrie, un des derniers disciples de

1. Œuvres d'Henri RIGAULT, in-8°, Hachette.

Platon l'avait entrevue, lui aussi, dans le *Songe de Scipion*. Ainsi que le remarque M. de Pomairols dans son beau livre[1], le vers :

> Sur la terre d'exil pourquoi resté-je encore ?

n'est-il pas la traduction de :

> Quid moror in terris ? Quin huc ad vos venire propero ?

Voilà un horizon tout à fait inconnu à Chénier !

Il y a dans *L'Isolement* une réminiscence du romantique par excellence. Les deux vers qui terminent cette méditation

> Et moi je suis semblable à la feuille flétrie
> Emportez-moi comme elle, orageux aquilons !

sont un écho du *René* de Chateaubriand :

« Levez-vous, orages désirés qui devez em-« porter *René !* »

---

1. *Lamartine*, in-12, Hachette.

CHAPITRE XIV

(Septembre 1818 à août 1819.)

LE DÉSESPOIR

LA THÉBAIDE DE MONTCULOT

Lamartine et Talma. — L'*Ode au maheur* (*Le Désespoir*); Lamartine vieux et l'*Ode au malheur*. — *La Providence à l'homme*. — Rêves de malade. — Lamartine dans les salons de Paris; Mme de Raigecourt, Mme de Saint-Aulaire. — *Ode à l'Enthousiasme*. — *La Semaine sainte à la Roche-Guyon*. — *Le Chrétien mourant*. — La Méditation *Dieu*, dédiée à l'abbé Lamennais. — Séjour à la Thébaïde de Montculot; les poésies qu'elle inspire : *Le Soir, Apparition, Souvenir, Les Etoiles*, image qu'elles évoquent. — A Lemps : *Le Vallon*. — A Lyon : *Le Poète mourant*.

Le calme, les « tranquilles sommeils » du vallon d'enfance font du bien à notre poète. Il aime cette vie de campagnard, cette communion de l'âme avec la nature; il voudrait être laboureur, « seul « état fait pour nous, écrit-il à Virieu, quand nous

« n'avons pas la place qu'il nous faudrait, état
« d'ailleurs qui occupe très suffisamment l'âme
« à tous les moments de l'année et qui prend
« tous les jours plus d'empire sur l'homme. [1] »
Aussi se prépare-t-il « à récolter, cuver, pres-
« surer trois ou quatre cents pièces de vin [2] ».

Il renaît à la santé, santé physique et morale.
Il a des velléités de mariage. Toutefois il lui vient
des scrupules. « Hélas! quand j'y pense, quel
« mari offrir à une jolie, jeune et fraîche per-
« sonne! quel corps et quelle âme vis-à-vis de
« dix-sept ans [3]! »

Son *Saül* le réclame à Paris; il y arrive en
septembre, obtient une audition de Talma, lui
lit sa tragédie. « Talma a été dans l'enthou-
« siasme des vers, du style, des beaux effets
« produits par la façon dont la pièce est conçue,
« écrit-il à Virieu; à mesure que j'allais, il s'agi-
« tait sur son fauteuil et disait : Il y a une tra-
« gédie là dedans! c'est étonnant, je ne l'aurais
« jamais cru... Il m'a répété vingt fois que
« c'étaient les plus beaux vers qu'on lui eût lus;

---

1. *Correspondance*, t. II, p. 231.
2. *Idem*, t. II, p. 234.
3. *Idem*, t. II, p. 236.

« que j'étais poète et peut-être le seul ; que
« *Moïse* de M. de Chateaubriand était beau, que
« *Saül* était fort au dessus [1]..... » Malheureusement, le grand acteur a ajouté que la pièce était injouable, qu'il faudrait la refondre, la refaire.

L'auteur, poliment éconduit, n'en a pas le courage. « Créer est beau, mais corriger, changer,
« gâter est pauvre et plat ; c'est ennuyeux, c'est
« l'œuvre des maçons et non pas des artistes.
« Au reste, je me moque de l'art et des artistes !
« Je pense que les beaux ouvrages sont en puis-
« sance dans l'âme et que peu importe qu'ils en
« sortent ou n'en sortent pas. C'est comme la
« vertu qui a son prix en soi et qui, obscure,
« n'en vaut que mieux..... Mais cela n'est pas
« vrai pour l'argent que les arts doivent pro-
« duire pour alimenter l'artiste et voilà ce qui
« me désole [2], » et il revient à Milly en novembre, heureux d'y être « et d'y vivre en sabots et en
« parfait paysan [3] ».

Mais comme toujours, l'automne ramène les heures songeuses, les pensées douloureuses et

---

1. *Correspondance*, t. II, p. 253.
2. *Idem*, t. II, p. 260.
3. *Idem*, t. II, p. 261.

c'est pour cela qu'il l'aime. Il dirait, lui aussi :

Ma douleur m'est chère et chère ma souffrance.

Il y a près d'un an qu'il a perdu Julie. Son chagrin, au lieu de s'adoucir, s'aigrit par la solitude.

« Je souffrais trop, il fallait crier [1]. » Et il compose l'*Ode au malheur* qu'il a nommée plus tard *Le Désespoir*. C'est le souffle d'un révolté, le grand souffle de Byron et de Shelley qui inspire cette ode ; « c'était comme un gémissement ou « plutôt un rugissement de mon âme [2]. »

Dans la première version de *L'Immortalité*, il avait formulé, on l'a vu, une plainte étouffée qui se résolvait en sentiment de résignation et en aveu des voies toujours justes, quoique sévères, du Tout Puissant ; il y disait :

Pourquoi suis-je né ?
Pourquoi ? Pour mériter, pour expier peut-être
Et puisque tu naquis, il était bon de naître.

Ici, c'est un cri de blasphème ; ce n'est pas l'imprécation désolée mais timide de Job : « Périsse le jour où je suis né ! » C'est le cri de l'homme qui s'insurge contre son créateur :

1. Commentaire du *Désespoir*.
2. *Idem.*

Cherchez Dieu dans son œuvre, invoquez dans vos peines
  Le grand consolateur !
Malheureux ! sa bonté de son œuvre est absente ;
Vous cherchez votre appui ? l'univers vous présente
  Votre persécuteur.

Quel crime avons-nous fait pour mériter de naître ?
L'insensible néant t'a-t-il demandé l'être
  Ou l'a-t-il accepté ?
Sommes-nous, ô hasard ! l'œuvre de tes caprices ?
Ou plutôt, Dieu cruel, fallait-il nos supplices
  Pour ta félicité [1] ?

Dans l'épitre *A Byron*, cette interrogation audacieuse se retrouve aussi poignante, mais elle se fondra en accents de soumission et même en actions de grâces devant la majesté du Très-Haut.

En 1856, Lamartine plie sous le poids de tous les maux qui l'accablent. Rivé sans trêve ni merci à la besogne mensuelle de ses entretiens du cours de littérature, comme le pauvre bûcheron de la fable, « gémissant et courbé, » pour un instant, dans une étude sur Job,

> Il met bas son fardeau et pense à son malheur.
> Quel plaisir a-t-il eu depuis qu'il est au monde ?

---

1. *Premières méditations poétiques.*

Et songeant au passé, à sa gloire d'hier, à ses épreuves d'aujourd'hui, à sa vie tout entière, il maudit l'heure où il a vu la lumière et revenant au blasphème de 1818, il crie à Dieu pour la seconde fois :

> L'insensible néant t'a-t-il demandé l'être
> Ou l'a-t-il accepté ?

« Quel est donc cet odieux contrat où l'on sup-
« pose le consentement d'une des deux parties
« qui ne peut ni refuser ni consentir et où l'on
« condamne à un supplice qu'aucune langue
« n'exprima jamais un être innocent de sa
« naissance, un être qui n'était pas[1] ? »

Quelques pages avant, il était plus amer encore :

« Je le dirai en toute sincérité et avec l'audace
« de Job ; tout pesé, tout balancé, tout calculé,
« la vie humaine (si on soustrait Dieu, c'est-à-
« dire l'infini) est le supplice le plus divinement
« ou le plus infernalement combiné pour faire
« rendre dans un espace de temps donné à une
« créature pensante la plus grande masse de
« souffrances physiques ou morales, de gémis-

---

1. *Cours familier de littérature*, 11ᵉ entretien, p. 345.

« sements, de désespoir, de cris, d'imprécations,
« de blasphèmes qui puisse être contenue dans
« un corps de chair et dans une âme de..... nous
« ne savons pas même le nom de cette essence
« par qui nous sommes! Jamais un homme,
« quelque cruel qu'on le suppose, n'aurait pu
« arriver à cette infernale et sublime combinai-
« son de supplice; il a fallu un Dieu pour l'in-
« venter[1]. »

Cette imprécation de sa jeunesse, il ne la regrette pas car elle est mêlée de larmes et « il
« faut les respecter, dit-il, quand elles coulent
« car elles ont été données à l'homme par la
« nature comme elle a donné la rosée aux nuits
« des climats trop chauds pour amollir la dureté
« d'un ciel de feu[2] ».

Quelques mois après l'*Ode au Désespoir* il écrivait pourtant *La Providence a l'homme*[3] qui en est comme la réfutation ; mais il avoue plus tard l'avoir faite à contre-cœur simplement pour pouvoir placer *Le Désespoir* parmi ses *Méditations*, ce qui, sans ce *meá culpá*, n'était guère possible.

1 *Cours familier de littérature*, 11ᵉ entretien, p. 337 et 338.
2. *Idem*, 11ᵉ entretien, p. 334.
3. *Premières méditations poétiques*.

Rentré à Mâcon à la fin de l'année, il y travaille, mais pas aux vers; il en est dégoûté : « Je
« mets au nombre de mes plus grandes calami-
« tés, écrit-il à Mlle de Canonge, l'influence
« funeste qui m'a fait naître poète dans un
« siècle de mathématiques. Il faut être de toute
« éternité prédisposé au malheur dans le monde
« pour être poète, quand les vieilles nations civi-
« sées sont usées sur toutes les nobles illusions
« de l'esprit et de l'âme; il faut alors produire
« pour produire parce que c'est un besoin de la
« nature et sans en attendre ni profit ni gloire
« de son vivant. Il vaut mieux cultiver son
« champ, et c'est là depuis longtemps mon ambi-
« tion et le terme de mes désirs, le reste n'est
« que vanité et affliction d'esprit, comme le
« disait très bien Salomon[1]. »

Il a passé tout l'hiver à Mâcon, souffrant bien souvent, bien souvent faisant des rêves de malade. Toujours à court d'argent, il projette de se faire concéder une petite île vis-à-vis de Livourne, la Pianozza, « inculte, mais très fertile. » On y transporterait des charrues, des ânes,

1. *Correspondance*, t. II, p. 290.

des mulets, on y sèmerait du blé. Le revenu serait de cent pour cent ; notre poète en serait le régisseur..... C'est Balzac aux Jardies.

Il rêvasse parfois de questions politiques et il est carré dans ses idées : « Je n'ai jamais cru en
« fait de gouvernement qu'à une seule chose qui
« est la force. Ce ne sont pas les belles phrases
« ultra ou libérales qui peuvent la créer, c'est
« la vigueur de volonté écrasant à la fois les
« deux partis extrêmes et n'accordant rien à
« aucun. Quand on croit à la raison souveraine
« des peuples éclairés, on ne les connaît pas du
« tout, par conséquent on n'est pas fait pour les
« gouverner[1]. »

En mars, il est à Paris, avide de se créer une situation, une indépendance quelconque. Sa mère voudrait le marier ; « à défaut d'une car-
« rière qui se ferme toujours devant lui, dit-elle,
« je lui donnerais au moins du bonheur[2]. »

Il se pousse dans le monde, obtient la lecture d'une de ses tragédies chez le duc d'Orléans, voit des personnes influentes entre autres M. de Saint-Aulaire, qui est très bienveillant pour lui,

1. *Correspondance*, t. II, p. 303, 304.
2. *Le Manuscrit de ma mère*, in-8, p. 222.

M. Decazes, fréquente les salons à la mode, est reçu chez M°^me de Montcalm, sœur du duc de Richelieu où il voit Lainé, Molé, Pozzo di Borgo, va quelquefois chez Mme de Broglie, fille de Mme de Staël. Mais les deux femmes qui l'accueillent de la façon la plus gracieuse sont : la marquise de Raigecourt à laquelle il dédie la méditation *La Foi*, et qui, à Paris, lui tenait lieu de mère, s'occupant de sa santé physique et morale; puis Mme de Saint-Aulaire qui lui facilite ses débuts de poète. « Ce fut dans son salon, « dit-il plus tard, que je récitai pour la première « fois devant un auditoire un peu nombreux « quelques vers encore inédits de mes *Médita-* « *tions*. Cette aimable femme fut la préface de « ma poésie[1]. » Chez elle il coudoyait Talleyrand, Barante, Guizot, Villemain, Cousin, Sismondi, Forbin, Beugnot.

Au milieu de ces réunions mondaines, le jeune Lamartine néglige un peu les muses. Heureusement, un de ses bons amis qui, comme M. de Fréminville, s'occupe de métaphysique et va faire couronner bientôt un poème sur l'Immortalité

---

1. *Cours familier de littérature*, 49ᵉ entretien, p. 50.

de l'âme, M. Rocher, de la Côte-Saint-André, dans l'Isère[1], le rappelle au travail dans une jolie épître qu'il lui envoie. Notre poète lui répond par l'*Ode à l'Enthousiasme* dont le titre et le mouvement lyrique lui a été certainement inspiré par Manoël, le poète portugais[2]. Mais, débutant à la façon de Pindare, elle finit en soupir anacréontique :

> La gloire est le rêve d'une ombre,
> Elle a trop retranché le nombre
> Des jours qu'elle devait charmer.
> Tu veux que je lui sacrifie
> Ce dernier souffle de ma vie !
> Je veux le garder pour aimer[3].

Cependant on le recherche, on se l'arrache. C'est le duc Mathieu de Montmorency qui veut

---

1. D'après Sainte-Beuve, M. Rocher, plus tard conseiller à la Cour de cassation, prêtait quelquefois à Lamartine son appartement, rue Saint-Dominique, pour des déjeuners de jeunesse (*Portraits contemporains*). Lamartine, tome I.

2. Ode première : *Ao estro* (à l'Enthousiasme). Choix de poésies lyriques traduites par A. Sané, Paris, 1808.

3. *Premières méditations poétiques*. Lamartine lut cette *Ode sur l'Enthousiasme* à la clôture de la séance de l'Académie de Mâcon du 9 décembre 1819 (procès-verbaux des séances à cette date).

l'emmener à Sceaux; puis c'est le duc de Rohan qui désire lui faire passer la Semaine Sainte à la Roche-Guyon. Il y va et fait « les plus ravissantes « stances religieuses. C'est original, pur comme « l'air, triste comme la mort et doux comme du « velours. J'ai été bien heureux d'avoir là si à « propos cette inspiration qui répondait juste à « ce qu'ils me demandaient[1] », écrit-il à Virieu.

Est-il bien sûr que ces vers d'un indépendant, presque d'un profane, aient répondu aux désirs et à l'attente du petit troupeau que réunissait autour de lui le futur cardinal? « Je n'avais « aucun goût pour les délices mystiques de la « sacristie, » dit plus tard cet impie[2].

Aussi se garde-t-il bien, pour offrir son encens, de pénétrer au sein du sanctuaire, aux côtés de ces pieuses personnes :

> Favoris du Seigneur, souffrez qu'à votre exemple
> Ainsi qu'un mendiant aux portes d'un palais,
> J'adore aussi de loin, sur le seuil de son temple
>   Le Dieu qui vous donne la paix!

Mais il ose évoquer dans la chapelle souter-

1. *Correspondance*, t. II, p. 329.
2. Commentaire de la *Semaine sainte à la Roche-Guyon.*

raine du château, véritable catacombe, Julie, sa Julie, la chère morte et s'écrier :

> La mort m'a tout ravi, la mort doit tout me rendre ;
> J'attends le réveil des tombeaux [1].

On lui demande partout des vers. Il fait imprimer à une vingtaine d'exemplaires, par Didot, quelques-unes de ses stances poétiques ; c'est alors que naît au jour *L'Isolement* et que l'éditeur lui fait subir les mutilations dont nous avons parlé.

Ce ne sont qu'invitations, dîners avec M. de Bonald, l'abbé de Lamennais, M. de Narbonne : « Je suis vraiment dans un assez joli moment « pour l'amour propre si j'en avais. Je voudrais « que tu le visses, cela t'amuserait, écrit-il à « son ami Virieu. C'est une petite vogue, mais « cela ne m'enivre pas. J'ai un besoin trop pres- « sant, trop présent, trop poignant du solide « pour me nourrir d'une sotte petite fumée « qu'un souffle dissipe [2]. »

Au moment où tout lui sourit, où il est lancé, voilà que, par malechance, sa santé le trahit. Il a

---

1. *Premières méditations poétiques.*
2. *Correspondance*, t. II, p. 330.

des crises de foie, des spasmes au cœur ; il croit sa dernière heure venue et fait à ses amis ses adieux dans les belles strophes, *Le Chrétien mourant :*

> Compagnons de l'exil, quoi ! vous pleurez ma mort ;
> Vous pleurez, et déjà, dans la coupe sacrée,
> J'ai bu l'oubli des maux, et mon âme enivrée
> Entre au céleste port [1] !

Aussitôt qu'il va mieux, on lui ordonne la campagne, le repos d'esprit. M. de Montmorency offre une petite maison près de Sceaux ; notre Mâconnais préfère son pays.

C'est le commencement de mai ; il s'achemine à petites journées, à cheval, par étapes, vers la Bourgogne : « La solitude et le silence des « grandes routes à une certaine distance de « Paris, l'aspect de la nature et du ciel, la « splendeur de la saison, ce sentiment de « voluptueux frisson que j'ai toujours éprouvé « en quittant le tumulte d'une grande capitale « pour me replonger dans l'air muet, profond « et limpide des grands horizons, tout semblable « pour mon âme à ce frisson qui saisit et raffer-

---

1. *Premières méditations poétiques.*

« mit les nerfs quand on se plonge, pour nager,
« dans les vagues bleues et fraîches de la Médi-
« terranée; enfin, le pas cadencé de mon cheval
« qui berçait ma pensée comme mon corps,
« tout cela m'aidait à rêver, à contempler, à pen-
« ser, à chanter[1]. »

Ses souvenirs le reportent en arrière, vers Paris, vers ce monde d'élite auprès duquel il a pu enfin trouver accès, vers ces personnages célèbres que son imagination lui avait dépeints et qu'il lui a été donné d'approcher. Il en est un surtout qui l'a vivement impressionné, dont il a lu l'œuvre, l'*Essai sur l'indifférence*, l'été dernier, dans son vallon de Milly, nous avons vu avec quel ravissement! C'est l'abbé de Lamennais, « ce Pascal ressuscité » comme il l'appelle. Cette nature mystique, amante de la solitude des bois de la Chesnaie, amante aussi de toute culture grecque et latine, d'une trempe vigoureuse en même temps et qui tranchait par sa crânerie et son autoritarisme avec les mièvreries du catholicisme enrubanné de Chateaubriand, plaisait au jeune poète, personnage élégiaque et

---

1. Commentaire de la méditation *Dieu*.

rêveur, mais parfois d'une singulière audace de pensée, et qui n'aimait pas à voir la religion s'affubler des oripeaux gothiques et de toute la ferblanterie de l'armée céleste du grand pontife du Romantisme. Le ciel était obscurci d'anges, d'archanges, de satellites du Maître souverain. Lui-même, l'auteur de l'univers, avait disparu.

Cheminant au milieu des merveilles de sa création, plus rapproché de lui en quelque sorte, il le salue, Celui qu'on oublie :

> Voilà, voilà le Dieu que tout esprit adore,
> Qu'Abraham a servi, que rêvait Pythagore,
> Que Socrate annonçait, qu'entrevoyait Platon,
> Ce Dieu que l'univers révèle à la raison,
> Que la justice attend, que l'infortune espère
> Et que le Christ enfin vint montrer à la terre !
> . . . .
> Il est seul, il est un, il est juste, il est bon.
> La terre voit son œuvre et le ciel sait son nom !
> Heureux qui le connaît ! plus heureux qui l'adore !
> . . . .
> Réveille-nous, grand Dieu ! parle et change le monde.
> Fais entendre au néant la parole féconde
> Il est temps ! lève-toi [1] ! . . . .
> . . . .

---

1. *Premières méditations poétiques*, Dieu.

Quand notre voyageur, « en poète que le « rythme entraîne, que la mesure balance et « qui s'enivre de la musique des mots[1], » arrive chez son oncle l'abbé, à Montculot, il a terminé cette belle méditation qu'il intitule *Dieu* et qu'il dédie à l'abbé de Lamennais.

Dans cette Thébaïde qu'il aime, où il est entouré des soins les plus vigilants, sa santé se remet ; il boit du lait d'ânesse ; il se promène tout le long du jour sur ces coteaux pittoresques du Morvan ; il se grise de ces paysages qui parlent à son âme, de « ce beau torrent de rumeurs[2] » qui s'élèvent des profondeurs des grands bois : « Ah! si l'homme pouvait rendre « seulement quelque ombre de ce qu'il sent « dans la nature même inanimée, cela serait « assez beau ; mais je crois que les belles « images que nous recevons par les yeux s'al- « tèrent et se décolorent en passant par l'enten- « dement, et nous ne faisons que de pâles et « ternes copies de ce divin original. Les hommes

1. Paroles de M. Tony Revillon prononcées au Centenaire de Lamartine, le 20 octobre 1890.
2. Expression de Maurice de Guérin citée par Mathew Arnold qui la trouve digne de Wordsworth, « Essays in criticism », édit. Tauchnitz, t. I, p. 185.

« sont bien orgueilleux de parler de leur beau
« idéal, c'est la nature qui est le suprême
« idéal. Nous ne faisons que la gâter et nous
« croyons l'embellir. Il y a plus de poésie dans
« le plus petit coin d'un de ses tableaux que
« dans toutes nos poésies humaines. Cela me
« désole et me console en même temps[1]. »

Il rêve, lit parfois Montaigne et Saint-Evremond, médite sur les questions religieuses. Il voudrait, pour obéir aux tendres sollicitations de sa mère et de Mme de Raigecourt, s'affermir dans les sentiments d'une foi sincère. Mais il n'y réussit guère : « Que je vous envie, écrit-il au
« duc de Rohan qui va entrer dans les ordres,
« votre héritage pacifique dont vous vous mettez
« enfin en possession! Il fallait ajouter à toutes
« les béatitudes : heureux ceux qui croient!
« Elle les renferme toutes et croyez-vous que si
« je croyais comme vous le pensez, je balance-
« rais à prendre mon parti? Qu'est-ce que je
« pourrais espérer de mieux? je vous le demande.
« Je me précipiterais dans cette source de vie
« et j'y étancherais à jamais cette soif de justice

---

1. *Correspondance*, t, II, p. 350, 351.

« et d'amour que je n'espère jamais rassasier
« sur la terre. Mais je doute, je voudrais, je
« désire, j'espère, plutôt que je ne crois fer-
« mement[1]. »

Les tièdes journées du printemps, la sérénité des nuits dans la majestueuse horreur des forêts, une ombre toujours présente et toujours chère, lui inspirent quelques-uns de ses plus beaux vers :

C'est : *Le Soir*[2] ;

C'est : *Apparition*[3] ;

C'est : *Souvenir*[4] ;

C'est : *Les Etoiles*[5],

quadruple voie lactée, où scintille la même lumière amie, où resplendit la même image adorée.

Le sentiment de compassion pour les douleurs humaines n'a jamais suggéré, même à Shelley, même à Musset, des vers plus touchants que ceux où le poète :

Echappant à ce globe de boue

---

1. *Correspondance*, t. II, p. 362, 363.
2. *Premières méditations poétiques.*
3. *Nouvelles méditations poétiques.*
4. *Premières méditations poétiques.*
5. *Nouvelles méditations poétiques.*

et désirant être étoile pour apporter des consolations aux malheureux, s'écrie :

Je visiterais l'homme et s'il est ici-bas
Un front pensif, des yeux qui ne se ferment pas,
Une âme en deuil, un cœur qu'un poids sublime oppresse
Répandant devant Dieu sa pieuse tristesse.....
....
Mon rayon pénétré d'une sainte amitié
Pour des maux trop connus prodiguant sa pitié
Comme un secret d'amour versé dans un cœur tendre
Sur ces fronts inclinés se plairait à descendre.....
Ma lueur fraternelle en découlant sur eux
Dormirait sur leur sein, sourirait à leurs yeux ;
Je leur révèlerais dans la langue divine
Un mot du grand secret que le malheur devine ;
Je sècherais leurs pleurs [1].....

A la mi-juin notre poète est au Grand-Lemps, chez son ami Virieu qui est souffrant : « Chacun « travaille dans son genre aux quatre points « d'un immense salon où nous sommes dès huit « heures du matin; nous avons force livres et « journaux de toutes les langues et de toutes « les couleurs [2]. »

1. *Nouvelles méditations poétiques*, les Etoiles.
2. *Correspondance*, t. II, p. 387.

Il y compose la méditation *Le Vallon*[1], que chacun sait par cœur.

Sa santé n'est pas bonne encore. On lui conseille Aix, mais il ne veut pas s'y rendre : « Ce pays me rappelle de trop pénibles souvenirs [2]. »

Il va consulter à Lyon ; son état est grave ; il se croit perdu. Il jette un coup d'œil sur le passé et quitte sans effort ce monde en chantant *Le Poète mourant*.

La coupe de mes jours s'est brisée encor pleine,

s'écrie-t-il à peu près comme la jeune captive d'André Chénier. Il est plus résigné que « l'aimable prisonnière » ; c'est que, s'il a comme elle « les ailes de l'espérance », cette espérance est celle que donne la foi :

Comme l'oiseau qui voit dans les ombres funèbres,
La foi, cet œil de l'âme, a percé mes ténèbres ;
Son prophétique instinct m'a révélé mon sort.
Aux champs de l'avenir combien de fois mon âme,
S'élançant jusqu'au ciel sur les ailes de flamme,
    A-t-elle devancé la mort ?

---

1. *Premières méditations poétiques*.
2. *Correspondance*, t. II, p. 388.

CHAPITRE XV

(Août 1819 à juin 1820.)

L'ÉPITRE A BYRON — LES MÉDITATIONS POÉTIQUES
L'ANGE CONSOLATEUR

A Aix. — Mlle Birch ; sa famille ; ses qualités ; projets de mariage ; rupture. — Lamartine et Byron ; *L'Homme* ; première version ; le Prométhée moderne ; aspirations de l'homme et son infinité. — *L'Automne.* — Projets de mariage repris ; sentiments d'apaisement, de piété. — *La Prière* ; *stances.* — Le petit volume chez Nicolle : *Les Méditations poétiques* ; leur succès ; appréciations ; les éditions successives. — Profession de foi conjugale. — *Consolation.* — Mariage.

La jeunesse a raison de la maladie ; notre poète est hors de danger, mais il a besoin de se fortifier ; les médecins insistent pour les eaux d'Aix ; il y va, mais ne veut voir personne. « Je « sens que j'ai assez des hommes ; je n'en puis « plus supporter davantage[1]. »

---

1. *Correspondance*, t. II, p. 397.

Singulier retour des choses d'ici-bas! C'est à Aix, dans cette petite ville de la Savoie où il a versé tant de larmes, qu'il va trouver l'ange consolateur. Il est bien froid pourtant, tout d'abord.

« J'ai fait la connaissance, écrit-il à sa correspondante, la marquise de Raigecourt, d'une jeune Anglaise qui passe pour un fort bon parti et il paraît que nous nous convenons mutuellement assez. Il faut en venir à une fin, nous le désirons tous les deux [1]. »

Un peu plus tard, il commence à s'échauffer :
« La jeune personne est très agréable et a une
« très belle fortune; il y a des penchants com-
« muns, une conformité de goûts, de sympa-
« thies, tout ce qui peut rendre heureux un
« couple qui s'unit [2]. »

La mère du poète est dans la joie : « Je me
« désespérais de voir mon fils, sans occupation
« et sans but, errer d'un pays à l'autre pour
« user son temps et son feu en vaines inutilités
« ou en rêveries malsaines, et voilà que la Pro-
« vidence nous présente tout à coup, comme par
« la main, une étrangère qu'on dit accomplie et

1. *Correspondance,* t. II, p. 406.
2. *Idem,* t. II, p. 410.

« qui peut fixer son âme dans une vie honnête
« et faire son bonheur [1]. »

Sans être considérable, la fortune de la future est aisée.

Mlle Maria-Anna-Eliza Birch est fille unique. Elle a perdu son père, ancien colonel de milice anglaise, de bonne heure et vit avec sa mère tantôt en Angleterre, tantôt sur le continent. Elle n'est plus toute jeune, elle a l'âge de son futur, mais elle a toutes les qualités ; elle est musicienne, peint, sculpte, sait quatre langues. Elle est de fort bonne famille [2] ; en outre, elle

---

[1]. *Le Manuscrit de ma mère*, p. 224, 225.

Sur la femme du poète, sur la rencontre à Chambéry, puis à Aix, voir : *Mme Alphonse de Lamartine*, par M. Ch. ALEXANDRE, petit in-8°, Dentu. — Au frontispice du livre est un médaillon qui est le portrait de la jeune femme : jolie figure ovale, un peu longue, front élevé ; frisons sur les tempes ; triples coques Restauration sur le sommet de la tête, yeux bleus parlants, doux ; nez légèrement aquilin ; bouche gracieuse à demi-ouverte ; menton petit ; attache du cou admirable ; épaules tombantes ; taille élancée ; flots de dentelles croisées sur le sein. — Peu de temps après son mariage, le mauvais état de sa santé la rendit très maigre ; son nez devint rouge, sa figure couperosée. Salomon l'a représentée, à Saint-Point, dans une œuvre fort belle, couchée sur son tombeau, émaciée, presque immatérielle, comme si la mort accomplissant son œuvre l'avait déjà fondue en poussière.

[2]. Les armes des Birch étaient : trois fleurs de lys d'argent sur champ d'azur ; pour timbre, un bourrelet d'azur et d'ar-

adore le jeune Français, elle en est fière, elle le compare à Byron.

Le mariage pourtant ne va pas tout seul. La jeune Anglaise est protestante. La famille Lamartine exige l'abjuration. Mme Birch résiste, rompt les entrevues, quitte Chambéry et fuit à Turin emmenant sa fille. L'amoureux déjà un peu transi se décourage, désespère et revient de son côté à Milly, rentrant, comme il le dit, « ses cornes dans sa coquille jusqu'à l'éternité[1]. » Il n'a pas, on l'a vu, reçu le coup de foudre. Il n'aimera sa femme qu'à force de l'estimer. Ce qu'il cherche dans le mariage, c'est une situation. Cette situation lui échappe. Tout se ferme devant lui. Il regagne « son trou », déçu, grondant.

C'est l'automne, avec ses brumes. Fouetté par la bise, il parcourt les montagnes, un livre à la main. Ce livre, c'est un confident, le reflet de son âme; c'est un Shelley : *La reine Mab, Alastor ou la Révolte de l'Islam*; c'est un Byron : *Lara*,

---

gent sommé d'une fleur de lys d'argent enlacée par une bisse au naturel. — *Album du Centenaire de la naissance de Lamartine*, par M. L. Lex, Mâcon, 1890.

1. *Correspondance*, t. II, p. 421.

Childe Harold, « cette odyssée de l'âme d'un poète incomparable[1]; » *Manfred*, ce Faust nouveau, conçu et écrit dans les glaciers de la Suisse, en 1816. Comme il connaît à fond maintenant la langue de ce grand génie, il peut en sentir, dans l'original, toutes les beautés. « Je « devins ivre de cette poésie... J'avais enfin « trouvé la fibre sensible d'un poète à l'unisson « de mes voix intérieures... Il fallait que ses « larmes vinssent de quelque source de l'âme « bien profonde et bien mystérieuse pour don-« ner tant d'amertume à ses accents, tant de « mélancolie à ses vers. Cette mélancolie même « était un attrait de plus pour mon cœur[2]. »

Cette grande figure de Byron l'avait vivement impressionné. Cette impression dura toute sa vie. C'était, pour notre poète, un frère aîné. M. Charles Alexandre dit qu'en 1851, dans le cabinet de Lamartine à Saint-Point, à côté du médaillon de sa mère et du portrait de sa fille, était celui de lord Byron. Quand il mourut, à Missolonghi, victime de son dévouement, la mère avoue qu'elle n'osait pas annoncer cette

1. *Souvenirs et portraits*.
2. Commentaire de l'*Ode à Byron*.

triste nouvelle à son fils ; elle était, dit-elle, « tout émue et toute tremblante comme si c'était « un malheur personnel [1]. »

De son petit vallon de Milly, dans la détresse morale où il se trouve, il salue l'inconsolé et lui adresse l'épître *L'Homme* qu'il envoie, le 20 octobre à son ami Virieu.

Cette première version, plus mâle, plus énergique que l'édition définitive, parmi diverses variantes peu importantes, contient un vers qui est toute une révélation.

Après ce passage fameux :

Ton œil comme Satan a mesuré l'abîme
Et ton âme y plongeant loin du jour et de Dieu
A dit à l'espérance un éternel adieu.
Comme lui maintenant régnant dans les ténèbres
Ton génie invincible éclate en chants funèbres ;
Il triomphe et ta voix, sur un mode infernal,
Chante l'hymne éternel au sombre dieu du mal.

après ce passage, dis-je, jaillit cette apostrophe hautaine, plus tard retranchée :

Gloire à toi, fier Titan ! j'ai partagé ton crime !

---

1. *Le Manuscrit de ma mère*, p. 264.

C'est le cri du jeune aiglon qui ose déployer son aile sous l'aile du roi des airs.

Lui aussi, meurtri des coups du sort, à l'instar de ses hardis contemporains : Goethe, Shelley, Byron, il fait entendre la plainte du Prométhée moderne qui s'insurge et ne veut reconnaître aucun joug, aucun maître ; lui aussi a l'audace de soulever la question des revendications humaines.

Ce sont les Titans, c'est-à-dire les puissances primordiales de la nature, qui ont créé l'homme. Entre la nature obéissant à des lois fatales, au destin cruel et l'homme doué d'une pensée, d'une volonté libre, qu'y a-t-il ? Rien. Toute force, prétendue divine, est une imposture née de la superstition et que la raison répudie. L'homme est en lutte avec le *fatum* seul. Il peut en triompher par une indomptable énergie, par le vigoureux emploi de toutes ses facultés ; mais il ne doit compter que sur lui-même. Là où il agit, il est roi, il est Dieu. Il dit, comme le *Prométhée* de Goethe : « Je suis maître, je possède tout aussi
« loin que s'étend le cercle que remplit mon
« activité. Rien au dessous et rien au dessus...
« C'est le cri superbe de l'humanité qui ne veut

« rien devoir à un maître et qui prétend être
« elle-même, elle seule, sous un ciel inflexible
« et sourd, l'ouvrière de ses destins[1]. »

C'est aussi le défi du *Prométhée* de Byron, ce *Prométhée* qu'il n'a pu achever, mais dont il a laissé quelques fragments dans ses *Miscellanées*, fragments datés de Diodati, près Genève, juillet 1816, beaux et puissants comme ceux de la *Théogonie* d'Hésiode[2].

Ce sera l'imprécation du *Prometheus unbound* que, dans deux ans, Shelley va composer à Rome parmi les tertres, les fourrés, les voûtes des ruines pittoresques des bains de Caracalla.

---

1. Caro : *La philosophie de Goethe*. Hachette, in-12, p. 214.
2. Voici la fin de ces fragments :

« Like thee, man is in part divine,
« A troubled stream from a pure source,
« And man in portions can foresee
« His own funereal destiny,
« His wretchedness and his resistance
« And his sad unallied existence
« To which his spirit may oppose
« Itself and equal to all woes
« And a firm will and a deep sense
« Which even in torture can descry
« Its own concentred recompense,
« Triumphant when it dares defy
« And making death a victory.

Byron Galignani's.

Ce sera enfin, de nos jours, le thème des accents désespérés, mais si émouvants d'Ackermann.

Combien est différent le *Prométhée* d'Eschyle?

Le héros grec ne nie pas la suprématie du maître, il est vaincu; il avoue sa défaite. La Puissance et la Force, « son muet satellite, » l'ont enchaîné au rocher. Il gémit, accuse la barbarie de son vainqueur et prend à témoin la nature tout entière qui lui répond par la voix de déités compatissant aux douleurs de l'infortuné.

Le Prométhée grec est plus touchant que le Prométhée moderne parce qu'il est plus humain; il n'est pas en dehors ni au dessus de l'humanité.

Notre poète, après son cri de révolte du Prométhée moderne, revient au gémissement du supplicié grec. Comme lui, il reconnaît la toute-puissance d'un maître souverain et il s'incline devant elle; mais pourquoi ce maître absolu a-t-il pris plaisir à la souffrance de l'homme? Pourquoi l'homme, qui a des visées si hautes, a-t-il une destinée si infime? Pourquoi lui avoir montré les cieux quand il est destiné à ramper sur la terre? Pourquoi surtout avoir fait luire, aux yeux de son intelligence, un monde idéal où sa pensée s'épanouit, quand l'objet de ses rêves ne doit pas être atteint?

Et alors éclatent ces accents d'une tristesse si déchirante :

> Notre crime est d'être homme et de vouloir connaître;
> Ignorer et servir est la loi de notre être[1].
> Borné dans sa nature, infini dans ses vœux,
> L'homme est un dieu tombé qui se souvient des cieux,
> Soit que déshérité de son antique gloire,
> De ses destins perdus il garde la mémoire,
> Soit que de ses désirs l'immense profondeur
> Lui présage de loin sa future grandeur.
> Imparfait ou déchu, l'homme est le grand mystère
> Dans la prison des sens enchaîné sur la terre,
> Esclave, il sent un cœur né pour la liberté;
> Malheureux, il aspire à la félicité...

A l'encontre du *Prométhée* d'Eschyle qui ne pardonne pas à son vainqueur et ne cesse d'inquiéter son insolente prospérité par des prédic-

---

1. Lamartine avait encore dans sa vieillesse (on l'a vu pour l'*Ode au Désespoir* quand il se prit à la commenter dans un *Entretien familier de littérature*) quelques élans de révolte et lançait parfois des mots pleins d'amertume qui épouvantaient son secrétaire, M. Ch. Alexandre. Un jour, en 1851, dans un dîner, au milieu d'une conversation sur des sujets religieux, il s'écria : « Le christianisme est une religion d'esclaves. » (*Souvenirs de Lamartine*, p. 272.)

tions menaçantes, notre poète, comme Job, se résigne et entonne un hymne à sa gloire!

Pourtant, il ne peut retenir une plainte, c'est l'image de Julie qui éveille ses regrets :

> Un seul être du moins me restait sous les cieux ;
> Toi-même de nos jours avais mêlé la trame ;
> Sa vie était ma vie et son âme mon âme...
> Comme un fruit encor vert du rameau détaché,
> Je l'ai vu de mon sein avant l'âge arraché !
> ....

Mais cette plainte finit en repentir et il exhorte le fier Titan à faire comme lui et à s'élever vers Dieu, source de tout bien :

> La gloire ne peut être où la vertu n'est pas.
> Viens reprendre ton rang dans ta splendeur première,
> Parmi ces purs enfants de gloire et de lumière
> Que d'un souffle choisi Dieu voulut animer
> Et qu'il fit pour chanter, pour croire et pour aimer [1].

Byron entendit parler de cette ode, mais il ne la lut jamais. Il écrivit à Moore : « W...asks me « if I have heard of my laureat at Paris, some- « body who has writen a most sanguinary epitre

---

1. *Premières méditations poétiques.*

« against me. — 1st June 1820. » On voit qu'il ne l'avait jamais eue sous les yeux. Au lieu d'être « most sanguinary, » l'ode était pleine de déférence, d'admiration.

L'ange gardien de Paris, Mme de Raigecourt, à laquelle il envoie quelques passages de sa méditation *A Byron*, cherche à donner une base plus solide à la religiosité vague de son protégé ; elle gémit de le voir si chancelant dans sa foi et elle le lui reproche doucement :

« Hélas ! je sens parfaitement l'excellence de
« ces conseils, lui répond-il, ce n'est pas le
« désir de la foi et du repos d'esprit qui me
« manque, ainsi qu'à tant d'autres comme moi,
« c'est le principe de la foi et du repos, c'est
« la conviction absolue et puissante... La foi
« n'est pas comme le salut, on ne la ravit pas
« par force, elle se donne, elle est un pur don
« d'en haut[1]. »

C'est la fin de novembre ; il s'apprête à tenter encore une fois la fortune et à partir pour Paris. Il liquide certaines dettes « très considérables » qu'il a contractées à l'insu de son père ; « un

---

1. *Correspondance*, t. II, p. 433, 434.

oncle », c'est l'abbé de Montculot et « deux tantes », c'est la chanoinesse et Mlle de Lamartine, « se sont chargés de les payer, dit-il, avec « une grâce et une bonté parfaite[1], » et, pour faire ses adieux au nid de son enfance, il monte une dernière fois sur la montagne du Craz. De ses sabots de paysan, il pousse devant lui et soulève les feuilles dans le petit taillis de chênes et, contemplant les lieux

Adorés de *son* cœur et connus de *ses* yeux,

il écrit sur son album l'exquise méditation *L'Automne*[2].

Il y fait allusion, on le sait, à l'anglaise qu'il a rencontrée à Aix. Le mariage, en effet, n'est pas complètement rompu, entre les jeunes gens du moins ; ils s'écrivent en cachette quelquefois ; la jeune fille est amoureuse et, pour tout aplanir, elle songe à abjurer et à se faire catholique. Le jeune homme a vent de ces dispositions favorables. Aussi, quoique souffrant toujours de sa maladie de foie, a-t-il le cœur plus léger. Il entrevoit un horizon nouveau, une vie calme, toute d'affection.

1. *Correspondance*, t. II, p. 439.
2. *Premières méditations poétiques*.

Sous ces perspectives, succédant aux angoisses passées, l'âme du poète se rassérène, la piété s'éveille en lui.

Il arrive presque à la doctrine du pur amour fénélonien, à la délicieuse abdication de la volonté dans les mains de la Providence : « Ce « qu'il y a de plus parfait, écrit-il à Virieu, c'est « de penser, mais de penser avec résignation et « en Dieu, pour me servir d'une expression « mystique, de se contempler en lui, de le voir « dans tout et de se reposer sur lui de nous-« mêmes[1], » et il envoie à son ami la méditation *La Prière*, hymne de foi, d'espérance, reflet de son cœur apaisé :

> C'est peu de croire en toi, bonté, beauté suprême;
> Je te cherche partout, j'espère en toi, je t'aime !

C'est l'affirmation de la croyance à l'immortalité de l'âme, affirmation cette fois éclatante et sentie :

> Oui, j'espère, Seigneur, en ta magnificence.
> ....
> Témoin de ta puissance et sûr de ta bonté,
> J'attends le jour sans fin de l'immortalité[2].

1. *Correspondance*, t. II, p. 446.
2. *Premières méditations poétiques.*

Il y a dans le premier jet de *La Prière* quatre vers fort beaux, faisant une charmante image et qui ont été retranchés plus tard ; les voici :

> Brûlant seul au milieu du sombre sanctuaire,
> L'astre des nuits jetant son éclat sur la terre,
> Balancé devant Dieu comme un vaste encensoir,
> Fait monter jusqu'à lui les saints parfums du soir.

La poésie intitulée *Stances* est de ce temps-là, de cette inspiration : Notre poète, lui aussi, « entonne l'hosannah des siècles nouveau-nés. »

> Pour moi, je chanterai le maître que j'adore.
> ....
> C'est lui, c'est le Seigneur ! que ma langue redise
> Les cent noms de sa gloire aux enfants des mortels,
> Comme la harpe d'or pendue à ses autels,
> Je chanterai pour lui jusqu'à ce qu'il me brise [1].

Au commencement de janvier 1820, Lamartine est à Paris, en quête d'un poste de secrétaire d'ambassade afin d'épouser la jeune Anglaise.

Il est reçu avec distinction, son nom se répand. Ses premières *Méditations poétiques* viennent de paraître en mars de cette année. C'est un petit volume in-8° édité à Paris, à la

Nouvelles méditations poétiques.

Librairie grecque, latine, allemande, chez Henri Nicolle, rue de Seine, n° 12, sans nom d'auteur[1].

Les *Méditations poétiques* eurent bien vite une vogue immense. M. de Talleyrand vient de donner le signal de l'admiration[2]. « Elles ont « un succès inouï et universel pour des vers en « ce temps-ci, écrit le poète à son ami Virieu, « le roi en a fait des compliments superbes ; « tous les anti-poètes, M. de Talleyrand, Molé, « Mounier, Pasquier, les lisent, les récitent, « enfin, on en parle au milieu de ce brouhaha « révolutionnaire du moment[3]. » Le ministre de l'intérieur, le comte Siméon, donne au poète la

---

1. *Dictionnaire des ouvrages anonymes*, par Barbier. Paris, Daffis, 1875. — *Journal de la librairie*, année 1820, n° 882. — Quérard, *France littéraire*, t. IV, p. 479.

2. Voici le billet qu'envoie Talleyrand à la princesse de Talmont : « Je vous renvoie, princesse, avant de m'endormir, « le petit volume que vous m'avez prêté hier ; qu'il vous suffise « de savoir que je n'ai pu dormir et que j'ai lu jusqu'à quatre « heures du matin pour relire encore. Je ne suis pas prophète, « je ne puis pas vous dire ce que sentira le public, mais mon « public à moi, c'est mon impression sous mes rideaux. Il y a « là un homme, nous en reparlerons. » C'était le médecin de Julie et du poète, le docteur Alain, qui avait reçu la confidence par un billet de la princesse et l'avait fait porter, dès le matin, à son jeune ami. (Ch. Alexandre. *M*^{me} *A. de Lamartine*, p. 24 et 25.)

3. *Correspondance*, t. II, p. 456.

collection des classiques latins de Lemaire et celle des classiques français de Didot.

C'est à qui fera le meilleur accueil au jeune talent. Ce n'est plus seulement la bonne marquise de Raigecourt ou Mme de Saint-Aulaire qui lui font les honneurs de leur salon, ou même la duchesse de Broglie ou Mme de Montcalm ; c'est la princesse de Talmont, la princesse de la Trémouille, Mme de Dolomieu. Les hommes éminents de l'époque lui offrent leur amitié. Villemain le félicite les larmes aux yeux.

On a vu le compte rendu de la séance du 25 avril 1820 à l'Académie de Mâcon et les remerciements et les félicitations des collègues pour l'envoi de chants qui « les avaient charmés les premiers ».

La mère du poète est heureuse. « Vous savez,
« mon Dieu, que je suis bien fière de ces
« accueils inattendus faits à mon enfant ; mais
« vous savez aussi que je ne vous demande pas
« pour lui la gloire et les honneurs, mais d'en
« faire un honnête homme et un de vos servi-
« teurs comme son père ; le reste est vanité et
« souvent plus que vanité[1]. »

[1]. *Le Manuscrit de ma mère* p. 233.

La presse rend compte des *Méditations poétiques*. M. de Feletz, dans le *Journal des Débats*, sous le pseudonyme A., révèle le nom du jeune auteur[1].

1. L'article de M. de Feletz que M. l'administrateur du *Journal des Débats* a eu la complaisance de nous communiquer, est très intéressant en ce qu'il réflète l'opinion du moment même, et cette opinion est, à beaucoup d'égards, celle de gens qui partageaient la manière de voir du vieux Didot sur cette poésie si nouvelle. L'article est du samedi 1er avril 1820. En voici quelques extraits :

« Ces poésies sont déjà fort connues et fort goûtées du
« public. Elles plaisent aux âmes sensibles par les accents de
« la passion, de la mélancolie et de la douleur, aux imagina-
« tions vives par des tableaux pleins de vie et de chaleur,
« aux caractères sérieux et méditatifs par de hautes considé-
« rations philosophiques, aux esprits religieux par un senti-
« ment profond des grandes vérités sur lesquelles se fondent
« la religion et la morale, aux femmes de goût et aux amis de
« la poésie par des compositions brillantes et par de beaux
« vers... Les femmes surtout, naturellement religieuses, natu-
« rellement sensibles, ont été charmées par un double attrait
« en lisant les *Méditations poétiques*. L'auteur est M. A. de
« Lamartine. Je prends la liberté de le nommer; il est bon
« qu'il se trouve quelquefois des gens un peu indiscrets auprès
« des personnes trop modestes qui se cachent pour se dérober
« aux justes louanges qui leur sont dues. »

Puis suivent quelques réticences aux éloges :

« Cette poésie n'est pas toujours exempte de recherche ou de
« mauvais goût.

« Je lis dans la Méditation Xe, *Le Lac* : « Le flot fut atten-
« tif; » c'est un hémistiche de Quinault. « O temps! suspends
« ton vol! » C'est un hémistiche de Thomas. Il ne faut point

Plusieurs contemporains, natures rêveuses et que tourmentait l'au-delà, se donnèrent tout d'abord et sans réserve à ces accents si savoureux et si peu connus.

Jules Janin ne put jamais se rappeler sans

« confondre une imitation avec un plagiat. Ainsi Rousseau,
« dans son ode admirable au comte du Luc se moque des
« poètes sans génie et sans enthousiasme dans cette strophe
« pleine d'une sublime ironie :

« Je n'ai point l'heureux don de ces esprits faciles
« Pour qui les doctes sœurs, caressantes, dociles,
« Ouvrent tous leur trésors.

« M. de Lamartine a visiblement imité cet endroit de Rous-
« seau dans la 5ᵉ strophe de son ode sur *L'Enthousiasme* ; il en
« avait le droit sans doute ; mais il aurait dû faire des efforts
« pour approcher plus près de son modèle et ce « pusillanime
« Icare », comme il appelle son poète sans enthousiasme,
« forme dans cette strophe un vers peu agréable et peu har-
« monieux. Cependant il appartient à M. de Lamartine de par-
« ler de l'enthousiasme et d'en bien parler. Ses poésies en
« portent généralement l'empreinte et le caractère ; il paraît
« doué de ce qui le produit et l'alimente, d'un génie poétique,
« d'une extrême sensibilité de l'âme et d'une imagination
« forte et vive. On voit dans ses conceptions le « *mens divi-
« nior* » et dans les expressions et les images dont il les revêt
« l' « *os magna sonaturum* » qui, selon Horace, constitue le
« poète. Qu'il s'adonne donc à la poésie pour laquelle un si
« heureux début annonce un si rare talent.

« Huic musæ indulgent ;
« Hunc poscit Apollo.
A. »

émotion le jour où il lut pour la première fois le petit in-8° édité par Nicolle [1]. Le jeune Victor Hugo dans le *Conservateur littéraire* salua cette gloire à son aube.

Mais il y eut de passionnés défenseurs des antiques traditions littéraires que les *Méditations poétiques* exaspérèrent : « M. Patin aimait
« à raconter qu'entrant un jour chez le secré-
« taire perpétuel de l'Académie française
« (M. Andrieux, professeur au Collège de
« France), il le trouva arpentant son cabinet
« comme un forcené. Ah! pleurard, disait-il à
« l'auteur absent, tu te lamentes ; tu es sem-
« blable à une feuille flétrie et poitrinaire!

---

[1]. « C'était un modeste volume que je vois encore et que
« j'achetai par hasard un jour que j'étais sorti de mon collège
« pour y rentrer le soir. Je me souviendrai toute ma vie de
« mon extase quand, pour la première fois, j'ouvris ce livre
« d'un poète sans nom. J'étais bien jeune alors, j'étais tout
« pénétré d'admiration pour les grands maîtres... Quel ne fut
« mon étonnement et mon admiration quand soudain, mes
« yeux éblouis comme mon cœur, découvrirent ce nouveau
« monde poétique. Quoi! dans un même livre, sont réunis
« enfin tous les sentiments de l'âme et toutes les passions du
« cœur, tous les bonheurs de la terre et les ravissements du
« ciel, toutes les espérances du temps présent et toutes les
« inquiétudes de l'avenir!... »

(*Dictionnaire de la conversation*, v. Lamartine).

« Qu'est-ce que cela me fait à moi ? Le poète
« mourant! le poète mourant! Eh bien! crève,
« animal, tu ne seras pas le premier[1] ! »

Le succès est éclatant; les éditions se succèdent.

La première, sous le voile de l'anonyme, avait paru en mars. Une seconde, avec le nom de l'auteur s'imprime au commencement d'avril[2].

Un exemplaire déposé à la Bibliothèque nationale, ayant appartenu au chevalier de Paravey, qui l'a annoté et y a joint des extraits d'un journal contenant de fort beaux vers de M. A. de Sigoyer, porte la date de 1820 et la mention de cinquième édition[3].

---

1. *La Littérature française sous la Révolution, l'Empire et la Restauration*, par M. Maurice ALBERT. 3ᵉ édit. Paris, Lecène et Oudin, 1891, in-12, p. 177-178.

2. 1362. Samedi, 15 avril 1820.

Méditations poétiques, par M. Alphonse DE LAMARTINE. Seconde édition revue et augmentée, in-8°, de 10 feuilles 1/4. Imprimerie de Didot aîné à Paris, au dépôt de la *Librairie grecque, latine, allemande*, rue de Seine, n° 12. Prix 3 fr. (*Journal de la librairie*.)

3. En voici le titre : *Méditations poétiques*, par M. Alphonse DE LAMARTINE. 5ᵉ édition. Ab Jove principium (Virg.) Paris à la *Librairie grecque, latine, allemande*, chez Henri Nicolle, rue de Seine, n° 12, MDCCCXX. C'est un petit in-8° cartonné, contenant 156 pages. Il renferme 26 méditations (l'édition anonyme n'en donnait que 24). Ces méditations sont : 1° *L'Iso-*

A la fin de 1825, quatorze éditions des *Méditations poétiques* avaient paru [1].

Ce triomphe n'enfle pas outre mesure le jeune poète qui est malade, dégoûté de tout et qui, si sa santé lui laissait quelque répit, rêverait le solide :

« Tout cela, écrit-il à Virieu, ne me fait pas
« tant qu'une goutte de rosée sur le roc. Je ne
« me sens plus de ce monde que par la souf-
« france et l'amitié pour toi et pour d'autres.
« Nous nous retrouverons, mon ami, ici et
« ailleurs, mais plus certainement ailleurs. Je
« me prépare comme toi à comparaître et je
« dirai : Seigneur, me voici, j'ai souffert, j'ai
« aimé, j'ai péché, j'étais un homme, c'est-à-

---

lement, 2° *L'Homme*, 3° *Le Soir*, 4° *L'Immortalité*, 5° *Le Vallon*, 6° *Le Désespoir*, 7° *La Providence à l'homme*, 8° *Souvenir*, 9° *L'Enthousiasme*, 10° *La Retraite*, 11° *Le Lac*, 12° *La Gloire*, 13° *La Prière*, 14° *Invocation*, 15° *La Foi*, 16° *Le Génie*, 17° *Le Golfe de Baïa*, 18° *Le Temple*, 19° *Chants lyriques de Saül*, 20° *Hymne au soleil*, 21° *Adieu*, 22° *La Semaine sainte à la Roche-Guyon*, 23° *Le Chrétien mourant*, 24° *Dieu*, 25° *L'Automne*, 26° *La Poésie sacrée*.

1. 7261. 24 décembre 1825.
Méditations poétiques. 14ᵉ édition. (*Journal de la librairie*.)
L'édition de Gosselin en 1826 porte le nombre des Méditations à trente. On y a ajouté : *A Elvire*; *Ode*; *La naissance du duc de Bordeaux*; *Philosophie*.)

« dire peu de chose ; j'ai désiré le bien, pardon-
« nez-moi[1]. »

Cependant le mariage « chemine toujours » Mlle Birch vient de faire son abjuration secrète. Le malade va mieux ; il vole à Chambéry où elle se trouve : « Je tâche de me rendre le plus
« amoureux possible. J'aurai une véritable per-
« fection morale ; il n'y manque qu'un peu de
« beauté, mais je me contente bien de ce qu'il
« y en a[2]. »

Il désespère quelquefois de cette union ; il la désire pourtant, mais à sa manière et fait à Virieu cette singulière profession de foi conjugale :
« C'est par religion que je veux absolument me
« marier et que je m'y donne tant de peines. Il
« faut enfin ordonner sévèrement son inutile
« existence selon les lois établies, divines ou
« humaines, et d'après ma doctrine les humaines
« sont divines ; le temps s'écoule ; les années
« se chassent ; la vie s'en va, profitons du reste...
« Enchâssons-nous dans l'ordre établi avant
« nous, tout autour de nous ; appuyons-nous
« sur les soutiens qui ont servi à nos pères ; et

1. *Correspondance*, t. II, p. 456, 457.
2. *Idem*, t. II, p. 468.

« s'ils ne nous suffisent pas totalement, implo-
« rons de Dieu lui-même la force et la nourri-
« ture qui nous conviennent spécialement ; fai-
« sons-lui, pour l'amour de lui, le sacrifice de
« quelques répugnances de l'esprit pour qu'il
« nous fasse trouver la paix de l'âme et la vérité
« intérieure qu'il nous donnera à la juste dose
« que nous pouvons comporter ici-bas : *ergo*,
« marions-nous[1]. »

Le contrat est signé le 25 mai[2].

Le futur n'a pu faire de cadeaux à la fiancée,
« n'ayant rien reçu *ad hoc* de son père ; mais il
« l'aime décidément à force de l'estimer et de
« l'admirer. Je suis content, absolument content
« d'elle, de toutes ses qualités, même de son
« physique. Je remercie Dieu[3]. »

C'est dans ce moment qu'il écrit *Consolation*.

« Les perspectives d'un chaste amour, de la
« vie domestique, du bonheur de famille, de la
« prolongation de l'existence dans des enfants,
« multipliant autour de nous et après nous

---

1. *Correspondance*, t. II, p. 469, 470.
2. Pour le contrat de mariage, voir Mme *Alphonse de Lamartine*, Ch. ALEXANDRE.
3. *Correspondance*, t. II, p. 477.

« l'amour et la vie, s'ouvraient devant moi, » écrit-il plus tard dans le commentaire de cette méditation :

> Quelques jours sont perdus, mais le bonheur encore
> Peut fleurir sous mes yeux comme une fleur d'été.
> ....
> Alors j'entonnerai l'hymne de ma vieillesse
> Et, convive enivré des vins de ta bonté,
> Je passerai la coupe aux mains de la jeunesse
> Et je m'endormirai dans ma félicité[1].

Enfin, le mariage se célèbre à Chambéry le 6 juin 1820[2].

---

1. *Nouvelles méditations poétiques.*
2. Pour détails du mariage, voir Mme *Alphonse de Lamartine*, Ch. ALEXANDRE.

CHAPITRE XVI

(Juin 1820 à janvier 1823.)

LA PHILOSOPHIE DU BONHEUR — JULIA

En Italie. — Les poésies de Naples; leur caractère. — Naissance d'Alphonse. — A Aix; *Philosophie*; une âme épanouie; *beatus possidens!* — Muse guillerette, puis, plus mâle : *Bonaparte, Le Passé*. — Lamartine, président de l'Académie de Mâcon. — *L'Esprit de Dieu*; Commentaire du *Commentaire*, par M. de Fréminville. — Naissance de Julia; pourquoi ce nom? Délicatesse de Mme de Lamartine. — Lettre inédite de M. de Fréminville. — Voyage en Angleterre. — Mort d'Alphonse. — Un poème rêvé.

Les nouveaux mariés partent pour l'Italie, visitent Florence, Rome et arrivent au commencement d'août à Naples où Lamartine a été nommé attaché d'ambassade[1].

1. Le petit livre des *Méditations* « a été une clef d'or, dit
« M. Ch. Alexandre; il a ouvert les trois portes de la gloire,
« de la carrière diplomatique, de la chambre nuptiale ».
(*Mme Alphonse de Lamartine*, p. 27.

Le mari est enchanté de sa femme. « J'ai la
« perfection à mon gré, écrit-il à Virieu, je t'en
« souhaite autant et tu le trouveras ; mais ne
« prends pas du jeune et non formé (on sait que
« Mlle Birch était du même âge que son mari ;
« elle avait donc trente ans). Choisis comme
« moi à peu près, le reste n'est bon que pour
« le vulgaire profane[1]. »

Il loue pour l'automne une villa à Ischia.

A la fin de septembre, il s'y installe et il est
de nouveau sous le charme, sous la fascination
du golfe de Naples : « Nous passons mollement
« nos jours à ne rien faire, à lire, à errer sous
« les bois ou sur la mer ; nous nous aimons,
« nous ne connaissons pas l'ennui[2]. »

Et il fait la délicieuse poésie : *Ischia*.

Le soleil va porter le jour à d'autres mondes
Viens, l'amoureux silence occupe au loin l'espace ;
Viens du soir près de moi respire la fraîcheur ;
C'est l'heure[3].

Puis l'élégie intercalée plus tard dans *Les
Préludes* :

1. *Correspondance*, t. III, p. 23.
2. *Idem*, t. III, p. 47.
3. *Nouvelles méditations poétiques*.

> L'onde qui baise ce rivage,
> De quoi se plaint-elle à ses bords [1]?

si pleine du sentiment de regret des heures fugitives qui termine *Le golfe de Baïa*.

Enfin, *Les Adieux à la mer* :

> Murmure autour de ma nacelle
> Douce mer[2]...

Si grande est l'influence des lieux sur le génie éminemment impressionnable de notre poète que sa muse redevient, sur les côtes de la Campanie, la muse épicurienne d'Horace et de Tibulle. C'est celle des vingt ans, au temps de Graziella. Le souffle chrétien a disparu, l'inspiration platonicienne elle-même s'est évanouie ; que dis-je, l'épicuréisme bientôt va faire place à la volupté orientale, et nous avons les strophes de *La Sagesse* :

> Ainsi qu'on choisit une rose
> Dans les guirlandes de Sarons,
> Choisissez une vierge éclose
> Parmi les lys de vos vallons;

---

1. *Nouvelles méditations poétiques.*
2. *Idem.*

> Enivrez-vous de son haleine,
> Ecartez ses tresses d'ébène;
> Goûtez les fruits de sa beauté.
> Vivez, aimez, c'est la sagesse;
> Hors le plaisir et la tendresse,
> Tout est mensonge et vanité[1]!

Puis au pur sensualisme de Salomon, et il soupire *Chant d'amour*[2], nouveau Cantique des cantiques, thème harmonieux de variations exécutées par un virtuose, sûr maintenant de son instrument.

Décembre arrive. Il faut quitter Ischia, rentrer à Naples, s'enfermer à l'ambassade, y travailler à faire des dépêches. Tout le feu s'en va alors. « Oh! qui me portera sur les bords de la mer « de Naples, sous l'oranger de Sorrente, sous « le laurier de Pausilippe! Qui me laissera « rêver à loisir, recevoir et rendre sans travail « les immenses impressions du pays du génie[3]! »

C'est le rêve de Virgile :

> « O qui me gelidis in vallibus Hemi
> « Sistat et ingenti ramorum protegat umbra!

---

1. *Nouvelles méditations poétiques.*
2. *Idem.*
3. *Correspondance*, t. III, p. 71 et 73.

« Les années de verve s'enfuient, je sens
« l'évaporation insensible de l'esprit poétique,
« je le pleure, je l'invoque, je viens même de
« lui faire mes adieux dans une *odula* du style
« d'Horace... mais tout est inutile ; il faut
« vivre... J'immole des poèmes à ce dieu infer-
« nal, la nécessité. Pourquoi ne puis-je pas avoir
« en même temps le loisir et l'argent[1] ! »

Cette *odula*, c'est *Adieux à la poésie* :

> Il est une heure de silence
> Où la solitude est sans voix[2].

Éprouvé par le climat de Naples, il quitte cette ville au commencement de janvier 1821 et s'installe à Rome où naît, le 15 février, son fils Alphonse. Cet enfant, né avant terme (le mariage est du 6 juin), était d'une constitution délicate. On le baptise à Saint-Pierre de Rome.

Entre temps et quoiqu'il ait fait ses adieux à la poésie, l'attaché-poète ne pouvait moins faire que de saluer, lui aussi, par une ode, *La naissance du duc de Bordeaux*.

Il n'est pas fier de son œuvre : « Cachez-la à

1. *Correspondance*, t. III, p. 73.
2. *Nouvelles méditations poétiques*.

« l'univers entier, écrit-il à l'un de ses corres-
« pondants de Paris, de vrais amis qui l'ont vue
« me mandent qu'elle est mauvaise, médiocre
« au moins. Je les crois. Ne révélez pas ma nu-
« dité[1]. »

En juin, il est à Aix « malade comme un chien », mais résigné et ayant pris son parti, avec sa femme souffrante aussi d'un dépôt de lait.

Le ménage s'installe dans une charmante villa, près de la colline de Tresserves, avec terrasses couvertes de treilles.

L'air des montagnes a fait du bien à toute la maison. Le petit Alphonse va à merveille ; les deux époux montent à cheval tous les jours, se baignent à Haute-Combe, s'aiment, s'adorent. Notre poète, insoucieux maintenant de l'ambition, de la gloire, ne voulant plus être qu'un mari rendant sa femme heureuse, n'aspirant qu'à devenir un patriarche pur et simple, un bon chrétien délivré des tourments du doute et

---

1. *Correspondance*, t. III, p. 83. V. Hugo avait adressé le 20 septembre à son ami Saint-Valry son ode sur *la Naissance du duc de Bordeaux*. Cette ode valut-elle à son auteur de la part de Chateaubriand l'épithète « d'enfant sublime » ? (Voir *V. Hugo avant 1830*, par Ed. Biré, in-12, p. 223 et suiv.)

des problèmes si douloureux de la destinée humaine, se laisse bercer dans une affection partagée, si douce après les orages de jeunesse, et dans la complète béatitude de l'âme épanouie.

Sa poésie d'alors reflète ce contentement intime, cet apaisement moral, c'est : *Philosophie*.

.....Parmi les pasteurs, assis au bord de l'onde,
Je suis d'un œil rêveur les barques sur les eaux,
J'écoute les soupirs du vent dans les rameaux.
Nonchalamment couché près du lit des fontaines,
Je suis l'ombre qui tourne autour des troncs des chênes.
....
.....Las d'errer sans fin dans des champs sans limite
Au seul jour où je vis, au seul bord où j'habite
J'ai borné désormais ma pensée et mes soins...

Vivre est assez pour nous ; un plus sage l'a dit
Le soin de chaque jour à chaque jour suffit...

Sa philosophie est celle d'un Tityre satisfait, *beatus possidens*!

Sa muse parfois s'égaie et devient gaillarde.

En août, par exemple, il envoie à l'ami Virieu, qui a des velléités de mariage, une épitre tout à fait guillerette :

Est-il vrai.....
Qu'une jeune beauté, dans Paris éduquée,
Par des nœuds éternels te doive être appliquée,

> Et que, grâce à la grâce et grâce aux sacrements,
> Vous deveniez époux avant que d'être amants?

Pourquoi n'être pas venu plutôt à Aix avec lui? Il lui aurait fait une vie délicieuse.

> Chaque jour, quand l'aurore eût quitté l'horizon,
> Quittant à petit bruit ma champêtre maison,
> Montés sur deux coursiers que l'Afrique a vus naître,
> A travers les vallons, nous aurions chevauché ;
> Ma femme entre nous deux, avec grâce eût marché,
> Et, suivant, en causant, le sentier qui serpente
> Tantôt au bord de l'onde et tantôt sur la pente
> Qu'ombrage de ses bras l'immense châtaignier,
> Nous ne serions rentrés que pour le déjeuner ;
> Nous t'aurions régalé de fruits et de laitage
> Aliments préférés du poète et du sage.

Puis un souvenir s'éveille quand il parle à son ami d'une partie de barque sur le lac du Bourget, évocation d'un temps non oublié :

> Alors, oh! revenez, songes de notre vie,
> Regrets, désir, espoir, amour, gloire, folie,
> Sur l'aile des zéphirs, venez, comme jadis,
> Secouer vos grelots sur nos yeux engourdis,
> Et pour dernier bienfait, laissez-nous voir en rêve
> Ce que le temps, hélas! à jamais nous enlève [1] !

1. *Correspondance*, t. III, p. 113 et suiv.

Notre auteur possède si bien maintenant le métier du vers qu'il est parfois tenté d'en abuser et la veine est trop facile, trop débordante. Mais il sait s'élever à des accents plus mâles. C'est à Aix, cet été-là, qu'il compose l'ode : *A Bonaparte*[1], ode où son génie magnanime, quoique justement sévère, sait rendre hommage à cette grande gloire et ne s'abaisse pas à la salir, comme Chateaubriand, par un pamphlet :

En automne, il est revenu à Milly : « C'est la « saison où je faisais jadis mes bons vers et j'en « ferais avec délices encore si je n'étais absorbé « par des soins plus sérieux. Le premier devoir « c'est de vivre et de faire vivre le plus heureux « possible ce qui nous entoure. J'y pense donc « avant tout. Les lettres sont un luxe de l'exis- « tence et il n'y faut donner que son superflu[2]. »

Il s'occupait, en ce moment, à faire réparer Saint-Point qui lui avait été donné en mariage par son père; il y faisait, de son vieux Milly, des courses fréquentes par les sentiers de montagne chers à ses jeunes années.

Les « bons vers » dont il parle, « la terre

---

1. *Nouvelles méditations poétiques.*
2. *Correspondance*, t. III, p. 124.

natale » les lui murmure encore une fois à
l'oreille. En traversant les chaînes mamelonnées
au pas cadencé de son cheval, comme autrefois en
venant de Paris à Montculot, la musique des rimes
le berce doucement et, jetant un regard sur le
passé, il compose les strophes de l'*Ode à Virieu*.

Sa vie tout entière se déroule devant lui.
Voici l'enfance avec ses promesses :

> Jamais d'une teinte plus belle
> L'aube en riant colora-t-elle
> Le front rayonnant du destin ?...

Puis, la jeunesse, Graziella d'abord :

> Reconnais-tu ce beau rivage
> Cette mer aux flots argentés ?

et Julie ensuite, et les bois de Saint-Cloud, et
la Seine et l'Institut :

> Plus loin, sur la rive où s'épanche
> Un fleuve épris de ces coteaux,
> Vois-tu ce palais qui se penche
> Et jette une ombre au sein des eaux

Après le passé, ses tristesses et ses deuils, il
salue l'avenir d'un œil serein :

Levons les yeux vers la colline!
Où luit l'étoile du matin!
Saluons la splendeur divine
Qui se lève dans le lointain!
Cette clarté pure et féconde
Aux yeux de l'âme éclaire un monde
Où la foi monte sans effort.
D'un saint espoir ton cœur palpite,
Ami, pour y voler plus vite,
Prenons les ailes de la mort¹.

A la fin de l'année, il est à Mâcon où il est reçu à bras ouverts par ses collègues de l'Académie qui l'ont nommé président de leur société.

Voici le compte rendu de la « séance du 13
« décembre 1821, présidée par M. Alphonse de
« Lamartine » :

« M. le Président prononce un discours dans
« lequel il adresse des remerciements à la so-
« ciété. Il fait l'éloge de plusieurs de ses mem-
« bres et particulièrement de M. de Lacretelle,
« dont il caractérise le beau talent ; il rappelle
« ensuite tous les droits que la société s'est
« acquis à l'estime publique par l'utilité et le
« nombre de ses travaux ; il vante la bonne har-

1. *Nouvelles méditations poétiques*, le Passé.

« monie qui n'a pas cessé de régner un seul
« instant entre ses membres. L'impression immé-
« diate du discours de M. le Président est
« votée à l'unanimité[1]. »

On le voit, s'il se trouva, au sein de l'Académie de Mâcon, quelques dissidences, quelques réserves tout au moins, au moment des débuts, à l'époque de la formation du jeune talent, dès 1820, c'est-à-dire dès l'apparition du petit volume des *Méditations*, il y eut unanimité.

La veine poétique semble épuisée.

Dans un court séjour pourtant qu'il fait à Paris, au commencement de l'année, à la recherche d'un poste de secrétaire d'ambassade (il ne se contente plus d'être simple attaché), il écrit *L'Esprit de Dieu*[2], dont il envoie à son ami, M. de Genoude, la dernière strophe :

> Attendons ce souffle suprême
> Dans un repos silencieux !
> Nous ne sommes rien de nous-mêmes
> Qu'un instrument mélodieux :
> Quand le doigt divin se retire,
> Soyons muets comme la lyre

---

1. Extrait du registre des délibérations rédigées par M. Chasles de la Touche.
2. *Nouvelles méditations poétiques.*

Qui recueille ses saints transports,
Jusqu'à ce qu'une main sacrée
Ebranle la corde inspirée
Où dorment les divins accords [1] !

1. *Correspondance*, t. III, p. 158.

M. de Fréminville, sur l'exemplaire en sa possession des *Nouvelles méditations poétiques*, a fait au crayon l'annotation suivante après le commentaire de « l'Esprit de Dieu », exemplaire gracieusement mis sous nos yeux par son fils :

« L'auteur n'est point vrai sur le motif qu'il donne. En
« voici l'origine :
« Au mois de juillet 1814, M. Aymon de Virieu, lui et moi,
« nous étions allés au Jardin des Plantes où nous nous
« assîmes à l'ombre du cèdre planté par de Jussieu. Pen-
« dant que les deux condisciples causaient ensemble, étant
« assis derrière eux, j'écrivis au crayon quelques lignes
« sur un calepin. M. de Lamartine me voyant la physionomie
« exprimant une forte pensée voulut que je la comuniquasse.
« Qu'imprimez-vous là, me dit-il ? — Ce n'est qu'une simple
« idée en mauvaise prose, lui répondis-je, et je lui mis le
« livret entre les mains. Il en fut frappé en le lisant.
« Plus de sept ans après, nous étant revus à Paris, il me
« récita pour premier bonjour la première et la dernière
« strophe en me demandant s'il avait bien exprimé ma pensée.
« Je ne pus que lui répondre affirmativement. Le premier
« volume de ses *Méditations poétiques* avait déjà paru, parce
« qu'il le plaça à la tête du second. L'a-t-il composé dans l'in-
« tervalle de 1814 à 1822 ? C'est ce que j'ignore. Il est vrai-
« semblable qu'elle est postérieure à l'impression du premier
« recueil. »   (Signé : de Fréminville.)

Il ajoute plus bas : « Le motif en prose que je n'ai pu retrou-
« ver avait plus de précision, plus de netteté et exprimait la
« vérité d'une manière plus simple et plus énergique...

« L'épisode de la lutte mystérieuse de Jacob avec un ange est un vrai hors d'œuvre se liant mal avec le reste. »

La famille du poète s'augmente. Le petit Alphonse vient d'avoir une sœur : Marie-Louise-Julie, née à Mâcon le 14 mai 1822.

Marie-Louise-Julie sont les trois prénoms de l'enfant. Ces prénoms sont ceux unis ensemble de la mère, du père et de l'amante morte, mais non oubliée.

Est-ce par pur sentiment d'euphonie que le prénom de Julie ou Julia fut adopté, comme pourraient le faire croire les vers de Gethsémani ?

> Pour que son nom sonnât plus doux dans la maison,
> D'un nom mélodieux, nous l'avons baptisée.

Non, Lamartine dit lui-même dans ses *Mémoires* : « Julia, ce fut le nom qu'un souvenir « d'amour donna à notre fille. » Le père trouve cela tout naturel ; Julie, nous l'avons vu, a été pour lui un culte, une religion.

M. Ch. Alexandre, le fidèle et scrupuleux secrétaire, en est, au fond, un peu choqué. « La « mère, dans une candide ignorance, dans une « sublime innocence, eut-elle foi à l'amour « idéal de Julie? Ignora-t-elle l'heure terrestre « de ce poétique amour, le baiser du Lac? Ne « connaissait-elle pas, en 1822, la strophe du

« baiser? Elle qui avait tous les manuscrits sous
« sa garde devait avoir lu les strophes cachées[1]. »

La vérité est que la mère savait tout ; mais elle n'avait pas seulement la tendresse des cœurs aimants, elle avait aussi l'intelligence des grandes âmes, exempte de toute mesquine jalousie. Le père n'eut pas à imposer le nom ; elle eut la délicatesse d'aller au devant de ses désirs. C'est que la jeune femme, artiste, ouverte à toutes les jouissances de l'esprit, n'aimait pas seulement l'homme dans Lamartine, elle aimait le poète, le poète qui l'avait fait pleurer en lui lisant *L'Immortalité*, *Le Lac*, *L'Isolement*. Et qui lui avait inspiré ces chants divins ? N'était-ce pas Julie ? Julie qui, en faisant jaillir les sources de la passion vraie, de la passion féconde, l'avait marqué au front de l'auréole des élus ? Ce nom était donc cher aux deux époux qui spontanément le placèrent sur une tête bien aimée.

A la fin de mai, le poète est souffrant. On prescrit Plombières.

Son ami, M. de Fréminville, qu'il a vu à Paris au commencement de l'année et auquel il a lu les strophes de *L'Esprit de Dieu* vient de se

---

1. *Mme Alphonse de Lamartine*, par Ch. ALEXANDRE, p. 45.

marier. Il lui écrit la lettre suivante, lettre inédite :

Mâcon, 30 mai 1822.

Enfin, mon cher Fréminville, Virieu en passant m'a donné votre adresse et je puis vous faire mes bien sincères compliments sur tout ce qui vous est arrivé d'heureux depuis notre entrevue. Je ne parle pas de votre place à Lyon, je ne regarde pas cela comme une bonne chose, j'aimerais mieux vous voir hors de toute affaire parce que vous portez votre puissance et votre action en vous-même et que vous n'êtes pas de cet ordre d'hommes propres à faire un rouage passif de la machine administrative. Mais je parle de ce bonheur inapréciable d'avoir arrêté son esprit et son cœur sur un objet digne de vous, de ce bonheur plus grand encore de lui avoir plu et enfin de le posséder. Virieu m'a dit que vous aviez mis votre bonheur et votre vie en bonnes mains, je ne doute pas qu'avec un caractère comme le vôtre, cette félicité ne soit mutuelle.

Je vous attendais ici à Pâques, selon votre promesse, mais je conçois que votre nouvelle position vous ait enchaîné là-bas. Je vais partir moi-même. Je vais seul aux eaux de Plombières, de là à Paris, de là à Londres avec ma femme. Elle vient de me donner une petite fille, elle attendra son plein rétablissement pour venir me rejoindre à Paris.

Notre ami Aymon va aussi se marier, je suis plus soucieux de cette affaire que je ne le serais pour vous et pour moi-même, sa vocation n'était pas si clairement prononcée et si la femme sur qui le sort l'a fait tomber n'est pas parfaitement selon son esprit, il courrait risque d'être plus malheureux qu'un autre. Je l'ai trouvé au reste bien disposé, je crois que quelques jours passés à vous entendre lui ont fait ou feront du bien. Je lui ai tenu le même langage, mais si j'ai du platonisme dans le cœur, je n'en ai pas autant dans l'esprit que vous qui avez digéré et transsubstantié cette doctrine presque divine.

Adieu, mon cher Fréminville, pensez à moi, gardez-moi une place en réserve dans votre amitié, le tems viendra, j'espère, où je pourrai en jouir comme autrefois. Quant à moi, vous devez savoir que quand on a su vous comprendre et vous connaître on ne risque pas de vous oublier. Mettez, je vous prie, mes hommages aux pieds de Mme de Fréminville.

Votre ami,
Lamartine [1].

---

1. La lettre est écrite sur deux feuilles; la seconde feuille porte une petite déchirure dans un coin, qui a emporté quelques lettres de certains mots; mais il a été facile de reconstituer les mots tout entiers.

En suscription :

> Monsieur
> Monsieur de Fréminville
> conseiller de préfecture du
> département du Rhône
> rue du Pérat, n° 24, Lyon.

Après Plombières et Paris, comme il l'annonce dans sa lettre à M. de Fréminville, Lamartine se rend en Angleterre avec sa femme et le petit Alphonse. Mme de Lamartine a voulu présenter son mari et son fils à ses parents, à ses amis. Mais l'enfant ne s'habitue pas au climat de Londres. On l'emmène à Richmond pour lui faire changer d'air. Le père se promène, trouve le ciel anglais désagréable, mais la terre « dolce e lieta », visite les châteaux, admire le gothique dont on les affuble, raffole de ce style : « J'en « ai pris la passion, la manie, la rage, écrit-il à « Virieu. Je vois que c'est le seul genre que sup- « porte notre médiocrité. Je suis au désespoir « d'avoir mis une pierre à Saint-Point avant « d'avoir ouvert les yeux à cette nouvelle lumière ; « je me repens de ce que j'ai fait et je vais finir « dans un meilleur sens [1]. »

---

1. *Correspondance*, t. III, p. 186, 187.

Ce ne sont point là, hélas! des mots en l'air. De retour à Saint-Point, il ne tardera pas à plaquer sur la façade sud de la vieille gentilhommière enfouie sous le lierre, la clématite, les églantiers grimpants, qui lui font un fantasque mais pittoresque manteau, cette tour, ces terrasses et ces arceaux néo-gothiques, joie du châtelain et de quelques-uns de ses hôtes, mais désespoir des artistes.

Cependant l'état du petit Alphonse empire; on quitte l'Angleterre, on le ramène à Paris; on l'installe au midi, dans une maison de la rue Saint-Honoré, donnant sur un jardin. Mais il est trop tard, l'enfant est perdu. Il expire à la fin d'octobre, « Souviens-toi, par ma triste expé-
« rience, écrit le père désolé à Virieu, de ne
« pas laisser voyager tes enfants[1]. »

Il vient au commencement de novembre à Mâcon chercher Julia qu'il avait confiée à sa mère, l'emmène à Paris. « Nous sommes bien
« tristes et bien malheureux. Notre petite fille
« est superbe, mais rien ne nous console[2]. »

Ils s'installent pour l'hiver dans leur apparte-

1. *Correspondance*, t. III, p. 192.
2. *Idem*, t. III, p. 207.

ment de la rue Saint-Honoré, portant le n° 327 ; « nous avons un bon petit intérieur, bien con-« fortable, bien large[1]. »

Il s'y plaît, renaît à la vie, à l'étude, à l'amitié. « Fréminville m'a découvert et vient souvent « dîner sans façon dans notre solitude ; il m'in-« téresse toujours de plus en plus. Il m'a lu hier « un fragment digne de Platon, notre type. C'est « neuf, c'est important, c'est beau, c'est vrai-« semblable ; que veux-tu de mieux en méta-« physique[2]. »

Lamartine qui a, comme il l'a dit, « du platonisme dans le cœur, » mais qui n'a pas comme son ami « digéré et transsubstantié cette doctrine presque divine », reçoit de ce « maître en Platon » le coup de foudre bienfaisant. Un horizon nouveau se lève devant lui ; un poème chante en lui, poème philosophique auquel il a longtemps rêvé.

1. *Correspondance*, t. III, p. 208.
2. *Idem*, t. III, p. 208.

CHAPITRE XVII

(Janvier 1823 à avril 1824.)

LA MORT DE SOCRATE

NOUVELLES MÉDITATIONS POÉTIQUES

Mouvement matérialiste de la poésie à la fin du xviiie siècle ; la science et la poésie ; *L'Invention* ; *L'Hermès*, d'André Chénier. — Les platoniciens. — Lamartine *vates* de la philosophie platonicienne. — *La Mort de Socrate*, poème à la fois platonicien, pythagorique, orphique et chrétien. — Appréciation de *La Mort de Socrate*. — *Nouvelles méditations poétiques*. — Jugement d'Alfred de Vigny. — Succès moindre ; pourquoi ?

Les poètes français de la fin du xviiie siècle, mis en goût par les travaux des encyclopédistes et excités par la grandiloquence de Buffon, s'ingénièrent à mettre en vers les aspirations de l'époque. Comme ces aspirations étaient animées du souffle de Lucrèce, c'était à qui ferait son poème de *La nature des choses*. Lebrun,

Fontanes luttèrent à l'envi, mais leurs efforts furent vains; c'était trop haute visée pour leur talent. *Tentanda via est,* s'écrie André Chénier, et il entre en lice. Celui-là était un fort. Pourquoi la langue des dieux ne serait-elle pas la langue de la science! Pourquoi ne la chanterait-on pas, cette science si féconde, dans la langue des dieux?

> « Tous les arts sont unis ; les sciences humaines
> « N'ont pu de leur empire étendre les domaines
> « Sans agrandir aussi la carrière des vers![1] »

Homère, Virgile ont ouvert la voie. Que la muse du siècle qui va naître essaie de s'en frayer une à côté des grands ancêtres;

> « ...Qu'auprès de leurs chars, dans un char enlevée,
> « Sur leurs sentiers marqués de vestiges si beaux,
> « Sa roue ose imprimer des vestiges nouveaux [2] !
> « ....
> « Changeons en notre miel leurs plus antiques fleurs !
> « Pour peindre notre idée empruntons leurs couleurs ;
> « Allumons nos flambeaux à leurs feux poétiques ;
> « Sur des pensers nouveaux faisons des vers antiques[3]. »

---

1. *L'Invention,* poème, vers 115. A. Chénier.
2. *Idem,* vers 88.
3. *Idem,* vers 181

Et il jette les grandes lignes de *L'Invention*, de *L'Hermès* de si puissante envergure. Hélas ! ce noble génie devait être moissonné en sa fleur. « Sans l'ineptie envieuse de Robespierre, a dit « M. Sorel, la France aurait eu son Goethe[1]. Heureusement elle a pu trouver de nos jours en M. Sully-Prudhomme le Chénier des deux poèmes philosophiques à peine ébauchés.

Au commencement du xixe siècle, quelques âmes sensibles qu'avaient effarouchées les tendances matérialistes ou naturalistes, quelques imaginations éprises des cérémonies, des pompes du moyen âge se plurent à « la religion des cloches », au néo-catholicisme de Chateaubriand; des caractères mieux trempés, plus carrés dans leurs croyances, suivirent les enseignements austères de Joseph de Maistre et de M. de Bonald, tandis qu'une élite d'esprits modérés, nourrie de la vivifiante culture de l'antiquité, mais touchée de la morale chrétienne plus peut-être que des dogmes chrétiens, chercha le christianisme à sa source même, c'est-à-dire auprès du spiritualisme platonicien,

---

1. *M*[me] *de Staël*, Hachette, p. 87, 1890, in-12.

éclos sous le beau ciel de la Grèce, à l'aurore de la liberté.

C'est d'abord le plus charmant de tous, je veux dire Joubert, cette nature exquise, ce dilettante qui se proclamait lui-même *Platone platonior*.

C'est Royer-Collard, c'est Cousin qui vient de soulever un auditoire enthousiaste dans ses cours de 1815 à 1820 ; qui vient de traduire Platon, de le faire sien en l'annotant de commentaires admirables.

C'est Jouffroy, cette âme Lamartinienne par excellence.

Lamartine se fit le *vates* de la doctrine de Platon. Chénier avait voulu marier la science à la poésie ; lui voulut unir la philosophie à la poésie, « l'une étant le beau idéal dans la pen-
« sée ; l'autre, le beau idéal dans l'expression[1]. »
Cette philosophie était pour lui, comme pour M. Renan, « l'art exquis de jouer de la lyre sur
« les fibres les plus intimes de l'âme, la musique
« sacrée des âmes pensantes. » Bien souvent déjà, nous l'avons rencontrée dans ses *Médita-*

---

1. Commentaire de *La Mort de Socrate*.

tions, mais il veut lui donner un corps et écrit *La Mort de Socrate*.

« En ce moment, dit-il à son ami Virieu, je
« fais une chose que je médite depuis six ans; un
« chant sur la mort de notre ami Socrate. Le
« *Phédon* m'y a fait repenser. Cela va comme de
« l'eau courante et pour nous deux au moins
« cela sera superbe, peut-être même pour Fré-
« minville. Je compte le terminer dans le mois.
« Cela aura cinq à six cents vers. C'est coupé
« par couplets comme Byron. Je crois qu'il n'y
« a pas moyen de soutenir l'épique autrement;
« ce n'est purement ni épique, ni lyrique, ni
« didactique, mais tous les trois à la fois. C'est
« neuf en un mot pour nous [1]. »

L'ouvrage fut terminé au bout d'un mois. A la date du 15 mars il écrit à son ami Virieu : « *Socrate* est fini. Si tu me demandes mon avis,
« je te dirai que je le trouve mon morceau capital,
« *il capo d'opera* du genre méditatif[2]. » Il dira plus tard de cette œuvre : « C'est certainement
« ce que j'estime le plus de ce que j'ai fait[3]. »

---

1. *Correspondance*, t. III, p. 217.
2. *Idem*, t. III, p. 221.
3. *Idem*, t. III, p. 230.

Elle parut en septembre chez Ladvocat. Trois éditions se succédèrent en moins d'un mois [1].

La Mort de Socrate est plutôt une longue méditation qu'un poème; il y manque les idées véritablement personnelles qui constituent le caractère essentiel du poème, manifestation grandiose de la pensée humaine. Lamartine se contente généralement de mettre en fort beaux vers les dernières paroles de Socrate, telles qu'elles ont été recueillies par Platon, paroles qui renferment l'exposé de la doctrine prêtée par celui-ci à son maître; pourtant il y a de l'originalité dans certains passages; il y a comme une évocation des doctrines des âges primitifs, un reflet des préceptes antérieurs au platonisme, reflet pythagorique et orphique dans ces vers :

> Peut-être qu'en effet, dans l'immense étendue,
> Dans tout ce qui se meut, une âme est répandue,
> Que des astres brillants sur nos têtes semés
> Sont des soleils vivants et des feux animés.....
> ....

---

1. 39.170. Samedi, 20 septembre 1823. — *La Mort de Socrate*, poème, in-8 de 9 feuilles 1/8. Imprimerie de Didot, à Paris, chez Ladvocat. Prix 4 fr. (*Journal de la librairie.*)
4.076. 27 septembre 1823, 2ᵉ édition (*Journal de la librairie*).
4.407. 18 octobre 1823, 3ᵉ édition (*Journal de la librairie*).

Que le jour est un œil qui répand la lumière,
La nuit, une beauté qui voile sa paupière,
Et qu'enfin dans le ciel, sur la terre, en tout lieu,
Tout est intelligent, tout vit, tout est un Dieu.

....

Puis à la fin le poète jette un cri chrétien. S'adressant aux dieux du paganisme, il leur dit :

Encore un peu de temps et votre auguste foule,
Roulant avec l'erreur de l'Olympe qui croule,
Fera place au Dieu saint, unique, universel,
Le seul Dieu que j'adore et qui n'a point d'autel !

Le Socrate dépeint par Lamartine, en dehors des passages dont nous avons parlé, est le Socrate comme nous l'a présenté son disciple : le sage, « mourant pour la justice et pour la vérité, » sacrifié aux haines des sophistes et du parti sacerdotal.

L'historien anglais Grote[1] prétend que c'est là un Socrate purement imaginaire, que le vrai Socrate fut un homme aux mœurs corrompues, justement flétri par Aristophane, un homme « occupé gravement à mesurer le saut d'une « puce ».

1. *Platon et les autres disciples de Socrate*, 1865, in-8.

L'historien allemand Ernest Curtius[1] et chez nous Ernest Havet[2] ont fait justice de cette étrange assertion.

La Mort de Socrate plut beaucoup à Jouffroy; c'est certainement en parlant de cet ouvrage qu'il disait que : « Lamartine était le plus grand « poète de son siècle parce qu'il avait su déve- « lopper dans le plus éclatant langage les pro- « blèmes les plus élevés et les plus abstraits de « la philosophie. »

Dans une lettre écrite à la date du 3 octobre 1823 à Victor Hugo, Alfred de Vigny s'expri- mait ainsi : « *Socrate* est un ouvrage très bien « composé et auquel on ne peut pas refuser une « poésie grave et majestueuse. Je veux bien que « Platon en ait fait une partie; tout cela est « plus beau par les vers et il y en a d'une sévé- « rité mâle qui m'a ému, et l'émotion ne trompe « jamais[3]. »

Un écrivain d'un esprit très fin et très origi-

---

1. *Histoire grecque*, traduite par M. Bouché-Leclerq, t. IV, p. 111 et suiv. Leroux, 1881, in-8.
2. *Le Christianisme et ses origines*, l'Hellénisme, t. I, p. 142 et suiv., Calmann-Lévy.
3. *Victor Hugo avant* 1830, par M. Edmond Biré, 1883, in-12, p. 321.

nal, M. Emile Chasles, a soutenu que notre poète, dans ce chant, a été fidèle à nos vieilles traditions. « Le véritable esprit gaulois, dit-il, n'est
« pas un esprit de lyrisme et de raillerie. Quand
« les études historiques auront éclairé nos ori-
« gines, on sera surpris de voir que 1500 ans
« avant Jésus-Christ, notre race avait des
« maîtres savants qui lui enseignaient un dogme
« unique : l'immortalité de l'âme, et que tous
« vivaient de cette croyance... Le rôle de Lamar-
« tine, rôle de poète, fut précisément de reven-
« diquer parmi nous les droits éternels de notre
« foi antique. Il était plus Gaulois qu'il ne s'en
« doutait et il ressemblait à ces maîtres d'autre-
« fois qui, du sein des forêts primitives, ensei-
« gnaient à la Gaule la toute puissance de
« l'âme[1]. »

Le poète vient passer l'été à Saint-Point qu'il répare et où il s'installe. Il prépare les *Nouvelles Méditations* qu'il vend 15.000 francs. Elles paraissent à la fin de septembre chez Urbain

---

[1]. *Conférence faite à Paris le 9 mai* 1869. Paris, 1869, brochure in-8. Bureaux de l'*Echo de la Sorbonne*.

Canel[1]. « De septembre 1823 à octobre 1825, elles eurent cinq éditions[2]. »

Voici ce qu'en dit Alfred de Vigny dans la lettre que nous avons citée, écrite à Victor Hugo le 3 octobre 1823 :

« Quant aux *Nouvelles Méditations*, certes
« l'ensemble est fort inférieur aux premières;
« le ton est désuni et on a l'air d'avoir réuni
« toutes les rognures du premier ouvrage et les
« essais de l'auteur depuis qu'il est né. Je ne
« puis croire qu'il ait présidé à cet arrange-
« ment..... Cependant, et je le dis avec vérité,
« je ne crois pas que M. de Lamartine ait rien
« fait qui égale *Les Préludes* et les dernières
« strophes surtout, *Bonaparte* et le *Chant*
« *d'amour*. Il y a en général dans ses ouvrages
« une verve de cœur, une fécondité d'émotion
« qui le feront toujours adorer, parce qu'il est

---

1. 27 septembre 1823. *Nouvelles Méditations poétiques*, par M. Alphonse DE LAMARTINE, in-8 de 11 feuilles 3/4. Paris, Urbain Canel, Audin. Imprimerie de Rignoux (*Journal de la librairie*).

2. 5.361. 24 septembre 1825. *Nouvelles Méditations poétiques*, chez Urbain Canel, 4ᵉ édition (*Journal de la librairie*).

6.007. 29 octobre 1825. *Nouvelles Méditations poétiques*, chez Gosselin, 5ᵉ édition (*Journal de la librairie*).

« en rapport avec tous les cœurs. Il ne lui reste
« plus qu'à l'être avec l'esprit par la pureté et
« avec les yeux dans les descriptions[1]. »

Cette appréciation nous semble en partie erronée.

Les *Nouvelles Méditations poétiques* ne sont pas inférieures aux premières; elles renferment des chants : *Le Passé*, *Ischia*, *Les Etoiles*, l'*Elégie à El...*, *Le Crucifix*, qui leur sont peut-être supérieurs. Elles font corps avec elles, d'ailleurs, et ne doivent pas se séparer. Beaucoup de ces poésies, en effet, datent d'avant 1820. Le poète, enhardi par le succès du petit volume édité par Nicolle, les a insérées dans l'in-8 d'Urbain Canel de 1823. Ce qui est vrai, c'est que le succès en fut moindre, parce que l'attrait de la nouveauté n'existait plus. Ces accents si touchants étaient connus déjà et le choc si soudain, qui avait doucement ému les cœurs, s'était amorti par accoutumance.

---

1. *Victor Hugo avant 1830*, par M. Ed. BIRÉ, in-12, 1883, p. 322.

CHAPITRE XVIII

(Avril 1824 à septembre 1825.)

LE CHANT DU SACRE — *CHILDE HAROLD*

Lettre inédite à M. de Fréminville « le maître en Platon ». — *Le Chant du Sacre;* démêlés avec le duc d'Orléans ; chagrin de la mère du poète. — Byron, son caractère ; sa vie ; ses aventures ; sa mort à Missolonghi. — Lamartine continue *Childe Harold;* ne peut se détacher de son *moi.* — *Childe Harold* et M. de Fréminville ; une lettre inédite. — *Childe Harold* et la mère du poète. — Tendances naturalistes, panthéistes de ce poème ; influence de Keats, Shelley, Byron et Goethe. — Goethe, le grand panthéiste. — Œuvre de jeunesse achevée. — Vue d'ensemble sur cette œuvre.

Le poète vient habiter Mâcon une partie de l'hiver, mais, dès la fin d'avril 1824, il repart pour Saint-Point, « tout occupé d'ouvriers, de prés, « de jardins, de chemins et de chevaux [1], » mais,

---

1. *Correspondance*, t. III, p. 283.

au milieu de ces travaux de gentleman-farmer, « lisant Homère[1]. »

Sa femme est souffrante; il la mène aux eaux de Schinznach, en Argovie (Suisse); elle y est si malade qu'il pense la perdre. Lui-même est en piteux état. « Ma mélancolie, écrit-il à Virieu, « est comme à seize ans, avec le vague espoir « de moins[2]. »

Il est de retour de son voyage au commencement d'août. Il répond à son ami Fréminville, qui l'avait félicité de *La mort de Socrate*, cette lettre si belle, lettre inédite :

Saint-Point, 7 août 1824.

En revenant d'un voyage de deux mois en Suisse, je trouve votre lettre qui m'attend mon cher Fréminville; ignorant où vous êtes, j'adresse ma lettre à Aymon; il le saura et me le dira.

Je vous remercie d'abord des deux commissions que vous avez bien voulu me faire avec tant d'exactitude et vous prie de me faire savoir combien je vous dois. Je vous le ferai remettre par notre ami. Mais je vous remercie bien plus de la belle et saine

1. *Correspondance*, t. III, p. 286.
2. *Idem*, t. III, p. 299.

métaphysique dont vous m'avez enchanté. Voilà une lettre comme Platon en eût écrite à ses disciples ou saint Paul à ses cathécumènes. Voilà comment il faudrait souvent s'écrire. Alors l'amitié si bonne au cœur deviendrait également utile à l'âme, et ces belles et grandes pensées qui traversent de tems en tems l'intelligence, n'iraient pas se perdre dans le néant comme les rêves de la nuit. Je ne cesserai mon cher maître en Platon de vous crier d'écrire et d'écrire encore et d'écrire beaucoup, peu de gens vous entendront, qu'importe? Ceux-là n'ont pas besoin de vous entendre ; chacun vit de son élément. Vous parlez une langue morte et sacrée, le *vulgus* n'a pas besoin de la comprendre, vous ne la parlez pas pour lui. C'est un devoir quand on a du loisir, de la santé et du talent, d'exprimer ce qu'on sent de bien et de beau le mieux qu'on le peut. On ne nous demandera pas compte de nos grandes actions à nous qui n'avons pas à agir sur la terre, on nous dira qu'avez-vous pensé ? et si vous avez pensé si bien pourquoi vous êtes-vous tu ? Cependant mon cher Fréminville il y a encore sur vos idées un voile, un nuage que je n'ai jamais complettement vu se dissipper. Je voudrais savoir, et je vous l'ai déjà demandé, ce que vous pensez de la révélation et pourquoi et comment vous en pensez ? il faudra me répondre. J'y crois mais je voudrais voir comment un homme de votre force y croit, ses motifs fortifieraient les miens qui sont purement de sentiment. Ce serait bon à présenter à ceux qui doutent.

Adieu, le papier finit.

Lamartine.

En suscription :

A Fréminville
Lyon.

Durant l'hiver, il quitte Saint-Point, poussé par sa famille, pour aller à Paris poser sa candidature à l'Académie française. Il échoue.

La mère du poète est plus désolée que le poète lui-même de cet échec : « Alphonse revient de
« Paris, écrit-elle le 4 décembre 1824; il n'a
« pas été nommé à l'Académie française; c'est
« M. Droz qui l'a emporté sur lui; j'ai été fâchée
« d'avoir trop engagé mon fils à se présenter.
« J'ai été affligée surtout pour mon mari qui
« mettait un grand intérêt à ce succès; enfin,
« Dieu et les hommes ne l'ont pas voulu, il faut
« accepter cette peine sans aigreur et sans mur-
« murer[1]. »

Lamartine n'était pas oublié pourtant. Le roi

---

1. *Le Manuscrit de ma mère*, p. 262.

l'avait nommé chevalier de la Légion d'honneur en même temps que Victor Hugo. Cette nomination fut insérée au *Moniteur* du 29 avril 1825.

Le sacre de Charles X devait avoir lieu à Reims, le 29 mai de cette année. Dès le mois d'avril, Lamartine avait fait *Le Chant du Sacre*.

La mère nous apprend, dans son journal, que le poète, partageant les idées des gentilshommes royalistes et celles de son père lui-même contre les d'Orléans, avait omis, dans les vers de son poème qui passent en revue et célèbrent les princes de la maison royale, d'y faire figurer le nom du duc d'Orléans. M. des Roys, nous le savons, avait été intendant des finances de cette maison. Mme de Lamartine avait conservé les meilleures relations avec cette famille qui l'avait comblée de bontés durant son enfance. A l'insu de son fils, à l'insu de son mari, dans des circonstances pénibles où s'était trouvée Mme veuve des Roys, sa mère, elle avait eu recours à l'affection de Mlle d'Orléans qui s'était montrée pleine de cœur et de générosité. Elle fut donc très affligée de cette omission :

« J'obtins, ou plutôt j'arrachai, dit-elle, à

« force de larmes et même en l'ordonnant au
« nom de mon autorité de mère, qu'il pronon-
« cerait, avec convenance, le nom du duc d'Or-
« léans dans cet hommage aux Bourbons. Il le
« fit pour me complaire, mais il fut malheureux
« dans l'expression d'un sentiment qu'il n'éprou-
« vait pas[1]. »

Voici les vers qu'il fit :

LE ROI.

d'Orléans !

Ce grand nom est couvert du pardon de mon frère,
Le fils a racheté les crimes de son père ;
Et comme les rejets d'un arbre encore fécond
Sept rameaux ont caché les blessures du tronc.

« Le duc d'Orléans est allé se plaindre au roi,
« *co' fiocchi*, des insultes que je lui adressais,
« écrit le poète à son ami Virieu. Le roi a
« ordonné la suppression du passage. Les
« libraires, comme des coquins, l'ont refusée.
« J'ai été instruit trop tard et je me suis
« empressé d'écrire, d'arrêter, de changer, de
« tout faire pour contenter le roi. Le roi m'a
« fait écrire, de Reims, son mécontentement par

---

[1]. *Le Manuscrit de ma mère*, p. 268.

« M. Doudeauville. J'ai répondu de mon mieux.
« Les journaux libéraux ont écrit. J'ai répondu
« pour disculper seulement le roi que ces
« coquins avaient l'air d'accuser de mon fait
« très isolé. Enfin, tu triompheras à bon droit,
« une sanglante satire ne m'eût pas fait plus
« d'amis ; mais, malgré cela, je ris, excepté de
« la peine du roi[1]. »

Le Chant du Sacre parut en mai 1825, chez Urbain Canel[2].

---

1. *Correspondance*, t. III, p. 345.
2. 2.999. 28 mai 1825. *Chant du Sacre ou la Veille des armes*, in-8° de 4 feuilles 1/4. Imprimerie de Tastu, à Paris. — A Paris, chez Urbain Canel, chez Beaudouin frères. Prix 4 fr. Suit cette note : Il est des exemplaires dont la page 19 contient 13 vers et la page 20, 10 vers. Il en est dont ces pages n'ont que 11 et 8 vers (*Journal de la librairie*).

Quérard. *France littéraire*, verbo *Lamartine*, fait l'observation suivante sous l'art. *Chant du Sacre* : « M. Beuchot a
« fait la remarque qu'il y a des exemplaires dont la page 19
« contient 13 vers et la page 20, 10, tandis qu'il y en a d'autres
« dont ces pages n'ont que 11 et 8 vers. La *Biographie univer-*
« *selle et portative des contemporains* donne la clef de cette
« énigme par la note suivante que nous lui empruntons : « *Le*
« *Chant du Sacre* renfermait quelques vers qui déplurent à
« M. le duc d'Orléans, en amenant sur la scène, avec une exac-
« titude trop historique, le souvenir des opinions du duc son
« père. Il y eut à ce sujet, entre le prince et le poète, une
« petite négociation de laquelle il résulte que M. de Lamartine,
« n'ayant pas eu l'intention d'offenser son Altesse Royale, fai-
« sait bien volontiers le sacrifice des vers dans lesquels elle

Il se déroule en vers majestueux et d'une grande harmonie, et se termine par une belle invocation à la liberté. Mais l'auteur n'en est pas fier.

« C'est mon poëme de Fontenoy, écrit-il à
« Virieu, mais je ne le fais ni pour gloire, ni
« pour argent, par pure conscience royaliste et
« pour témoigner une juste reconnaissance à
« qui de droit[1]. »

Et ailleurs, au même : « Quant au *Sacre*,
« l'horreur des horreurs poétiques, ne m'en
« parle pas ; tout le monde, à Paris, m'a crié
« haro ! mais *proprià virtute me involvo*, ce qui
« veut dire : je m'enveloppe dans ma sottise.
« Cependant non, ce n'est point une bêtise, ce
« n'est pas besoin d'argent, je l'ai fait conscien-
« cieusement pour montrer que, quoique avec
« quelques sentiments un peu libres, j'étais
« franchement du parti de nos rois. Le ciel
« m'en saura gré et les hommes se moqueront
« de moi, et toute justice sera faite[2]. »

« avait cru voir une allusion injurieuse. Ces vers ont disparu
« de la 2ᵉ édition ou plutôt du second tirage, et l'on dit que la
« première a été achetée presque tout entière à l'éditeur,
« M. Tastu, pour être anéantie. »
1. *Correspondance*, t. III, p. 332.
2. *Idem*, t. III, p. 340.

Lamartine n'assista pas au sacre, quoi qu'en dise Victor Hugo dans ses *Mémoires*. A la fin de mai, il était à Lyon, partant pour les eaux d'Aix[1].

Lord Byron était mort le 19 avril 1824.

Devenu majeur, maître de ses biens, il avait quitté l'Angleterre, parcouru le Portugal, l'Espagne et passé près de deux ans en Grèce, dans les Cyclades et dans l'Asie Mineure.

Revenu dans sa patrie, il faisait paraître, au commencement de 1812, les deux premiers chants de son *Childe Harold*, puis, peu de temps après, *Le Giaour*, *La Fiancée d'Abydos*, *Le Corsaire* et enfin *Lara*.

L'apparition de ces poèmes d'un jeune homme connu seulement par ses *Hours of idleness*, début timide d'une muse qui s'essaie, et par les *English Bards*, mordante satire qui lui avait attiré autant d'ennemis que de lecteurs, fut un coup de théâtre. L'Angleterre avait bien eu ses poètes depuis le milieu du siècle dernier et des poètes de grand talent ; elle avait eu Thompson,

---

[1]. Voir *Victor Hugo avant 1830*, par M. Edmond Biré, in-12, 1883, p. 376 et suiv., et *Correspondance de Lamartine*, t. III, p. 342.

Cowper et elle avait encore ses lakistes, Southey, Wordsworth, Coleridge et aussi Walter Scott. Mais le grand mouvement romantique n'y était pas représenté. Elle n'avait ni un Goethe ni un Chateaubriand ; elle n'avait ni *Werther*, ni *Faust*, ni *René*. Le « malade du siècle » n'y était pas né. Byron fut celui-là. Ce fut le malade par excellence, le grand désespéré et dans son désespoir, il le dit lui-même, était le venin le plus énergique[1]. Il fut surtout le grand révolté.

Comme Heine, son disciple, « soldat dans la « guerre de libération de l'humanité, » mais soldat pacifique, Goethe engage la lutte contre les idées, contre les mœurs de l'époque. Il est, par excellence, l'émancipateur des esprits. Ce ne sont pas les hommes qu'il combat. Bien en cour, bien avec toutes les puissances, vivant, comme Voltaire chez nous, en bonne intelligence avec les souverains, il ne pense pas plus que lui à renverser les trônes. Son *Werther* est un jeune bourgeois qui se délecte dans les sentiments de

---

1. « There is a very life in our despair,
    « Vitality of poison ; a quick root
    « Which feeds these deadly branches. »

    (*Childe Harold.*)

la vie de famille, qui aime Charlotte parce qu'elle vit entourée de frères auxquels elle distribue gentiment des tartines et qu'elle est une grande sœur modèle. Il prend la vie en dégoût parce qu'il est désœuvré, incompris et qu'il n'a pas de situation à la hauteur de ses talents. C'est le type des ténébreux de G. Sand. Son *Faust* est un héros qui a mal à l'âme et qui rêve pour l'humanité une destinée meilleure, mais qui ne pense pas à saper les gouvernements. Son *Prométhée*, lui-même, s'insurge contre Dieu seul, laissant en paix les représentants terrestres de son autorité.

Le *René* de Chateaubriand est un gentilhomme qui baille sa vie, vie inutile, mais bien inoffensive, en France d'abord, en Amérique ensuite.

Les héros de Byron sont d'une autre trempe; tous ont l'âme même du poète : cette âme a la tristesse, la sombre mélancolie des nations du Nord, mais elle en a aussi la puissance, l'activité, l'énergie. Byron a dans le sang l'esprit d'aventure de ces Northmen qui, partis des plages scandinaves, remontaient dans des barques le cours des fleuves et venaient effrayer les derniers Carolingiens; puis, devenus plus forts, frétaient des flottes pour aller fonder des royaumes en Sicile, en Grèce, dans l'Asie Mineure. Il y a du chef normand, du Rollon, du Tancrède, du Bohémond, du Richard dans *Le Giaour*, dans *Le Corsaire*, dans *Lara*. Plus de frein, plus de conventions sociales, plus de religion établie, plus de gouvernement reconnu ; l'instinct, l'audace du *selfhelp*, du *selfreliance*, voilà la nature des personnages de Byron et de Byron lui-même.

Mais, le croirait-on, à ce moment, ce poète essentiellement révolutionnaire, qui foulait tout aux pieds, plut à tous. Whigs et Torys chantèrent ses louanges. Ce fut un engouement. Voilà qui est hardi, disait-on, voilà qui est crâne, et le jeune lord était un objet d'admiration, d'adulation ; les femmes, surtout, rêvaient d'un Giaour, d'un Lara qui les enlèverait, les jetterait dans son *sloop* et les emmènerait captives au vieux manoir de Newstead-Abbey.

Le poète ne jouit pas longtemps de ce triomphe. Un mariage malencontreux vint tout gâter. Par malechance, il épousa la fille d'un baronnet anglais, riche, bien élevée, mais qui personnifiait le cant puritain. Miss Milbanks était la pruderie britannique elle-même, vraie héroïne de Richardson, sœur du chevalier Grandisson. Elle s'était mariée avec le jeune lord « pour le convertir », disait-elle. Des querelles de ménage ne tardèrent pas à surgir. Au bout d'un an, la jeune femme déclara qu'elle ne voulait plus vivre avec son mari.

Le public anglais prit fait et cause pour elle. Ce fut un tollé général contre le poète. L'Angleterre qui, d'après Macaulay, a tous les sept ans des accès de vertu au bout desquels elle se rendort[1], s'enflamma tout entière comme si c'eût été une injure personnelle. Tout le monde fit chorus. Les ennemis que le poète s'était faits par ses *English Bards* profitèrent de l'aubaine. Tout ce qui rampait leva la tête et mordit à qui mieux mieux[2].

Byron laisse clabauder sans s'émouvoir; mais enfin, écœuré, il met à la voile, le 26 avril 1816, et quitte sa patrie pour ne plus la revoir.

1. « And our virtue goes quietly to sleep for seven years « more. » Macaulay. *Critical and historica Essays*. Moore *life of Byron*, I, p. 312. Tauchnitz edition.
2. « All those creeping things that riot in the decay of « nobler natures hastened to their repast; and they were « right; they did after their kind. » Macaulay. *Critical and historical Essays*... I, p. 315. Tauchnitz edit.

Il se dirige d'abord, en passant par la Belgique et en visitant le champ de bataille de Waterloo, vers le lac de Genève; il s'installe à Diodati, puis à Vevey. C'est là qu'il rencontre Shelley, autre exilé, autre révolté. Ils parcourent ensemble les lieux illustrés par les héros de Jean-Jacques (c'est là que notre poète mâconnais entend parler d'eux); puis, franchissant les Alpes, Byron vient se fixer à Venise. Il a terminé les deux derniers actes de *Childe Harold* et fait son *Manfred*.

A Venise, il s'enivre de la molle vie italienne, y berce sa mélancolie et s'assoupit dans la volupté. Il écrit son *Beppo* et commence *Don Juan*.

Une liaison avec une femme aimante, distinguée et à l'âme virile l'éveille de sa torpeur. Le poète alangui fait place au fils des vieux Northmen; il ne rêve qu'action, qu'émancipation des hommes. Il songe à affranchir l'Italie. C'est un projet prématuré.

Mais il est une nation qu'il a chantée en vers admirables, où il a passé deux années entières, les deux plus belles de sa vie, nation qui est sa seconde patrie, plus aimée, dont les poètes, les écrivains, les hommes d'État toujours lus, toujours médités ont fait son intelligence : c'est la Grèce qui, au souvenir de sa gloire passée, vient de secouer le joug turc et tente de reconquérir son indépendance.

Byron veut voler à son secours ; il met à la voile à Gênes, le 14 juillet 1823, arrive, après mille dangers, à Missolonghi, où il organise la défense, tour à tour soldat, diplomate. Sa santé, déjà ébranlée, ne peut résister au climat et aux fatigues de toutes sortes qu'il a à endurer. Le 18 mars, jour de Pâques joyeusement fêté par les Grecs, à l'heure où tous se répandent dans la ville en criant : « Le Christ est ressuscité, » Byron a une faiblesse, sa langue s'embarrasse : « Now I shall go to sleep, » balbutie-t-il. Le lendemain, il était mort,

> Finissant en héros son immortel ennui.

Sa fin est son plus beau poème.

A ce cri : « Le Christ est ressuscité, » poussé au moment où s'éteint le grand païen, sur ces rivages grecs, aux bords de cette mer aux mille bruits, sur les flots de laquelle il aimait à se faire bercer, comme s'il eût été son enfant,

il nous semble entendre le pilote Thamas répondre : « Le grand Pan est mort ! » il nous semble que, de toutes parts, s'élevent des voix plaintives, des gémissements, comme si la nature tout entière était plongée dans le deuil. C'est qu'à côté de l'homme énergique qui s'est dévoué pour sa patrie d'adoption est le poète qui a le culte, l'adoration de la nature. Cette nature, il l'aime de toutes les forces de son âme, il s'absorbe en elle ; ce que Mme de Staël disait de Goethe dans son livre de l'Allemagne peut s'appliquer à lui : « Il comprend la nature
« non pas seulement en poète, mais en frère,
« et l'on dirait que des rapports de famille lui
« parlent pour l'air, l'eau, les fleurs, les arbres,
« enfin pour toutes les beautés primitives de la
« création. »

Aussi, combien sont vrais ces vers mis dans sa bouche :

> Ah ! si tu peux pleurer, nature, c'est pour lui.
> Jamais être formé de poussière et de flamme
> A tes purs éléments ne mêla mieux son âme ;
> Jamais esprit mortel ne comprit mieux ta voix [1].

1. *Le dernier chant du pèlerinage de Childe Harold.*

Nous avons vu quelle impression fit sur notre poète la haute personnalité de Byron ; nous avons vu quelle émotion il ressentit de sa mort. C'était pour lui, on l'a dit[1], « une âme sœur. » Il avait osé, dans un moment d'angoisse, lui adresser son épître *L'Homme,* si belle, si poignante.

Goethe, dans les noces mystiques de Faust et d'Hélène, en traçant le portrait d'Euphorion, cet enfant promis à d'illustres destins et ravi dans sa fleur, avait décrit la vie du héros de Missolonghi et sa fin si prématurée.

Lamartine veut, lui aussi, dresser à cette grande image un tombeau digne d'elle. Le poème de *Childe Harold* est resté inachevé ; il ose former le projet de le continuer.

C'est son héros, c'est Byron qu'il veut faire parler ; mais Lamartine, comme Rousseau, comme Chateaubriand, comme Byron surtout, est essentiellement fidèle à son moi ; c'est son âme qu'il dépeint et c'est son âme qui ne tarde pas à paraître sous l'âme de son héros. Un critique éminent l'a dit en termes excellents : « M. de « Lamartine voudrait en vain imiter un poète

---

1. M. Darmesteter. *Etudes sur la littérature anglaise,* Delagrave, in-12.

« ou un poème ; sa nature l'emporte bientôt,
« sa rêverie le domine, son inspiration devient
« plus puissante ; dites donc au cygne de voler
« avec les ailes de l'aigle. Aussi, après quelques
« efforts pour suivre la trace d'*Harold*, M. de
« Lamartine rentre naturellement dans son
« propre sentier, et ce poème, commencé
« comme un poème, devient peu à peu la plus
« simple, la plus poétique et la plus touchante
« élégie qui soit sortie de l'âme d'un poète, en
« l'honneur d'un autre poète [1]. »

C'est bien notre poète lui-même, en effet, qui parle quand il commence son chant par une magnifique et fière invocation à la Liberté :

Trop souvent les mortels, du ciel même jaloux,
Se ravissent entre eux ce bien commun à tous ;
Plus durs que le destin, dans d'indignes entraves,
De ce que Dieu fit libre, ils ont fait des esclaves !
Ils ont de ses saints droits dégradé la raison...

C'est bien notre poète qui salue Homère,

Homère ! à ce grand nom, du Pinde à l'Hellespont,
Les airs, les cieux, les flots, la terre, tout répond.

1. Jules JANIN, *Dictionnaire de la conversation.*

C'est lui qui, dévoré encore du doute, caresse toujours

> Le rêve doré de l'immortalité ;

C'est lui qui, sans cesse, cherche Dieu et qui s'écrie :

> Ah ! j'aurais dû peut-être, humblement prosterné,
> Le recevoir d'en haut, tel qu'il nous fut donné,
> Et, courbant sous sa foi ma raison qui l'ignore,
> L'adorer dans la langue où l'univers l'adore.

C'est de son âme enfin que jaillissent ces vers si puissants que reproduit tout entiers M. Faguet, dans son étude sur Lamartine, « les plus beaux « vers, dit-il, de philosophie naturaliste qui « eussent été écrits jusque-là et qu'on peut « mettre à côté de tous ceux qui sont nés « depuis [1]. »

> Triomphe, disait-il, immortelle nature,
> ....
> Quoi donc ! n'aimes-tu pas au moins celui qui t'aime ?
> N'as-tu pas de pitié pour notre heure suprême ?
> ....

---

[1]. *Études sur le XIXe siècle.* Lecesne et Oudin, 1889, in-12.

Oui, seul deshérité des biens que l'âme espère,
Tu me ferais encore un Éden de la terre,
Et je pourrais, heureux de ta seule beauté,
Me créer dans ton sein ma propre éternité !
Pourvu que dans les yeux d'un autre être, mon âme
Réfléchît seulement son extase et sa flamme,
Comme toi-même, ici, tu réfléchis ton Dieu.
Je pourrais, mais j'expire... arrête, encore adieu,
Adieu, soleils flottants dans l'azur de l'espace,
Jours rayonnants de feux, nuits touchantes de grâce.
Voiles, grâces des eaux qui fuyez sur la mer.....
Harmonieux concerts de tous les éléments,
Bruit, silence, repos, parfums, ravissements,
Nature enfin, adieu.....
.....La mort de plus près va réunir à toi
Et ce corps et ces sens et ce qui pense en moi,
Et les rendant aux flots, à l'air à la lumière,
Avec les éléments confondre ma poussière.

M. Leconte de Lisle et M. Sully-Prudhomme n'auront pas d'accents plus mâles et plus harmonieux en même temps.

Lamartine était fier de son poème.

« Les amateurs véritables, écrivait-il, ont été,
« à ce qu'il m'a paru, réellement contents [1]. »

Puis : « Son succès me paraît assez clair, par
« les lettres de toutes parts que je reçois et par

1. *Correspondance*, t. III, p. 340.

« les attaques mêmes des journaux hostiles, qui
« conviennent tous que, malgré ses défauts
« innombrables, c'est le meilleur morceau de
« poésie que j'aie fait, et peut-être de l'époque [1]. »

Le dernier chant de Childe Harold eut, en effet, un très grand succès. Cinq éditions parurent dans la seule année de 1825 [2].

Childe Harold ne semble pas avoir été du goût du platonicien Fréminville, comme on le voit par la lettre que lui écrivait Lamartine au moment de partir pour Paris, d'où il devait se rendre à Florence occuper son poste d'attaché d'ambassade. Cette lettre est sans date, mais puisqu'elle est écrite au moment de partir pour Paris, elle est du commencement de septembre 1825.

Mon cher Fréminville, où avez vous pris que j'eusse un assez mauvais caractère pour m'offenser des avis et des vérités sortis d'une bouche amie?

---

1. *Correspondance*, t. III, p. 344.
2. 2741. Samedi, 14 mai 1825. *Le dernier chant du pèlerinage d'Harold*, in-8° de 12 feuilles y compris 14 pages de catalogue. Imprimerie de Dondey-Dupré père. — A Paris, chez Dondey-Dupré fils, chez Ponthieu. Prix 4 fr. (*Journal de la librairie.*)

7144. 17 décembre 1825. *Le dernier chant du pèlerinage d'Harold*, 5ᵉ édition. (*Journal de la librairie.*)

pourquoi supposez vous que votre lettre de l'année passée est restée sans réponse pour ce motif? Il n'en est rien. Je vous ai écrit deux fois par Virieu mais qu'aura-t-il fait de mes lettres? Dieu seul le sait et non pas lui. Je réponds en deux mots à celle d'aujourd'hui au milieu des préparatifs de mon départ pour Paris où je vais passer quinze jours avant de partir pour Florence. Vous avez mal saisi le sens de mon *Child Harold*; le but n'était pas (s'il y avait un but) de montrer que l'homme peut aller au ciel par sa propre force; au contraire, c'était de montrer la nécessité d'une foi venant d'en haut, vous n'avez vu que le songe et non pas l'ensemble de l'ouvrage. Il a été écrit dans une intention relligieuse et la pensée qui en sort doit être telle. Je suis bien loin aussi de m'être installé juge d'un autre homme. Relisez le tout et vous verrez que la charité n'y manque pas. Peut-être y a-t-il bien d'autres choses à reprendre en tout ceci, mais je passe volontiers condamnation, et comme vous dites si bien, j'attends le souffle d'en haut. Mais, hélas! viendra-t-il? Je ne sens jusqu'ici que la fièvre qui me tient depuis neuf grands mois; mon imagination est éteinte. Je ne fais rien et me sens incapable de tout!

Adieu mon cher ami. Je vous verrai à Paris sans doute. Je serai logé à l'hôtel de Rastadt, rue neuve St-Augustin. Nous parlerons à notre aise de tout ce que nous ne comprenons pas encore très nettement, des lois morales et de l'état futur; vous avez le don de faire luire la lumière dans les ténèbres de nos pensées. Virieu vous a-t-il remis comme je l'en ai deux fois chargé la petite somme que je vous devais. Si non, je le ferai moi-même à Paris.

Votre ami,
Lamartine.

St-Point au moment de partir.

En suscription :

Monsieur de Fréminville
à Laumusse près et par Mâcon.

Ce poème plut moins encore à la mère ; elle a des scrupules ; certains vers l'alarment :

« Il y a des passages, écrit-elle, qui me font
« de la peine ; je crains qu'il n'ait un enthou-
« siasme dangereux pour les idées modernes de
« philosophie et de révolution, contraires à la
« religion et à la monarchie, ces deux jalons de
« ma route qui devrait être aussi la sienne ;
« hors de cette route, je ne vois que brouillards
« et précipices et surtout le précipice sans fond
« de l'incrédulité... Ah ! j'ai quelquefois de
« l'orgueil à cause de mon fils ; mais j'en suis

« bien punie ensuite par mes appréhensions sur
« son indépendance d'esprit. Je trouve autant
« de poésie dans la soumission d'esprit que dans
« la révolte. Les anges fidèles sont-ils donc
« moins poétiques que les anges élevés contre
« Dieu? J'aimerais mieux que mon enfant n'eût
« aucun de ces vains talents du monde que de
« se tourner contre ces dogmes qui font ma
« force, ma lumière et ma consolation [1]. »

La pauvre mère ne peut se faire aux tendances de ce poème ; elle éprouve, au sujet de son fils, les craintes que va bientôt éprouver Eugénie de Guérin au sujet de son frère. Eugénie, cette fille de Saint-François de Sales, cette âme fénelonienne, a élevé Maurice dans les plus stricts principes de l'enseignement chrétien. En dépit de cette éducation, que va-t-il devenir? « Il
« était, dit Sainte-Beuve, une de ces organisa-
« tions tendres et vagues, ouvertes et profondes
« que l'aspect de la nature physique et cham-
« pêtre passionne et attire jusqu'à les enivrer,
« jusqu'à les absorber en soi et, par moments,
« les anéantir. Bon gré, mal gré, qu'on le veuille

---

1. *Le Manuscrit de ma mère*, p. 264 et 265.

« ou non, Guérin reste bien une sorte d'André
« Chénier du panthéisme [1]. » *Le Centaure* est en
effet absolument panthéiste.

Le chant d'*Harold*, de même, est du plus pur
sentiment grec des anciens âges, sentiment tout
naturaliste, tout panthéiste des vieux poètes,
des vieux philosophes de la Grèce, des Anaxa-
gore, des Xénophane, des Parménide, des
Empédocle. « Le panthéisme aux époques pri-
« mitives, a dit un savant universitaire, est
« l'écho des premiers doutes et des premières
« espérances de l'humanité..... C'est une doc-
« trine essentiellement poétique, puisqu'elle
« satisfait les plus nobles aspirations de notre
« âme et réconforte l'homme en le rattachant
« aux sources mêmes de la vie, à la nature
« entière [2]. »

Cette doctrine, dès le commencement du siècle,
avait eu des adeptes passionnés en Angleterre et
en Allemagne. L'*Endymion* et l'*Hypérion* de
Keats, le *Prométhée délivré* de Shelley et le

---

[1]. Maurice et Eugénie de Guérin. *Nouveaux lundis*, t. III,
p. 157 et 162. Michel Lévy, in-12.

[2]. *Essai sur la poésie philosophique en Grèce*, par Guillaume
Bréton. Paris, Hachette, in-8, 1882, p. 73.

Manfred de Byron l'avaient chantée dans des vers admirables. En France, elle était pour ainsi dire dans l'air dès la fin du xviiie siècle. Dans les premières années de ce siècle, Alfred de Vigny, avant de se plonger dans la poésie biblique, avait effleuré cette doctrine avec ses « poèmes antiques » et surtout avec *Symethæa* et *La Dryade*; Maurice de Guérin allait bientôt s'y noyer tout entier. Mais ce fut le second *Faust* de Goethe qui l'éleva à la hauteur d'une religion en célébrant pour ainsi dire l'hyménée de la nature et de l'humanité.

Goethe est le grand panthéiste.

« Il a, a dit éloquemment Caro, je ne sais
« quelle parenté poétique à travers les siècles
« avec ces grands ancêtres de la philosophie
« énivrés, éblouis des splendeurs du monde nais-
« sant. Son panthéisme a quelque ressemblance
« avec cette philosophie primitive qui ne soup-
« çonne pas la destruction des êtres; qui pour-
« suit partout le mystère d'une seule et même
« existence, vaguement entrevue à travers les
« phénomènes, qui multiplie les forces créa-
« trices et les répand à flots dans l'univers divi-
« nisé, mais en même temps qui essaye de

« ramener toutes ces forces diverses à une force
« primordiale, universelle, dont les change-
« ments expliquent la variété, l'apparition et la
« disparition des êtres[1]. »

Le panthéisme de Goethe s'allie d'ailleurs avec le plus grand éclectisme et la plus grande liberté d'allure philosophique. La caractéristique de son génie est l'universalité. Il veut tout connaître, tout voir, l'homme et les choses ; il se met en rapport avec le monde entier. La France, surtout, a pour lui le plus grand attrait ; il a toujours été en communion d'idées avec elle, il connaît sa littérature à fond, il sait par cœur Racine et Molière. Le grand mouvement intellectuel de la Restauration l'intéresse beaucoup. Il entre en relations avec Cousin, avec les rédacteurs du *Globe*, qui vient de se fonder. Il ne dédaigne pas même de se mettre en rapport avec les académies de province. Il accepte, comme on l'a vu, de faire partie comme membre correspondant de l'Académie de Mâcon[2].

---

1. *La philosophie de Goethe.* Paris, in-12, Hachette, 1880, p. 181, 192.

2. Il avait lui-même fait sa demande d'admission, ainsi qu'il résulte du compte rendu des travaux de la Société :

« Le premier qui se présente est l'illustre vétéran de la lit-

Il n'est pas étonnant que ce grand rénovateur de la pensée humaine ait exercé, comme Byron, la plus grande influence sur Lamartine ; il n'est pas étonnant que *Le dernier chant de Childe Harold* ait subi le contre-coup de ces deux grands génies et le retentissement des idées ambiantes du temps. Et puis, l'amour, la passion qu'avait notre poète pour la nature, pour ses forces secrètes, pour ses fascinations mystérieuses, l'attrait qu'il ressentait pour les poètes qui l'avaient chantée aux époques lointaines, à l'aube des choses, le prédisposaient aussi.

Dans ce poème de *Childe Harold*, Lamartine revient aux origines de sa poésie, aux premières inspirations qu'a fait éclore le coin grec de son enfance, de son adolescence, et qu'a fait épanouir son voyage dans la grande Grèce. Il est le dernier chant de sa muse grecque. Son œuvre de jeunesse est achevée.

Cette œuvre est considérable.

« térature allemande ; le nom de Goethe remplace à lui seul « tous les éloges. » Voici ses noms et qualités tels qu'ils sont libellés audit compte rendu : « M. le baron de Goethe, ministre « d'état, président de la Société de minéralogie d'Iéna, grand « croix et chevalier de plusieurs ordres, membre d'un grand « nombre d'académies », année 1825, p. 140.

Goethe et Byron, dans des chants immortels, avaient dit les souffrances de l'humanité, ses espérances, ses ardents désirs d'une destinée plus haute, sa soif de l'idéal, de l'infini.

Lamartine, dans les *Méditations poétiques*, dans les *Nouvelles Méditations poétiques*, redit et ces tourments et ces aspirations, sans l'âpreté, l'amertume et la brume de l'âme septentrionale, mais avec les « clartés souveraines » de la race latine.

Rousseau, Saint-Pierre, Chateaubriand, Mme de Staël, en France, avaient fait entendre cette même plainte et exprimé cette même ardeur d'espoir, avec quelle savoureuse éloquence ! Mais il y manquait les ailes du rythme, la musique du vers. Lamartine les leur donna. Il leur donna l'harmonie enchanteresse et je ne sais quel accent plus intime, plus aimant, qu'il avait puisé, peut-être, dans l'âme de sa mère, dans ses caresses, qui sont, comme on l'a dit, « le lait du cœur[1]. »

Dans *La Mort de Socrate*, il aura eu la gloire de fixer, en des strophes mélodieuses, la manifestation du plus beau mouvement de l'esprit

---

1. Eugénie de Guérin.

humain dans les temps anciens, je veux dire du spiritualisme platonicien qui est, pour ainsi parler, le christianisme avant la lettre. *La Mort de Socrate* est le chant du cygne de la philosophie grecque.

Childe Harold, on l'a dit, est un poème et en même temps une élégie. C'est une élégie par l'accent pieux, attendri, véritablement ému d'un disciple. C'est un poème; le poème d'un ancien par le vers simple et grand et puissant, comme celui du théâtre antique; le poème d'un moderne, d'un précurseur par l'originalité, par les vues nouvelles, par un précoce élan vers les tendances audacieuses de la pensée contemporaine.

Comme l'Allemagne, comme l'Angleterre, la France, désormais, avait son poète.

FIN

TABLE DES MATIERES

	Pages
Préface	V

Chapitre Ier. — Les Origines. — Les ancêtres paternels; les armoiries. — Le grand-père. — Les oncles. — Les tantes; la chanoinesse de Lamartine du Villars. — Le chapitre de Salles en Beaujolais. — Les preuves de noblesse. — Les ancêtres maternels; les armoiries. — Mlle Alix des Roys; sa famille; son entrée au chapitre de Salles. — Le chevalier de Lamartine. — Le mariage. — Naissance de Lamartine 1

Chapitre II. (1790-1794.) — Les Lamartine pendant la Terreur. — Séjour à Lausanne. — La Révolution. — Le chevalier de Lamartine aux Tuileries. — La prison des Ursules à Mâcon. — Les Lamartine ont-ils émigré? — Départ pour la terre natale. — « L'éducation des choses » de M. Brunetière. — Caractère local de la muse Lamartinienne.................................. 19

Chapitre III. — Milly. — Le village. — La maison. — Les deux montagnes : le Monsard et le Craz. — Aspect différent suivant les saisons. — Influence des lieux.... 31

Chapitre IV. (1794-1800.) — « Je suis né parmi les pasteurs. » — Le domaine rural. — Le vigneron et son « maître ». — Le père ; son caractère. — La mère ; ses sentiments pieux ; sa nature aimante, fénelonienne. — « La couvée de colombes » de Sainte-Beuve. — L'éducation maternelle. — La vie campagnarde ; scènes rustiques. — Le milieu familial, pastoral et agricole sur la poésie de Lamartine........................... 45

Chapitre V. (Novembre 1800 à septembre 1807.) — Le Collège. — A Lyon, institution Pupier. — 1800-1803. — Les études. — A Belley, les Pères de la foi. — 1803-1807. — Le Bugey ; caractère du pays. — Le collège. — Les aptitudes ; les succès. — Ce que sont les sentiments de piété du collégien de Belley. — Base et effet de l'enseignement donné par les Pères. — Les amis. 73

Chapitre VI. (Septembre 1807 à janvier 1809.) — Le premier amour : Lucy L***. — Un hiver à Mâcon. — Les premiers livres. — Retour à Milly. — Une visite à Saint-Point. — Ossian. — Le château de Byone. — Lucy L***. — L'amour ingénu. — Séraphine de Nodier. — Mary Chaworth de Byron........ 87

Chapitre VII. (Janvier 1809 à juin 1811.) — Les premiers vers. — La folle avoine. — Vie oisive. — Les lettres. — Lectures multiples : auteurs grecs, latins, anglais, italiens, allemands, français. — Les premiers vers ; muse galante, libertine. — Amourettes à Mâcon. — A Lyon : vie dissipée, dettes. — Retour au nid de Milly. — Aspirations............................. 105

Chapitre VIII. — Lamartine et l'Académie de Macon. — La Société des sciences, arts et belles-lettres de Mâcon nommée plus tard l'Académie de Mâcon. — Les membres résidents ; un entraîneur, M. de Larnaud. — Les membres correspondants. — Entrée de Lamartine à l'Académie ; son discours de réception ; ses études des littératures étrangères ; son esprit compréhensif. — L'Académie exerça-t-elle quelque influence sur son génie ? — Lamartine aux séances ; les fonctions qu'il remplit ; lecture qu'il fait de plusieurs méditations ; l'*Hymne au soleil*. — Divergence d'opinions de ses collègues sur sa poésie. — L'Académie pierre de touche.................................. 123

Chapitre IX. (Juin 1811 à avril 1812.) — Voyage en Italie. — Graziella. — Lamartine amoureux. — Départ pour l'Italie. — A Rome. — A Naples. — Une liaison : Graziella, la petite cigarière. — Graziella idéalisée. — Les vers que son souvenir inspire. — Le voyage en Italie sur le génie poétique de Lamartine ; épanouissement de sensations déjà nées ; évocations de la muse antique. — Les élégies à Graziella. — Poèmes grecs. — Lamartine et Chénier............................. 143

Chapitre X. (Avril 1812 à août 1816.) — Le Poète garde du corps. — Retour en France. — Désœuvrement. — Fugue à Paris ; vie folle. — A Milly ; ébauche de tragédies ; *Médée*. — L'invasion. — Les cent jours. — Lamartine garde du corps à Beauvais ; les loisirs de garnison du poète-soldat. — Un congé à la « terre natale ». — État d'âme ; lettre à Virieu ; lettre à M. de Fréminville (inédite). — Lamartine à Béthune, puis en Suisse. — Après Waterloo, reprend service, puis donne démission. — Les vers à l'oncle de Montceau ; les quatre livres d'*Élégies* ; *Clovis*....................... 165

Chapitre XI. (Août 1816 à Janvier 1818.) — Julie. — Lamartine malade à Aix. — M. C***. — Mme C*** à Aix. — *Invocation*. — *Le Génie*. — Mme C*** à Paris. — Lamartine passe auprès d'elle l'hiver, puis le printemps. — *L'Hymne au Soleil*. — *A El...* — *A Elvire*. — Lamartine à Péronne chez sa tante du Villard, puis à

Aix. — Mme C*** ne peut s'y rendre. — *Le Lac*, première version; les deux strophes retranchées. — La vraie Julie. — Son agonie. — *L'Immortalité*. — *Le Temple*. — Mort de Julie. — Amour-religion de Lamartine pour Julie. — Son influence sur sa poésie. — Conséquences de sa mort. — Lamartine atteint de « la maladie du siècle » parmi « les inconsolés »...... 189

Chapitre XII. — Le Romantisme. — Le Poète dans son temps. — I. Les précurseurs du romantisme. — En France : Rousseau et Bernardin de Saint-Pierre. — En Angleterre : Thompson, Gray, Young, Burns, Cowper. — II. Le romantisme. — En Allemagne : Schiller et Goethe ; — En France : Mme de Staël et Chateaubriand ; — Chénier, dernier poète de la pléiade ; — En Angleterre : les lakistes : Southey, Coleridge et Wordsworth ; — Keats, Shelley, Byron. — Lamartine au milieu du mouvement intellectuel moderne ; sa nature impressionnable, assimilatrice mais optimiste ; son spiritualisme.. 217

Chapitre XIII. (Janvier 1818 à septembre 1818). — La première Méditation. — *Le Crucifix*, chant chrétien. — Angoisses du doute. — *La Foi*. — Lamartine et Manoël, poète portugais, œuvre de ce dernier. — Le Lamartine des *Odes*. — *Saül* dédié à Virieu et à Mme C***. — Julie, toujours Julie ! — *L'Isolement*. — Commentaire de cette méditation sur les lieux mêmes. — Première version ; version définitive ; différences ; raison de ces différences. — Le vieux Didot et Lamartine. — Chénier et *L'Isolement*............................ 237

Chapitre XIV. (Septembre 1818 à août 1819). — Le Désespoir. — La Thébaïde de Montculot. — Lamartine et Talma. — *L'Ode au malheur (Le Désespoir)* ; — Lamartine vieux et *l'Ode au malheur*. — *La Providence à l'homme*. — Rêves de malade. — Lamartine dans les salons de Paris; Mme de Raigecourt, Mme de Saint-Aulaire. — *Ode à l'Enthousiasme.* — *La Semaine sainte à la Roche-Guyon.* — *Le Chrétien mourant.* — La Méditation *Dieu*, dédiée à l'abbé Lamennais. — Séjour à la Thébaïde de Montculot; les poésies qu'elle inspire : *Le Soir, Apparition, Souvenir, Les Étoiles*; image qu'elles évoquent. — A Lemps : *Le Vallon.* — A Lyon : *Le Poète mourant*... 271

CHAPITRE XV. (Août 1819 à juin 1820). — L'ÉPITRE A BYRON. — LES MÉDITATIONS POÉTIQUES. — L'ANGE CONSOLATEUR. — A Aix. — Mlle Birch; sa famille; ses qualités; projets de mariage; rupture. — Lamartine et Byron; *L'Homme*; première version; le Prométhée moderne; aspirations de l'homme et son infinité. — *L'Automne.* — Projets de mariage repris; sentiments d'apaisement, de piété. — *La Prière; Stances.* — Le petit volume chez Nicolle : *Les Méditations poétiques*; leur succès; appréciations; les éditions successives. — Profession de foi conjugale. — *Consolation.* — Mariage... 293

CHAPITRE XVI. (Août 1820 à janvier 1823). — LA PHILOSOPHIE DU BONHEUR. — JULIA. — En Italie. — Les poésies de Naples; leur caractère. — Naissance d'Alphonse. — A Aix; *Philosophie*; une âme épanouie; *beatus possidens!* — Muse guillerette, puis, plus mâle : *Bonaparte, Le Passé.* — Lamartine, président de l'Académie de Mâcon. — *L'Esprit de Dieu*; Commentaire du *Commentaire*, par M. de Fréminville. — Naissance de Julia; pourquoi ce nom? Délicatesse de Mme de Lamartine. — Lettre inédite de M. de Fréminville. — Voyage en Angleterre. — Mort d'Alphonse. — Un poème rêvé. 319

CHAPITRE XVII. (Janvier 1823 à avril 1824). — LA MORT DE SOCRATE. — NOUVELLES MÉDITATIONS POÉTIQUES. — Mouvement matérialiste de la poésie à la fin du XVIIIe siècle ; la science et la poésie ; *L'Invention* ; *L'Hermès*, d'André Chénier. — Les platoniciens. — Lamartine *vates* de la philosophie platonicienne. — *La Mort de Socrate*, poème à la fois platonicien, pythagorique, orphique et chrétien. — Appréciation de *La Mort de Socrate*. — *Nouvelles Méditations poétiques*. — Jugement d'Alfred de Vigny. — Succès moindre ; pourquoi ?   339

Chapitre XVIII. (Avril 1824 à septembre 1825). Le Chant du sacre. — Childe Harold. — Lettre inédite à M. de Fréminville, « le maître en Platon ». — *Le Chant du Sacre* ; démêlés avec le duc d'Orléans ; chagrin de la mère du poète. — Byron, son caractère ; sa vie ; ses aventures ; sa mort à Missolonghi. — Lamartine continue *Childe Harold* ; ne peut se détacher de son *moi*. — *Childe Harold* et M. de Fréminville ; une lettre inédite. — *Childe Harold* et la mère du poète. — Tendances naturalistes, panthéistes de ce poème ; influence de Keats, Shelley, Byron et Goethe. — Goethe, le grand panthéiste. — Œuvre de jeunesse achevée. — Vue d'ensemble sur cette œuvre..................   351

www.ingramcontent.com/pod-product-compliance
Lightning Source LLC
Chambersburg PA
CBHW050421170426
43201CB00008B/491